Kohlhammer

Die Autorin und der Autor

Stefanie Bötsch ist Sozialarbeiterin und Suchttherapeutin (M. A.) mit mehrjähriger Berufserfahrung sowohl in der medizinischen Rehabilitation für Menschen mit Abhängigkeitserkrankungen als auch in der Drogenberatung. In ihrem wissenschaftsbasierten Podcast *Psychoaktiv* klärt sie monatlich Zehntausende Hörer:innen über Drogen und Sucht auf. Ihre Spezialisierung auf Substanzkunde entstand aus ihrer ehrenamtlichen Arbeit in der Konsumaufklärung auf Raves und Festivals. Sowohl mit ihrem Podcast als auch in diesem Buch zielt sie darauf ab, die Stigmatisierung von Konsumierenden durch ausführliche Informationen zu verringern. Der Podcast kann über den folgenden QR-Code aufgerufen werden:

 https://stefanieboetsch.de/podcast/

Fabian Pitter Steinmetz ist promovierter und zertifizierter Toxikologe und tätig bei der internationalen Beratungsfirma Delphic HSE. Seine Forschungsschwerpunkte sind Strukturaktivitätsbeziehungen und »Harm Reduction«-Maßnahmen. Ehrenamtlich engagiert er sich im Bereich Drogenaufklärung, z. B. als Experte in diversen Medienformaten sowie bei der diesbezüglichen Politikberatung, vom deutschen Bundestag bis zur WHO. Kürzlich wurde er als Experte der europäischen Drogenbehörde berufen. Darüber hinaus ist er aktives Mitglied in diversen drogenpolitischen NGOs wie dem Schildower Kreis, Deutschlands größtem unabhängigen Expertennetzwerk zum Thema Drogen und Drogenpolitik.

Stefanie Bötsch/Fabian Pitter Steinmetz

Drogen und ihre Wirkung

Substanzkunde für soziale, pädagogische
und therapeutische Berufe

Verlag W. Kohlhammer

Dieses Werk einschließlich aller seiner Teile ist urheberrechtlich geschützt. Jede Verwendung außerhalb der engen Grenzen des Urheberrechts ist ohne Zustimmung des Verlags unzulässig und strafbar. Das gilt insbesondere für Vervielfältigungen, Übersetzungen, Mikroverfilmungen und für die Einspeicherung und Verarbeitung in elektronischen Systemen.

Pharmakologische Daten, d. h. u. a. Angaben von Medikamenten, ihren Dosierungen und Applikationen, verändern sich fortlaufend durch klinische Erfahrung, pharmakologische Forschung und Änderung von Produktionsverfahren. Verlag und Autoren haben große Sorgfalt darauf gelegt, dass alle in diesem Buch gemachten Angaben dem derzeitigen Wissensstand entsprechen. Da jedoch die Medizin als Wissenschaft ständig im Fluss ist, da menschliche Irrtümer und Druckfehler nie völlig auszuschließen sind, können Verlag und Autoren hierfür jedoch keine Gewähr und Haftung übernehmen. Jeder Benutzer ist daher dringend angehalten, die gemachten Angaben, insbesondere in Hinsicht auf Arzneimittelnamen, enthaltene Wirkstoffe, spezifische Anwendungsbereiche und Dosierungen anhand des Medikamentenbeipackzettels und der entsprechenden Fachinformationen zu überprüfen und in eigener Verantwortung im Bereich der Patientenversorgung zu handeln. Aufgrund der Auswahl häufig angewendeter Arzneimittel besteht kein Anspruch auf Vollständigkeit.

Die Wiedergabe von Warenbezeichnungen, Handelsnamen und sonstigen Kennzeichen in diesem Buch berechtigt nicht zu der Annahme, dass diese von jedermann frei benutzt werden dürfen. Vielmehr kann es sich auch dann um eingetragene Warenzeichen oder sonstige geschützte Kennzeichen handeln, wenn sie nicht eigens als solche gekennzeichnet sind.

Es konnten nicht alle Rechtsinhaber von Abbildungen ermittelt werden. Sollte dem Verlag gegenüber der Nachweis der Rechtsinhaberschaft geführt werden, wird das branchenübliche Honorar nachträglich gezahlt.

Dieses Werk enthält Hinweise/Links zu externen Websites Dritter, auf deren Inhalt der Verlag keinen Einfluss hat und die der Haftung der jeweiligen Seitenanbieter oder -betreiber unterliegen. Zum Zeitpunkt der Verlinkung wurden die externen Websites auf mögliche Rechtsverstöße überprüft und dabei keine Rechtsverletzung festgestellt. Ohne konkrete Hinweise auf eine solche Rechtsverletzung ist eine permanente inhaltliche Kontrolle der verlinkten Seiten nicht zumutbar. Sollten jedoch Rechtsverletzungen bekannt werden, werden die betroffenen externen Links soweit möglich unverzüglich entfernt.

1. Auflage 2025

Alle Rechte vorbehalten
© W. Kohlhammer GmbH, Stuttgart
Gesamtherstellung: W. Kohlhammer GmbH, Heßbrühlstr. 69, 70565 Stuttgart
produktsicherheit@kohlhammer.de

Print:
ISBN 978-3-17-043612-1

E-Book-Formate:
pdf: ISBN 978-3-17-043613-8
epub: ISBN 978-3-17-043614-5

Vorwort

Allgemeine Informationen über Drogen sind immer noch stark von Ängsten und Vorurteilen geprägt. Dies zeigt sich nicht nur in reißerischen Schlagzeilen in den Medien, sondern auch in Fachdiskursen.

Seit Jahrzehnten steht die Sucht als zu behandelnde Erkrankung beim Substanzkonsum im Mittelpunkt, während die Begleitung von Konsum eine untergeordnete Rolle spielt. Denn warum sollte man sich mit den verschiedenen Konsummustern einzelner psychoaktiver Substanzen beschäftigen, wenn das Ziel und die Behandlungsgrundlage die Abstinenz ist?

Diese Haltung führt oft dazu, dass sich viele Konsumierende vom Gesundheitssystem weder gesehen noch ernstgenommen fühlen. Suchtspezifische Ansätze bieten nur wenig Orientierung für Konsumierende und lassen sie mit ihrem Konsum oft allein, denn der Wissenstransfer aus Pharmakologie, Toxikologie und Epidemiologie zu den Menschen, die mit Drogenkonsumierenden arbeiten, ist nur unzureichend vorhanden. Eine sachliche und naturwissenschaftliche Betrachtungsweise ist jedoch eine wichtige Grundlage, um Konsum professionell zu bewerten und Konsumierende in ihrer Lebenswelt besser zu verstehen und zu begleiten.

Mit diesem Buch möchten wir Menschen aus gesundheitsbezogenen Berufen Orientierung in der komplexen Welt der psychoaktiven Substanzen geben. Da es Tausende psychotrope Stoffe, Anwendungen und Risiken gibt, könnte dieses Buch leicht zehn Bände umfassen. Weil wir jedoch vor allem Menschen ohne naturwissenschaftliche Ausbildung ansprechen möchten, haben wir uns auf Kernthemen beschränkt und komplexe Sachverhalte vereinfacht. Entsprechend sollen in diesem Band psychoaktive Substanzen unaufgeregt und neutral dargestellt und klassifiziert werden. Dafür wird im ersten Teil erläutert, aufgrund welcher systemischen Einflüsse es so schwierig für uns ist, Drogen auf Grundlage ihrer toxikologischen Gegebenheiten zu betrachten (▶ Teil 1). Im zweiten Teil dieses Buches widmen wir uns dann dem konkreten Ziel dieses Buches – der Klassifizierung und Einordnung der unterschiedlichen Substanzen (▶ Teil 2) als Vorbereitung des Nachschlagewerkes von 60 Drogen im dritten Teil (▶ Teil 3).

Ein Buch über psychoaktive Substanzen zu schreiben, birgt einige Herausforderungen. Wissenschaftliche Erkenntnisse sind oft heterogen und können einander durch neue Studien widersprechen. Wo es uns möglich war, haben wir versucht, solche Unklarheiten direkt zu adressieren. Doch obwohl das Ziel dieses Buches ist, unsere Leser:innen zu einer differenzierteren Einschätzung von Drogeninformationen zu befähigen, empfehlen wir, bereits beim Lesen den kritischen Blick nicht zu verlieren.

Vorwort

Das Thema Drogen ist sehr komplex und interdisziplinär. Erkenntnisse aus Chemie, Botanik, Medizin, Psychologie, Soziologie, Ethik, Politik und Geschichte müssen verknüpft werden, um ein möglichst genaues Bild der Realität zu erzeugen. Deswegen möchten wir an dieser Stelle den zahlreichen Expert:innen aus der akademischen Forschung und der praktischen Drogenarbeit danken, die uns im Prozess dieses Buches begleitet haben. Ein besonderer Dank geht dabei an Dirk Netter und Henrik Schöfer, die sich die Zeit genommen haben, unser Manuskript zu lesen, und uns hilfreiche Rückmeldungen gegeben haben.

Allerdings spielt sich Vieles auch außerhalb der wissenschaftlichen Beobachtung ab. Deshalb möchten wir ganz besonders auch unserer Community auf Social Media danken. Ihre wertvollen Einsichten liefern häufig Informationen, die in Fachkreisen noch nicht angekommen sind.

Zu guter Letzt danken wir den Leser:innen, die dieses Buch lesen und ihr Wissen über Drogen verbessern möchten. Wir hoffen, dass wir in vielen präventiven, therapeutischen und journalistischen Bereichen zur Versachlichung des Themas beitragen können. Denn Sachlichkeit ist die Basis für vernünftige Entscheidungen.

Inhalt

Vorwort 5

Teil 1: Theoretischer Überblick

1 Die Prohibition – die Illegalität als Beweis für den Schaden einer Substanz? 13
    1.1   Die historischen Hintergründe des heutigen Betäubungsmittelgesetzes 14
    1.2   Einfluss der Prohibition auf das Schadenspotenzial 18

2 Stigmatisierung – der gesellschaftliche Einfluss auf die Bewertung psychoaktiver Substanzen 22

3 Von der Pathogenese zur Salutogenese – eine Veränderung des Blickwinkels 26
    3.1   Wie entsteht eine Abhängigkeitserkrankung? 26
    3.2   Diagnostik – Was ist eine Abhängigkeitserkrankung? 28
    3.3   Salutogenese – Einnahme eines neuen Blickwinkels 33

4 Substanzkonsum im Jugendalter 35
    4.1   Jugendlicher Substanzkonsum als Teil der normalen Entwicklung 35
    4.2   Entwicklung von schädlichen Konsummustern bei Jugendlichen 36
    4.3   Erhöhtes Schadenspotenzial durch psychoaktive Substanzen bei Jugendlichen 39

Teil 2: Überblick Substanzen

5 Überblick psychoaktiver Attribute und Wirkklassen 43

6 Wirkklassen 46
    6.1   Cannabinoide – Cannabis & Co. 46
    6.2   Downer – Wein, Valium® & Co. 48

	6.3	Dissoziativa – Ketamin, Lachgas & Co.	49
	6.4	Empathogene – Ecstasy & Co.	51
	6.5	Opioide – Heroin, Opium & Co.	52
	6.6	Halluzinogene – LSD, Stechapfel & Co.	54
	6.7	Upper – Speed, Koks & Co.	56
7	**Wirkungsintensität und -dauer der Substanzen**		**59**
	7.1	Konsum- und Darreichungsformen	60
	7.2	Unterschiede innerhalb der Wirkklassen	61
8	**Aspekte des Mischkonsums**		**63**
	8.1	Mischkonsumtabelle und generelle Hinweise	63
	8.2	Praktische Schadensminimierung: Safer-Use und Harm-Reduction	65
	8.3	Drogen und Hormone	68
9	**Drogenanalytik**		**70**
	9.1	Das Analysieren von Drogen	70
	9.2	Untersuchung von Menschen auf Drogen	72

Teil 3: Substanzen

10	**Hinweise zur Datenerhebung der Substanzsteckbriefe**	**76**
	25I-NBOMe	78
	2C-B	80
	4-Fluoramphetamin	82
	5-MeO-DMT	84
	Alkohol	86
	Alprazolam	88
	Amphetamin	90
	Äther	92
	Ayahuasca	94
	Aztekensalbei	96
	Buprenorphin	98
	Butan	100
	Cannabis	102
	Codein	104
	Diazepam	106
	DMT	108
	DXM	110
	Ephedrin	112
	Fentanyl	114
	Fliegenpilz	116
	Flurazepam	118
	GHB	120

Hawaiianische Holzrose	122
Heroin	124
HHC	126
Iboga	128
Kambo	130
Kanna	132
Kath	134
Kava-Kava	136
Ketamin	138
Koffein	140
Kokain	142
Kratom	144
Lachgas	146
LSD (inkl. Pro-Drugs)	148
MDA und Derivate (ausgenommen MDMA)	150
MDMA	152
Meskalin-Kakteen	154
Methadon	156
Methamphetamin	158
Methylphenidat	160
Morphin	162
Muskatnuss	164
Nachtschattendrogen	166
Nikotin	168
O-DSMT	170
Opium	172
Oxycodon	174
PCP	176
Pflanzliche Beruhigungsmittel	178
Phenibut	180
Poppers	182
Pregabalin	184
Psilocybin-Pilze	186
Synthetische Cannabinoide	188
Synthetische Cathinone	190
Tilidin	192
Tramadol	194
Z-Drugs	196

Teil 4: Verzeichnisse

Literaturverzeichnis ... **201**

Glossar ... **209**

Drogenverzeichnis **215**

Teil 1: Theoretischer Überblick

Der Konsum psychoaktiver Substanzen begleitet die Menschen seit Jahrtausenden. Er ist Teil von Kulturen, Spiritualität, aber auch der Freizeitgestaltung, des Lustgewinns und von hohem medizinischem Nutzen.

Durch die Anerkennung übermäßigen Substanzgebrauchs als Erkrankung und die Prohibition vieler psychoaktiver Substanzen ist in der westlichen Welt eine Dysbalance in der Betrachtung des Konsums entstanden. Die Mannigfaltigkeit des Gebrauchs und die Wirkung der verschiedenen Substanzen rückten immer mehr in den Hintergrund, während der hauptsächliche Fokus auf das Schadenspotenzial und mögliche Erkrankungen gelegt wurde. Diese einseitige Betrachtung schmälert jedoch nicht nur die Möglichkeit, den Substanzkonsum von anderen Menschen professionell einzuschätzen, sondern wird auch der Lebenswelt der Konsumierenden nicht gerecht.

Zunächst gehen wir auf die Geschichte der Prohibition ein, um nachvollziehen zu können, wie rechtliche Entwicklungen die Sicht auf den Konsum verändert haben (▶ Kap. 1). Anschließend folgt ein Einblick in die Stigmatisierung von Konsumierenden und Abhängigkeitserkrankten, die unter anderem stark in den rechtlichen Gegebenheiten verwurzelt ist (▶ Kap. 2). Schließlich untersuchen wir eine alternative Betrachtungsweise von Konsum und Sucht (▶ Kap. 3). Da besonders der Konsum im Jugendalter eine erhöhte Unsicherheit mit sich bringt, widmen wir uns diesem in einem zusätzlichen Kapitel (▶ Kap. 4).

1 Die Prohibition – die Illegalität als Beweis für den Schaden einer Substanz?

Auf die Frage »Warum ist eigentlich Cannabis in Deutschland verboten?« antwortete die ehemalige Drogenbeauftragte Marlene Mortler (CSU, Drogenbeauftragte 2014–2019): »Weil Cannabis eine illegale Droge ist. Punkt!« – mit diesem Zitat hat unsere ehemalige Drogenbeauftragte bei vielen Menschen einen irritierten, aber auch bleibenden Eindruck hinterlassen.

An dieser Stelle sei jedoch gesagt, dass diese Aussage gar nicht so abwegig ist. Bevor dies jedoch genauer erörtert wird, benötigt dieses Zitat eine kleine Korrektur. An sich ist keine psychoaktive Substanz in Deutschland illegal, da diese nicht gegen das Gesetz verstoßen können. Dies betrifft nur menschliche Handlungen bezogen auf psychoaktive Substanzen, die unter das Betäubungsmittelgesetz fallen. Dazu zählen der Besitz, die Herstellung, die Einfuhr, der Handel und der Erwerb.

Dieser Sachverhalt ist ganz einfach an einem Beispiel erklärt: In Deutschland wachsen nicht selten – und das ganz natürlich – psilocybinhaltige Pilze (Magic Mushrooms, Zauberpilze). Der Wirkstoff Psilocybin fällt unter das Betäubungsmittelgesetz. Das bedeutet, dass er einer strengen Regulierung unterliegt. Doch das Wachstum dieser Pilze stellt zunächst keine illegale Handlung dar und sie werden auch nicht von Seiten des Staates gezielt zerstört. Erst ab dem Zeitpunkt, an dem ein Mensch diese Pilze pflückt, resultiert die illegale Handlung (Besitz) und bekommt eine strafrechtliche Relevanz.

Hier liegt auch der Grund, warum in diesem Buch der Begriff »illegalisiert« anstatt »illegal« verwendet wird. Damit wird betont, dass eine Einschätzung, wie mit einer Substanz regulatorisch umgegangen wird, der menschlichen Meinung unterliegt, wandelbar ist und keine statische Gegebenheit darstellt.

Doch wenn man von diesem Detail absieht, trifft die Aussage der Drogenbeauftragten die Problematik der Prohibition im Kern: Es gibt keine logischen Argumente, keine klare Linie oder wissenschaftliche Basis, die den Legalitätsstatus der einzelnen psychoaktiven Substanzen festlegen, und somit ist eine Aussage à la »es ist halt so, weil es so ist« eine relativ akkurate Darstellung des Sachverhalts. Um trotzdem besser nachvollziehen zu können, wie es überhaupt zu so einer strengen Regulierung vieler psychoaktiven Substanzen kommen konnte, ist es wichtig, die geschichtlichen Zusammenhänge diesbezüglich zu verstehen (▶ Abb. 1.1).

1.1 Die historischen Hintergründe des heutigen Betäubungsmittelgesetzes

Bis zum ersten Weltkrieg wurden psychoaktive Substanzen kontrolliert abgegeben. Damals spielten vor allem opiathaltige Substanzen wie Morphin, aber auch Kokain eine Rolle. Die Regulierung von psychoaktiven Substanzen war allerdings ein juristisch verworrenes System, da manche Substanzen durch das Apothekengesetz, andere durch das Gesetz über den Verkehr mit Giften und wieder andere durch Gesetze für die Medizinindustrie reguliert wurden (Lewy, 2017, S. 130f). Zu diesen Zeiten florierte die Pharmaindustrie und Deutschland hatte mit seinen großen pharmazeutischen Unternehmen – die heute unter den Namen Bayer, Merck und Boehringer Ingelheim bekannt sind – eine Monopolstellung bei der Produktion von Morphin, Heroin, Codein und Kokain (Hausmann, 2019; Ridder, 2000, S. 127). Der Pharmaindustrie wurde ein hohes gesellschaftliches Ansehen zuteil und Deutschland stützte sich maßgeblich auf deren Expertise, um eine sinnvolle Vergabe von psychoaktiven Substanzen zu gewährleisten. Ein System, das trotz der in der Theorie eher komplizierten Regulierung gut funktionierte, denn Drogenepidemien blieben bis zum Nationalsozialismus aus. Strafrechtliche Konsequenzen ergaben sich lediglich für das Fälschen von Rezepten, den Besitz von Mengen über die verschriebene Dosis hinaus oder den Besitz von entsprechenden Substanzen ohne ein Rezept. Darüber hinaus waren der Bezug und der Konsum psychoaktiver Substanzen legal (Lewy, 2017, S. 131).

Nach dem ersten Weltkrieg wurde Deutschland durch den Versailler Vertrag im Jahre 1919 verpflichtet, das Opiumabkommen von 1912 zu ratifizieren. Dieses sah vor, die Herstellung und den Handel von Opioiden stärker zu regulieren und einzuschränken. Deutschland hatte dies zwar damals unterschrieben, aber nie durchgesetzt, da das Land die Pharmaindustrie und deren einflussreiche, internationale Stellung schützen wollte (Lewy, 2017, S. 131). So kam es, dass die Drogenpolitik in Deutschland aufgrund des internationalen Drucks immer restriktiver wurde. Gesteigerter Konsum oder anderweitige Probleme, die bezogen auf den Substanzkonsum auftraten, hatten nichts damit zu tun (▶ Abb. 1.1).

Ab 1920 wurde zwar immer häufiger von einer »Kokainwelle« gesprochen, doch bei genauerer Betrachtung stellt sich diese als ein konstruiertes Problem dar. Damals produzierte sowohl die Fach- als auch die Tagespresse viele reißerische und stigmatisierende Artikel, die von Politikern unreflektiert übernommen wurde. So verbreitete sich das Bild eines ungehemmten Kokainkonsums in der Gesellschaft (Hoffmann, 2019, S. 58).

Konstruktionen von Drogenproblemen sind in den USA ein wiederkehrendes Phänomen, oft getrieben von Moralvorstellungen, Rassismus, religiösen Gründen und wirtschaftlichen Interessen statt von Sorge um die öffentliche Gesundheit. Ein Beispiel ist die Alkoholprohibition von 1920 bis 1933, die primär die Produktivität der Arbeiterklasse sichern sollte und Alkohol als Hindernis für wirtschaftliches Wachstum darstellte (Rumbarger, 1989, S. 184f). Ähnliche Motive waren hinter der Anti-Opiumhöhlen-Verordnung von 1875, die Opium – zuvor legal erhältlich und

Bestandteil rezeptfreier Medikamente – in vielen Staaten unter strenge Regulierung stellte bzw. verbot. Auch diese gesetzliche Veränderung war weniger durch Gesundheitsfürsorge motiviert, sondern vielmehr durch rassistischen Hass gegenüber chinesischen Gastarbeitern und ausgelöst durch eine wirtschaftliche Krise (Austin, 1979, S. 211; Reinarman, 2007, S. 100).

Der »Harrison Narcotic Act« von 1914 war das erste nationale Drogengesetz in den USA und regulierte die Produktion, den Import und den Verkauf von Opiaten und Kokaprodukten, die nur noch auf Rezept erhältlich waren. Obwohl diese Substanzen zuvor weit verbreitet waren, entstand die Angst vor ihnen erst, als der Konsum nicht mehr nur weißen Frauen, sondern auch chinesischen Gastarbeitern und afroamerikanischen Männern der Arbeiterklasse zugeschrieben wurde. Zur Durchsetzung des Gesetzes wurde das Gerücht verbreitet, dass Kokain afroamerikanische Männer dazu brächte, weiße Frauen zu vergewaltigen (Duster, 1971, S. 13; Reinarman, 2007, S. 100).

Auch wenn diese Beispiele nur ein kurzer Abriss der amerikanischen Entwicklung der Drogenprohibition sind, machen sie deutlich, wie eng wirtschaftliche Interesse und Rassismus damit verbunden waren. Doch diese Politik verblieb nicht in ihren nationalen Grenzen, sondern trieb auch die internationale Drogenpolitik voran. So waren es die USA, die die erste internationale Drogenkonferenz im Jahre 1909 einberiefen, die 1912 das erste internationale Opiumabkommen beschlossen, gefolgt von weiteren Abkommen in den Jahren 1925 und 1931. Der Grundstein für eine restriktivere Drogenpolitik, die auch auf Deutschland abfärbte, wurde somit gelegt (Hoffmann, 2019, S. 58f; Musto, 1999, S. 36ff): Die in den USA verbreiteten Horrorszenarien über den Konsum von Kokain und Opium fanden ihren Widerhall in einer vermeintlichen »Kokain-Epidemie« in Deutschland. Die in der Weimarer Republik zunehmende Auffassung, dass der Drogenkonsum ein wachsendes Problem darstelle, korrelierte jedoch nicht mit einer tatsächlichen Zunahme des problematischen Kokainkonsums. Vielmehr war diese Wahrnehmung das Spiegelbild einer Drogenhysterie, deren Wurzeln außerhalb Deutschlands lagen (Hoffmann, 2019, S. 69f; Reinarman, 2007, S. 101).

Im Jahr 1929 wurde mit dem Opiumgesetz auch das überarbeitete Abkommen der 2. Internationalen Opiumkonferenz ratifiziert. Dieses Gesetz sah einen regulierten Verkauf von verschiedenen psychoaktiven Substanzen wie Kokain, Opiaten und – neu dazugekommen – Cannabis vor (Lewy, 2017, S. 137). Cannabis – damals vielen Deutschen als indische Hanf-Variante bekannt – spielte zu dieser Zeit keine nennenswerte Rolle als kommerzielles Rauschmittel. Dennoch gab es diverse Medikamente mit Cannabisextrakten und die bäuerliche Praxis des »Knaster«-Rauchens.

Im Nationalsozialismus war die Haltung zu psychoaktiven Substanzen gespalten. Einerseits nutzten die Nationalsozialist:innen rassenhygienische Propaganda, um Jüd:innen als Verantwortliche für den internationalen Drogenhandel darzustellen und sie mit Morphin- und Kokainkonsum in Verbindung zu bringen. Dies schuf ein Feindbild, das Juden und Drogen verknüpfte. Außerdem wurden Menschen mit Abhängigkeitssyndromen in Psychiatrien zwangseingewiesen und später in Konzentrationslager deportiert (Ohler, 2017, S. 37ff, 2019, S. 37ff). Andererseits verbreitete sich Pervitin, ein methamphetaminhaltiges Medikament, im Militär und der Zivilbevölkerung. Diese Substanz passte zum Leistungsanspruch der Nationalsozialist:innen (Ohler, 2019, S. 72 ff). Alkohol, Tabak und Kaffee wurden hingegen als unproblematisch betrachtet.

Nach dem Ende des Nationalsozialismus setzte das Bundeskriminalamt die Ächtung des Drogenhandels fort, die zuvor auf Juden konzentriert war und nun verallgemeinert wurde. Kampagnen bezeichneten Dealer als Mörder und sollten sie als gesellschaftlichen Abschaum darstellen (Mach & Scheerer, 2019, S. 469). Zudem tauchte auch hier wieder das altbekannte Muster auf, dass der Kampf gegen den Konsum und Handel von psychoaktiven Substanzen mit unerwünschten gesellschaftlichen Phänomenen gleichgesetzt wurden, wie z. B. mit der Bekämpfung des Linksterrorismus Ende der 1960er Jahre (Weinhauer, 2019, S. 420).

Somit veränderte sich über die Jahre der Umgang mit psychoaktiven Substanzen in Deutschland maßgeblich. Wo vorher noch eine Regulierung durch Ärzte und Pharmazeuten war, blieb zu diesem Zeitpunkt nur noch eine Ächtung derjenigen, die psychoaktive Substanzen verbreiteten und konsumierten – ein Nährboden für die auch heute noch weitgehend praktizierte Drogenpolitik.

Nach Ende des Zweiten Weltkriegs wurde auch weiter an einer internationalen Drogenpolitik gearbeitet. 1961 wurden mit dem Einheitsabkommen über die Betäubungsmittel (engl.: »Single Convention on Narcotic Drugs«) die Mitgliedsstaaten der Vereinten Nationen zu weitreichenden Verboten und Regulierungen verpflichtet. Neben Kokain, Opium und Cannabis wurde auch der Umgang mit den entsprechenden Pflanzen – der Hanfpflanze, dem Schlafmohn und dem Kokastrauch – stark eingeschränkt. Das Hauptziel des Einheitsabkommens war dabei, die genannten Substanzen auf den medizinischen und wissenschaftlichen Gebrauch zu limitieren. Außerdem konnten Substanzen dem Abkommen durch die UN Commission on Narcotic Drugs hinzugefügt werden, ohne dass das Abkommen in sich komplett neu geschlossen werden musste. Das Einheitsabkommen wurde 1971 mit dem Übereinkommen der Vereinten Nation über psychotrope Substanzen und 1988 mit dem Übereinkommen der Vereinten Nationen gegen den illegalen Handel mit Suchtstoffen und psychotropen Substanzen erweitert. Mit diesen wurde nicht nur die Liste der regulierten Substanzen maßgeblich erweitert, sondern verpflichtete auch die Mitgliedsstaaten, strafrechtlich härter gegen Anbau, Herstellung und Besitz vorzugehen (Hausmann, 2019, S. 52; Lessmann, 2017, S. 2 f).

Für Deutschland war die Konsequenz aus den internationalen Abkommen, aber auch aus der inzwischen starken Problematisierung des Substanzkonsums, die Veröffentlichung des Betäubungsmittelgesetzes (BtMG) im Jahr 1972, welches das Opiumgesetz ablöste. Dieses verbietet grundsätzlich bis heute die Ein- und Ausfuhr, den Besitz, Handel, Erwerb und Verkauf der in den Anlagen des Gesetzes gelisteten Substanzen (Weinhauer, 2019, S. 421). Ausnahmen und Sonderregelungen können dabei für medizinische und wissenschaftliche Zwecke gemacht werden, sind oftmals aber mit hohen bürokratischen Hürden verbunden. Ziel des Betäubungsmittelgesetzes ist seit jeher, den Substanzkonsum zu kontrollieren und vor allem die Nutzung illegalisierter, psychoaktiver Substanzen zu unterdrücken – geleitet von der historisch entstandenen Idee, die vermeintlich durch psychoaktive Substanzen gefährdete gesellschaftliche Ordnung erhalten bzw. wiederherstellen zu können.

1 Die Prohibition – die Illegalität als Beweis für den Schaden einer Substanz?

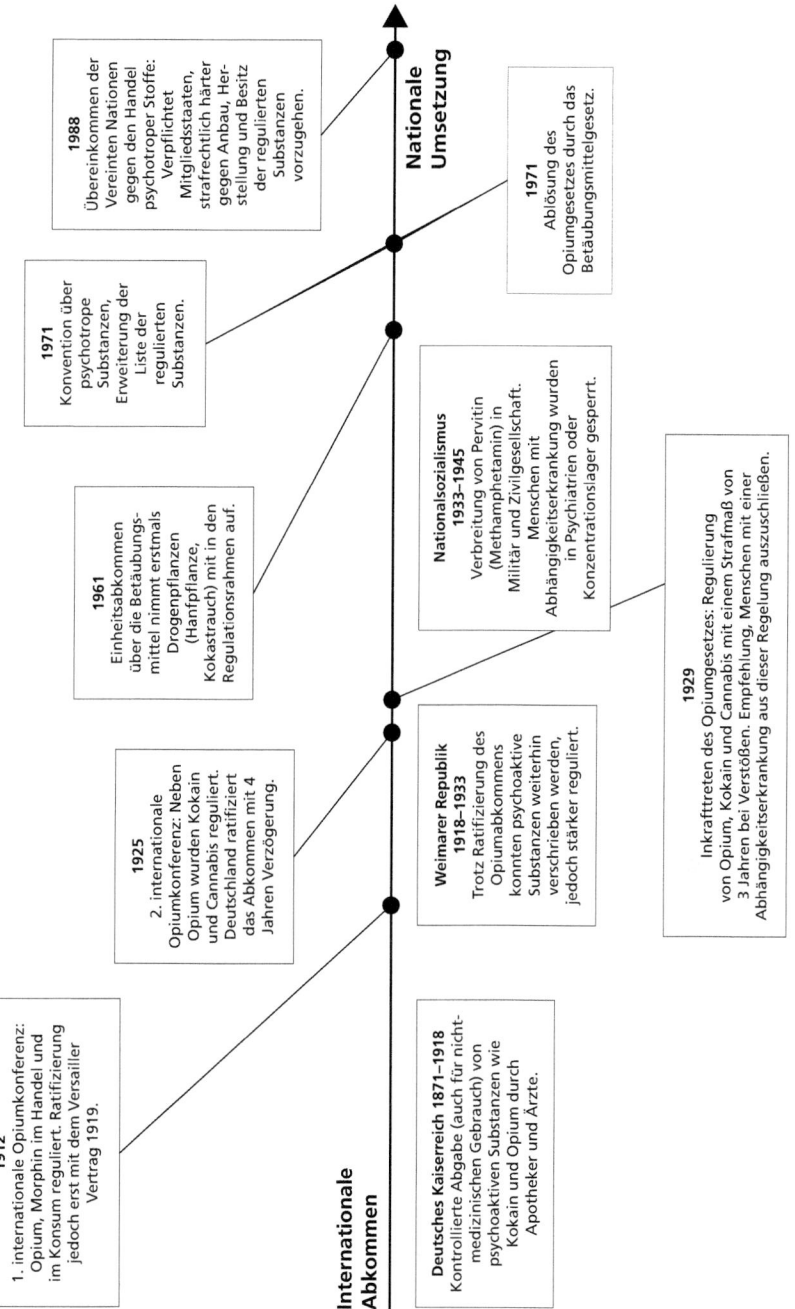

Abb. 1.1: Historische Entwicklung der Regulation psychoaktiver Substanzen in Deutschland in zeitlicher Relation zu internationalen, drogenpolitischen Abkommen

Wenn man nun auf die anfänglich gestellte Frage zurückkommt, ob die Regulierung durch das Betäubungsmittelgesetz der Beweis für die Schädlichkeit einer Substanz ist, lässt sich diese recht einfach mit »nein« beantworten. Die Liste der Betäubungsmittel sieht keine Einordnung des Schadenspotenzials vor, sondern ist historisch gewachsen. Darüber hinaus wäre der logische Gegenschluss, dass legal erhältliche Substanzen wie Alkohol und Tabak deutlich weniger schädlich seien als die im BtMG gelisteten Substanzen. Diese zählen jedoch zu den psychoaktiven Substanzen mit dem höchsten Schadenspotenzial (Nutt et al., 2010).

1.2 Einfluss der Prohibition auf das Schadenspotenzial

Die Prohibition erzeugt allerdings zusätzlich erhebliche Schäden für Konsumierende, die bei einer toxikologischen Betrachtung der reinen psychoaktiven Substanz nicht zu tragen kämen, aber aus sozialer und psychologischer Perspektive einen wichtigen Unterschied ausmachen. Ebenso erschwert sie die wissenschaftliche Erforschung psychoaktiver Substanzen, um deren potenziellen medizinischen Nutzen zu erschließen oder das von ihnen ausgehende Gefährdungspotenzial weiter zu ergründen.

Zum einen hat die Prohibition Einfluss auf die Qualität der konsumierten Substanzen. Dadurch, dass es sich um einen unregulierten Schwarzmarkt handelt, sind die psychoaktiven Substanzen nicht geprüft und meist verunreinigt. Das Substanzmonitoring der Frankfurter Konsumräume zeigt z.B., dass das Heroin vor Ort durchschnittlich gerade einmal 9 % Wirkstoffgehalt aufzeigt (Auwärter & Kempf, 2019). Der Rest sind Streckmittel, die durchaus schädlich für den Konsumierenden sein können. Aber auch Drogentrends wie das Versetzen von E-Zigaretten-Liquids mit synthetischen Cannabinoiden und deren Verkauf unter irreführenden Namen wie »CBD-Liquid« werden durch einen unregulierten Markt und eine Prohibition gefördert. Daraus entsteht eine Unwissenheit der Konsumierenden darüber, was genau eigentlich konsumiert wird. Das kann an Verunreinigungen liegen oder dem Verkauf von Substanzen unter falschen Namen, was wiederum erheblichen Einfluss auf das Schadenspotenzial hat.

Zum anderen erfahren Menschen, die illegalisierte Substanzen konsumieren, auch soziale und psychische Schäden. Diesen liegen die im folgenden Kapitel erläuterten Dynamiken der Stigmatisierung zu Grunde. Konkret gehören hierzu z.B. die psychische Belastung durch die Angst vor strafrechtlicher Verfolgung, soziale Isolation und Vereinsamung, Einschränkung in der sozialen Teilhabe, gesenktes Selbstvertrauen, Verlust des Führerscheins etc. (Stöver, 2021, S. 196). Viele dieser Schäden könnten deutlich eingedämmt, wenn nicht sogar vermieden werden, würden psychoaktive Substanzen verantwortungsvoll reguliert werden.

Allerdings sorgt auch die Kommerzialisierung psychoaktiver Substanzen für einen wenig regulierten legalen Markt in Deutschland und gefährdet die Gesundheit der Konsumierenden sowie der Bevölkerung stark. Sowohl die Tabakindustrie als auch die Alkoholindustrie können aktuell wenig eingeschränkt in Deutschland agieren und ihre Produkte offensiv vermarkten.

In einem europaweiten Vergleich der Tabakkontrolle erlangte Deutschland im Jahr 2021 den 34. Platz (von 37), 2019 sogar den letzten Platz. Bei dieser Erhebung werden folgende Punkte berücksichtig (vgl. Joossens et al., 2020):

- Preiserhöhung durch Steuern,
- Verbot bzw. Einschränkungen des Rauchens in der Öffentlichkeit oder am Arbeitsplatz,
- bessere Verbraucherinformationen, einschließlich öffentlicher Informationskampagnen, Medienberichterstattung und Veröffentlichung von Forschungsergebnissen,
- umfassende Verbote von Werbung und Verkaufsförderung für alle Tabakprodukte, Logos und Markennamen,
- deutliche Gesundheitswarnungen auf Zigarettenschachteln und anderen Tabakprodukten,
- Raucherentwöhnung inklusive eines guten Zugangs zu Medikamenten.

Die minimale Verbesserung der Bewertung der deutschen Tabakkontrolle ergab sich durch das Werbeverbot von Verbrennungszigaretten auf Außenflächen wie z.B. Bushaltestellen und Plakatwänden (Joossens et al., 2020, 2022). Die schlechte Platzierung ergibt sich unter anderem aus den sehr geringen Steuererhöhungen von Tabakprodukten, der Erlaubnis, weiterhin in definierten Innenräumen zu rauchen (allerdings nicht in allen Bundesländern), dem Verzicht auf Einheitsverpackungen (»Plain Packaging«), dem Verkauf von Maxipacks von bis zu 30 Zigaretten und die »24/7«-Verfügbarkeit.

Aber nicht nur in der Tabakkontrolle hinkt Deutschland hinterher. Deutschland lag 2019 mit 10,56 Litern Reinalkohol pro Kopf über dem europäischen Durchschnitt. Außerdem weist Deutschland den vierthöchsten Bierkonsum in Europa auf (World Health Organization, o. J. a, b). Wie schon im vorherigen Kapitel erwähnt, wird der Alkoholkonsum in der Gesellschaft nicht nur akzeptiert, sondern sogar untereinander gefördert. Aber auch die Industrie zielt systematisch einen Mehrkonsum der Bevölkerung ab. Um dies zu erreichen, werden auf der einen Seite Getränke konzipiert (Alkopops, Mixgetränke etc.), die Frauen und Jugendliche erreichen sollen – Zielgruppen, die in der Regel weniger konsumieren (Meury, 2022). Aber auch andere Marketingstrategien wie Werbung, Sonderangebote und Sponsoring von Sport- und Musikveranstaltungen sorgen für eine Omnipräsenz der verschiedenen Alkoholmarken im deutschen Alltag. Dabei hat die Alkoholindustrie im Jahr 2020 477 Millionen Euro allein für Werbung ausgegeben – davon 62,1 % für Bier. Auf der anderen Seite nimmt die Alkoholindustrie jedoch auch direkt Einfluss auf die Politik. Hierbei präsentieren sie sich als sozial verantwortlicher Partner, sponsort öffentliche Einrichtungen oder Parteitage und realisiert freiwillige – aber ineffektive – Präventionskampagnen. Darüber hinaus nimmt die Alkoholindustrie

Einfluss auf die Forschung, indem sie Untersuchungen fördert, die den Schaden von Alkohol herunterspielen oder gesundheitsförderliche Aspekte finden (Schaller et al., 2022).

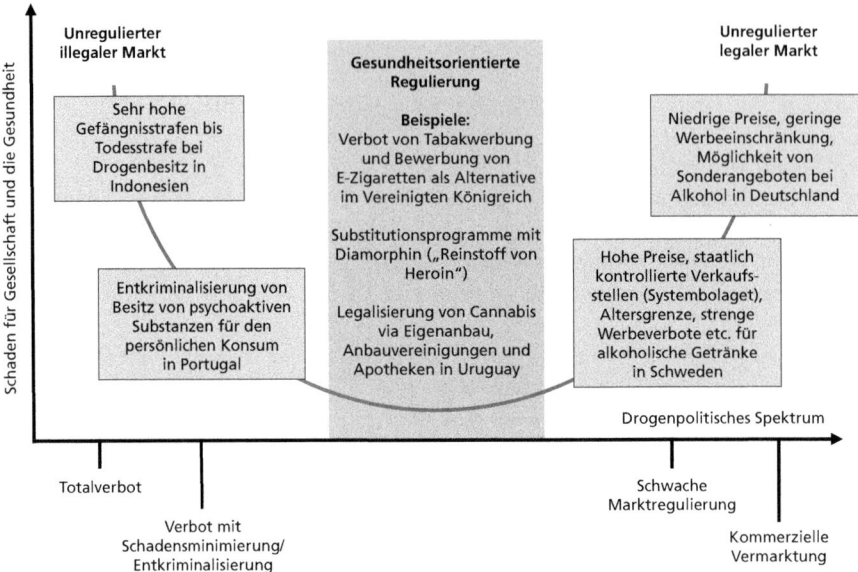

Abb. 1.2: Einfluss der Regulierung des Markts für psychoaktive Substanzen auf den Schaden an Gesellschaft und Gesundheit (nach Steinmetz & Kohek, 2022; Transform Drug Policy Foundation, 2022)

Abschließend lässt sich feststellen, dass sowohl ein unregulierter krimineller Markt als auch ein unregulierter legaler Markt einen direkten Einfluss auf soziale und gesundheitliche Schäden haben. Um eine differenzierte Bewertung von psychoaktiven Substanzen zu erreichen, müssen also soziale und gesellschaftliche Begebenheiten mitgedacht werden.

Aus der Praxis

Peter (27) war am Freitag auf einer Psytrance Party. Er hat sich schon lange auf diesen Abend gefreut und sich für diese Gelegenheit mal wieder vorgenommen, mit seinen Freund:innen MDMA zu nehmen. Seine Freundin Anne hatte für alle Kristalle besorgt und gemeinsam hatten sie eine farbenfrohe und aufregende Nacht bis in den nächsten Morgen hinein. Den Rest des Wochenendes nutzt Peter zum »auskatern«. Er schaut Serien, isst und erholt sich von seinem Konsum. Am Montag ist er wieder fit und setzt sich ins Auto, um sich auf den Weg zu seinem Arbeitsplatz zu machen. Dabei kommt er in eine Straßenkontrolle. Die Polizist:innen fordern ihn auf, einen Urintest zu machen. Mit mulmigem Gefühl, aber großer Hoffnung, dass der Test nicht mehr anschlagen wird, beugt er sich der

Aufforderung. Der Test ist jedoch positiv auf MDMA und er wird mit aufs Revier genommen. Die Konsequenzen des positiven Drogentests sind enorm, nicht nur bekommt er 500 € Bußgeld, 2 Punkte und einen Monat Fahrverbot, sondern einige Wochen später wird noch eine Medizinisch-Psychologische Untersuchung (MPU) durch die Führerscheinstelle angeordnet. Damit wird ihm mit sofortiger Wirkung seine Fahrerlaubnis entzogen, bis er ein Jahr Abstinenz nachweisen kann und die MPU besteht. Peter ist verzweifelt, denn er ist auf sein Auto im Beruf angewiesen.

Stefan (27) ist am Wochenende mit seinen Kumpels in der Kneipe. Eigentlich wollte er sein Auto zu Hause stehen lassen, doch die S-Bahn fällt aus und zu spät möchte er auch nicht kommen. Außerdem will er heute sowieso nicht so lange bleiben. In der Bar trinkt er über den Abend drei kleine Bier und einen Schnaps. Um Mitternacht macht er sich auf den Heimweg. Obwohl ihn seine Freunde ermahnen, das Auto doch bitte stehen zu lassen, beschließt er, dieses doch zu nutzen. Er hat schließlich über den ganzen Abend verteilt getrunken und fit fühle er sich dazu auch noch. Auf der Fahrt nach Hause kommt er in eine Straßenkontrolle und wird aufgefordert, einen Atemalkoholtest zu machen – 0,68 Promille. Als Konsequenz bekommt einen Monat Fahrverbot, 2 Punkte und 500 € Bußgeld. Stefan flucht, das war ein teurer Abend und auf die Bahn ist er wohl nun auch für einen Monat konsequent angewiesen. So schlimm ist das Fahrverbot jedoch nicht, er legt ihn sich einfach in seinen 3-wöchigen Sommerurlaub. In der Zeit will er eh verreisen.

Erläuterung: Der Konsum von illegalisierten Substanzen ist im Straßenverkehr deutlich anders geregelt als der von Alkohol. Während bei Alkohol die Grenze für eine MPU 1,6 bzw. 1,3 Promille ist, reicht bei illegalisierten Substanzen der bloße Konsum aus. Viele illegalisierte Substanzen sind deutlich länger im Blut oder Urin nachweisbar als Alkohol und somit können auch nüchterne Fahrten wie im Beispiel von Peter zum Entzug einer Fahrerlaubnis führen. Aber auch wenn man illegalisierte Substanzen bei sich trägt, ohne ein KFZ zu bewegen, kann dies zu einer MPU inklusive Entzug der Fahrerlaubnis führen, sobald Polizist:innen darauf aufmerksam werden.

Bei einem Verstoß gegen die Richtlinien im Straßenverkehr gibt es zwei Prozesse. Auf der einen Seite wird der Verstoß als Ordnungswidrigkeit bzw. Straftat geahndet – daraus ergeben sich in den Beispielen das Fahrverbot, die Punkte und das Bußgeld, auf der anderen Seite wird jedoch von der Führerscheinerlaubnisbehörde entschieden, ob eine MPU mit Abstinenznachweis verordnet wird oder nicht.

Bei beiden Beispielen ist noch anzumerken, dass beide keine Drogentests auf der Straße hätten machen müssen. Dies ist in Deutschland freiwillig und kann daher verweigert werden. Besteht jedoch aus der Sicht der Polizist:innen ein Verdacht, können diese einen verpflichtenden Drogentest auf dem Polizeirevier fordern.

2 Stigmatisierung – der gesellschaftliche Einfluss auf die Bewertung psychoaktiver Substanzen

Das Wort »Stigma« kommt aus dem Altgriechischen und bedeutet wörtlich »Brandmal« oder »Zeichen«. Dieses kennzeichnet ein Abweichen von einer gesellschaftlichen Norm und dient dazu, die betroffene Person abzuwerten (Goffman, 1986). Dabei kann zwischen einem sichtbaren und nicht-sichtbaren Stigma unterschieden werden. Die sichtbaren Stigmata sind dabei in der Regel mit bloßen Augen erkennbar, wie z. B. eine körperliche Auffälligkeit. Das Gegenteil hierzu bilden nicht-sichtbare Stigmata, die nicht so leicht zu erkennen sind. Hierzu zählen psychische Erkrankungen und somit auch Substanzgebrauchsstörungen (Aydin & Fritsch, 2015).

Die Stigmatisierung von Menschen mit Substanzgebrauchsstörung wurde lange Zeit sowohl von der Suchtforschung als auch von der Praxis vernachlässigt und teilweise sogar als hilfreiche Intervention gesehen, um den Konsum psychoaktiver Substanzen als gesellschaftlich inakzeptabel zu markieren und somit Menschen zur Abstinenz zu bewegen. Inzwischen widerlegen Studien diese Hypothese und zeigen, dass es Menschen durch dieses Vorgehen deutlich erschwert wird, Hilfe anzunehmen, und darüber hinaus die Abstinenzzuversicht geschwächt wird (Schomerus et al., 2017; Schomerus & Rumpf, 2017).

Es können grundlegend drei verschiedene Kategorien von Stigmatisierung unterschieden werden, die Menschen mit Substanzgebrauchsstörungen betreffen:

- *Öffentliche Stigmatisierung*
  Die öffentliche Stigmatisierung beschreibt die gesellschaftliche Missbilligung einer Personengruppe. Diese kann dabei in drei Elemente unterteilt werden. Menschen mit einer Substanzgebrauchsstörung werden dabei *Stereotypen* zugeordnet, wie z. B. Willensschwäche, eine besondere Gefährlichkeit oder eine fehlende Vertrauenswürdigkeit. Diese manifestieren sich in Vorurteilen, aufgrund derer Menschen mit negativen Emotionen oder der Bekräftigung von Stereotypen reagieren. Dies mündet in der *Diskriminierung*, also in einer Reaktion auf der Verhaltensebene, z. B. in Form von Aberkennung der Substanzgebrauchsstörung als Erkrankung, einem Nicht-Akzeptieren von Abstinenzentscheidungen (vor allem bei Alkohol), die Verwehrung eines Arbeitsplatzes oder erhöhte Kontrolle im Straßenverkehr aufgrund von äußeren Merkmalen, die als szenetypisch gelten (Rüsch et al., 2004; Schomerus et al., 2011).
- *Institutionelle Stigmatisierung*
  Unter einer institutionellen bzw. strukturellen Stigmatisierung versteht man die Benachteiligung von Menschen mit einer Substanzgebrauchsstörung durch Po-

litik, Justiz und das Hilfesystem selbst (Rüsch et al., 2004). Die Stigmatisierung durch die Prohibition und den damit einhergehenden rechtlichen Vorgaben wurden schon im vorherigen Kapitel betrachtet. Die institutionelle Stigmatisierung von Menschen mit Substanzgebrauchsstörung zeigt sich in vielen verschiedenen Facetten, deren komplette Nennung die vorliegende Skizzierung des Sachverhalts übersteigen würde. Die zentralen Einschränkungen sollen jedoch genannt werden.

Institutionelle Stigmatisierung in Deutschland resultiert unter anderem aus der Aufteilung des Gesundheitssystems, bei der Menschen mit Substanzgebrauchsstörungen unterschiedliche Strukturen vorgehalten werden als Personen mit anderen psychischen Erkrankungen. Auch wenn das Suchthilfesystem ein großes und differenziertes Angebot bereithält, entstehen durch die Trennung durchaus Probleme. Allgemein gilt, dass das Erreichen und die Stabilisierung einer Abstinenz der Behandlung einer anderen psychischen Störung vorrangig sind. Somit sind Menschen mit Doppeldiagnosen oft veranlasst, zuerst ihre Substanzgebrauchsstörung zu behandeln, obwohl einseitige Behandlung von Substanzgebrauchsstörung zu einer Verschlechterung der anderen Erkrankung führen und somit den Therapieerfolg gefährden kann (z. B. bei der Doppeldiagnose Abhängigkeitssyndrom und Posttraumatische Belastungsstörung). Mit besser zugeschnittenen Therapieansätzen für Doppeldiagnosen sollen Verschiebungen zwischen den beiden Gesundheitssystemen zwar in Zukunft verhindert werden, allerdings sind die stationären Therapieplätze zuweilen noch sehr begrenzt (Frischknecht et al., 2021; Ullrich, 2018). Um suchttherapeutische Hilfe in Anspruch nehmen zu können, ist eine fortlaufende Abstinenz vorausgesetzt. Akzeptanzbasierte und zieloffene Therapieansätze erhalten in der Regel keine Finanzierung bzw. lediglich Zuschüsse durch die Krankenkasse (§20 SGB V). Diese Voraussetzung gilt ebenso für den Zugang zur ambulanten Psychotherapie. Hier muss innerhalb der ersten zehn Sitzungen die Abstinenz durch unabhängige Nachweise bestätigt werden (Gemeinsamer Bundesausschuss, 2011). In vielen privaten Krankenversicherungen sind Entwöhnungsbehandlung außerdem aus dem Leistungskatalog ausgeschlossen (Eichenbrenner, 2017), aber auch bei anderen Versicherungen wie z. B. der Erwerbsunfähigkeitsversicherung werden Substanzgebrauchsstörungen teilweise ausgeschlossen oder haben beim einer suchtbezogenen Gefährdung einen höheren Kostensatz zur Folge.

- *Selbststigmatisierung*
Bei Menschen mit Substanzgebrauchsstörung kann die gesellschaftliche und institutionelle Herabwürdigung einen Selbstverurteilungsprozess auslösen. Betroffene entwickeln dabei eine negative Haltung gegenüber sich selbst und weisen einen niedrigen Selbstwert und niedrige Selbstwirksamkeit auf. Oft haben sie eine sehr pessimistische Einschätzung über ihre Genesungschancen. Bei Menschen mit Substanzgebrauchsstörung zeigt sich dies z. B. in einer niedrigen Abstinenzzuversicht (Kostrzewa, 2018; Rüsch et al., 2004). Die Selbststigmatisierung und die Angst davor, stigmatisiert zu werden, konnten in Untersuchungen bei Menschen mit Substanzgebrauchsstörung als zentraler Grund identifiziert werden, keine Hilfe anzunehmen (Hammarlund et al., 2018).

Nun beziehen sich diese Beispiele ausschließlich auf das Abhängigkeitssyndrom. Um das Thema Stigma und Stigmatisierung im Zusammenhang mit einer neutralen Bewertung psychoaktiver Substanzen angemessen zu adressieren, ist es notwendig, über die reine Betrachtung von Substanzgebrauchsstörungen hinauszugehen und den Fokus auf den allgemeinen Substanzkonsum zu erweitern – auch wenn es hier an Forschungsansätzen mangelt.

Bei Alkohol erleben Menschen, die ein Abhängigkeitssyndrom entwickeln, oft das Paradoxon der in Deutschland vorherrschenden Trinkkultur. Diese zeichnet sich dadurch aus, dass der gesellschaftliche Umgang mit Alkohol keinen klaren Regeln unterliegt (Lindenmeyer, 2022). Darüber hinaus wird der Alkoholkonsum sogar gesellschaftlich und medial gefördert und glorifiziert und vermittelt so ein Bild von einem Alkoholkonsum als normalisiertem Bestandteil des Alltags (Döring, 2022). Erst wenn die betroffene Person offensichtlich die Kontrolle über ihren Konsum verliert, schlägt die Stimmung plötzlich um und resultiert in oben beschriebener Stigmatisierung (Lindenmeyer, 2022; Schomerus et al., 2011). Erschwerend kommt hinzu, dass selbst eine Abstinenzentscheidung von Alkohol zu einer gesellschaftlichen Ausgrenzung führen kann, da der Alkoholkonsum als wichtiger Bestandteil des sozialen Alltags gesehen wird und Gegenstand diverser Rituale unserer Kultur ist.

Der gesellschaftlich akzeptierte und traditionsreiche Umgang mit Alkohol ermöglicht es Menschen, Alkohol in gesellschaftlich anerkannten Mengen (die in Deutschland sehr hoch sein können und teilweise bis zum Vollrausch reichen!) zu konsumieren, ohne das Risiko einer Stigmatisierung einzugehen. Gleichzeitig wird Alkohol im Vergleich zu illegalisierten Substanzen oft als weniger schädlich angesehen und das Risiko, eine Abhängigkeitserkrankung zu entwickeln, als geringer eingeschätzt.

Menschen, die illegalisierte Substanzen konsumieren, sind schon deutlich früher mit einer Stigmatisierung konfrontiert als Menschen, die legal verfügbare Substanzen zu sich nehmen. Ein wesentlicher Beitrag dazu kommt von der weltweit vorherrschenden Prohibition illegalisierter Substanzen (▶ Kap. 1.2).

Vor allem bei illegalisierten Substanzen wird eine stark krankheitsbezogene Perspektive angewendet, die im folgenden Kapitel noch genauer erläutert wird (▶ Kap. 3). Außer bei Cannabis, bei dem die Deutsche Hauptstelle für Suchtfragen schon vor der Teil-Legalisierung in ihrem Flyer offiziell zwischen einem eher weichen und eher hartem Konsummuster unterscheidet (Deutsche Hauptstelle für Suchtfragen, 2020), gibt es von offizieller Seite wenig Ambitionen, Konsummuster von illegalisierten Substanzen zu klassifizieren. Dementsprechend ist es für viele Menschen schwierig, zwischen risikoarmem und gefährlichem Konsum zu differenzieren. Hinzu kommt das Fehlen eines gesellschaftlich akzeptierten Konsummusters für illegalisierte Substanzen, wodurch Konsumierende früher Vorurteilen begegnen und in eine »Outsider-Position« gedrängt werden.

Auch medial werden illegalisierte Substanzen in der Regel mit Kriminalität, sozialen Schwierigkeiten und gesundheitlichen Problemen in Verbindung gebracht (Hughes et al., 2011). In der öffentlichen Wahrnehmung werden dabei die Konsequenzen von illegalisierten Substanzen als besonders gefährlich und unkontrollierbar eingestuft.

Aus der Praxis

Sabine (58 Jahre) sitzt nervös auf ihrem Stuhl in einer Suchtberatungsstelle und nestelt an ihrer Tasche herum. Sie erzählt, dass sie von ihrer Ärztin geschickt wurde, als sie ein Mittel gegen das Zittern ihrer Hände bekommen wollte. Das Zittern komme laut der Ärztin wohl vom Alkohol, auch der Begriff »Sucht« sei gefallen. Doch das kann sie sich ehrlich gesagt nicht vorstellen. Sie ist nicht so wie diese Süchtigen. Sie hat Enkel, um die sie sich liebevoll kümmert, und war ihr ganzes Leben lang berufstätig. Nicht so wie diese Taugenichtse, die den ganzen Tag nur Schnaps saufen. Sie würde auch nur Wein trinken, und zwar hochwertigen! Wie sollte sie da süchtig werden.

Erläuterung: Sabine weist eine große Angst auf, stigmatisiert zu werden. Dafür ist sie bereit, sich gegen ihre Entzugssymptome (Hände zittern) Medikamente verschreiben zu lassen, anstatt die zugrundeliegende Erkrankung zu behandeln. Sie selbst stigmatisiert Menschen mit einer Substanzgebrauchsstörung und hat ein klares Bild vor Augen, wie ein Mensch mit einer Substanzgebrauchsstörung zu sein hat. Die Diskrepanz zu ihrem eigenen Fall ist so groß, dass es ihr sehr schwerfällt, sich um ihre eigene Genesung zu kümmern.

3 Von der Pathogenese zur Salutogenese – eine Veränderung des Blickwinkels

Um Gesundheit und Krankheit zu betrachten, gibt es unterschiedliche Konzepte. Bei der Behandlung von Erkrankungen wird in der Regel auf eine pathogenetische Sichtweise zurückgegriffen. Diese rückt die Krankheit, ihre Symptome und deren Entstehung in den Mittelpunkt (vgl. Petermann et al., 2018, S. 24f). Auf dieser Grundlage können nicht nur Behandlungsmethoden entwickelt, sondern auch Präventionsmaßnahmen abgeleitet werden. Allerdings kann eine zu hohe Fokussierung auf pathogenetische Aspekte auch die Wahrnehmung eines Risikopotenzials verzerren. Denn nicht alles, was potenziell krank macht, führt auch zu einer Erkrankung. Genau dieser Aspekt kommt bei der Bewertung von Konsumverhalten von psychoaktiven Substanzen zum Tragen und soll deswegen in diesem Kapitel erläutert und eine alternative Betrachtungsweise angeboten werden.

3.1 Wie entsteht eine Abhängigkeitserkrankung?

Der Mythos, dass psychoaktive Substanzen existieren, die schon beim ersten Konsum zu einem Abhängigkeitssyndrom führen, hält sich seit Jahrzehnten hartnäckig. In der Regel bezieht sich diese Annahme meist auf Drogen, die vor allem mit prekären Lebenslagen (Obdachlosigkeit, schwere körperliche und psychische Erkrankung, Arbeitslosigkeit etc.) in Verbindung gebracht werden. Dazu zählen z. B. Heroin, Crack oder »Krokodil« – eine verunreinigte Form von Desomorphin, das vor einigen Jahren reißerische Schlagzeilen aufwarf. Solche Behauptungen betrachten jedoch nur einen kleinen Bruchteil eines komplexen Zusammenspieles mehrerer Faktoren.

Schon 1969 stellte Feuerlein eine differenziertere Betrachtung der Entstehung von Abhängigkeitserkrankungen vor: das Drei-Faktoren-Modell. In diesem identifiziert Feuerlein ein ungünstiges Zusammenspiel von Individuum, Sozialfeld und Droge als Nährboden für die Entwicklung schädlicher Konsummuster (Feuerlein, 1969). Dieses Modell wurde inzwischen mit den Inhalten des bio-psycho-sozialen Modells erweitert, das 1977 von Engel aufgestellt wurde und inzwischen als international anerkanntes Krankheitsmodell fungiert(Engel, 1977). In Bezug auf das Verhalten gegenüber psychoaktiven Substanzen entsteht dadurch ein Vier-Faktoren-Modell (▶ Abb. 3.1).

3 Von der Pathogenese zur Salutogenese – eine Veränderung des Blickwinkels

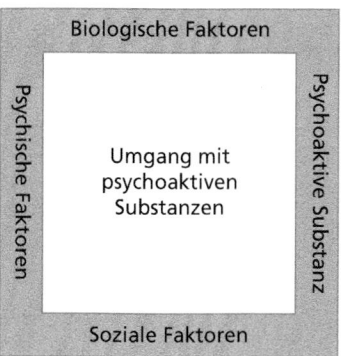

Abb. 3.1: Einflussfaktoren auf den Umgang mit psychoaktiven Substanzen

Unter die *biologischen Faktoren* fallen dabei z. B. Alter, Geschlecht, genetische Dispositionen, körperliche Erkrankungen oder individueller Stoffwechsel der psychoaktiven Substanz. *Psychische Faktoren* sind unter anderem die eigene Persönlichkeitsstruktur, erlebte Traumata, instabile Bindungserfahrungen, andere psychische Erkrankungen und der Umgang mit Emotionen. Die *sozialen Faktoren* können noch in zwei Unterkategorien unterteilt werden: persönliche soziale Faktoren und gesellschaftliche Einflüsse. Persönliche soziale Faktoren treten z. B. in Form von Problemen in der Beziehung, finanzieller Instabilität, erhöhtem Substanzkonsum im sozialen Umfeld, privaten oder beruflichen Konflikten, Abhängigkeitserkrankungen in der Familie, Mangel an sozialen Kontakten, aber auch (drohender) Wohnungslosigkeit und fehlender wirtschaftlicher Perspektive auf. Gesellschaftliche Einflüsse sind z. B. mangelnde Zukunftsaussichten, strukturelle Unsicherheit, genderspezifisches Ungleichgewicht, gesellschaftlicher Umgang mit psychoaktiven Substanzen und soziale Isolation. Bei der *psychoaktiven Substanz* spielen Faktoren wie das psychische und physische Abhängigkeitspotenzial, die Verfügbarkeit, der Verabreichungsweg oder die Konsumform, die Dosierung und auch die Kosten eine Rolle. Auf diese werden in den Substanzsteckbriefen substanzspezifisch genauer eingegangen (▶ Teil 3).

Auch wenn dieses Modell es ermöglicht, viele verschiedene Faktoren für ein Erklärungsmodell miteinzubeziehen, darf man dabei nicht vergessen, dass es sich bei einer Abhängigkeitsentwicklung um einen Prozess handelt. Dieser muss nicht linear verlaufen, sondern kann aus unterschiedlich intensiven Konsum- und Abstinenzphasen bestehen, in denen jeweils unterschiedliche bio-psycho-soziale Bedingungsfaktoren eine Rolle spielen können.

3.2 Diagnostik – Was ist eine Abhängigkeitserkrankung?

Ausgangspunkt der pathogenetischen Sichtweise bildet das Abhängigkeitssyndrom. Als im Jahr 1968 in Deutschland die »Trunksucht« als Krankheit anerkannt und somit eine Abrechnung der Behandlung durch die Krankenkasse und Deutsche Rentenversicherung ermöglicht wurde, war dies ein wichtiger Meilenstein für die Versorgung von Menschen mit einem Abhängigkeitssyndrom. Auch die Übertragung des Urteils auf illegalisierte Substanzen stellte damals kein großes Problem dar, führte zwischen 1975 bis 1985 zu einem regelrechten Boom an Rehabilitationskliniken und stellte somit die Behandlung von Suchtkranken sicher (Hüllinghorst, 2008).

Eine Diagnose ist bis heute die Grundlage, um eine Behandlung der Erkrankung in Anspruch zu nehmen. In Deutschland wird hierfür derzeit noch die 10. Version der internationalen statistischen Klassifikation der Krankheiten und verwandter Gesundheitsprobleme (ICD-10) herangezogen. Die offizielle Bezeichnung der Diagnose lautet »Psychische Verhaltensstörung durch psychotrope Substanzen – Abhängigkeitssyndrom«. Diese geht mit ihren Kriterien sowohl auf biologische (Toleranz, Entzugserscheinungen), psychische (Verlangen/»Craving«, verminderte Kontrolle über den Konsum) und soziale Faktoren (Vernachlässigung anderer wichtiger Aktivitäten) ein. Das Kriterium »Konsum, trotz schädlicher Folgen« kann auf alle Bereiche zutreffen. Eine genauere Ausformulierung der Kriterien ist in Tabelle 3.1 abgebildet.

Sollten die Kriterien eines Abhängigkeitssyndroms nicht erfüllt sein, besteht die Möglichkeit, einen schädlichen Gebrauch zu diagnostizieren. Dieser liegt dann vor, wenn aufgrund des Konsums psychoaktiver Substanzen körperliche (z. B. Verletzung oder physische Erkrankungen durch Konsum) oder psychische Störungen (z. B. depressive Episoden aufgrund des Konsums) auftreten (Dilling & Freyberger, 2019). Die Kriterien des schädlichen Gebrauchs können dabei sehr breit ausgelegt werden. Dies sorgt dafür, dass die Gruppe an Menschen, die mit dieser Diagnose versehen werden, sehr heterogen ist. Die Voraussetzung für die Übernahme der Kosten für eine medizinischen Rehabilitation sind mit einem schädlichen Gebrauch allerdings nicht erfüllt.

Das amerikanische Klassifikationssystem »Diagnostic and Statistical Manual of Mental Disorder«, besser bekannt als DSM, hat sich in seiner 5. Auflage im Gegensatz zur ICD von der Unterscheidung zwischen schädlichem Konsum und Abhängigkeitssyndrom getrennt. Stattdessen wurden drei verschiedene Schweregrade einer Substanzgebrauchsstörung festgelegt (▶ Tab. 3.1) (American Psychiatric Association, 2013). Diese Entscheidung folgt unter anderem der Erkenntnis, dass die Missbrauchsdiagnose, ähnlich wie in der ICD-10, eine hohe Ungenauigkeit aufweist. Dies soll durch die Erfassung von Schweregraden aufgelöst werden (Hasin et al., 2013). Die Abschaffung der dualen Herangehensweise folgt zusätzlich dem Ziel, die Stigmatisierung zu reduzieren, die mit dem Label »Abhängigkeitserkrankung«

einhergeht. Dadurch hat sich auch in Deutschland im Rahmen einer akzeptanzorientierten Kommunikation der Begriff *Substanzgebrauchsstörung* durchgesetzt.

Hier sei jedoch darauf zu achten, dass die Diagnose nach DSM-5 im klinischen Alltag in Deutschland keine Rolle spielt und im wissenschaftlichen Diskurs dadurch teilweise Ungenauigkeiten entstehen können. Denn eine Behandlung bekommen nur diejenigen, die die Diagnosekriterien für ein Abhängigkeitssyndrom erfüllen, und nicht jene für eine Substanzgebrauchsstörung.

Tab. 3.1: Diagnostischen Kriterien für das Abhängigkeitssyndrom bzw. der Substanzgebrauchsstörung in DSM-5, ICD-10 und ICD-11 (American Psychiatric Association, 2013; Freyberger & Dilling, 2019; World Health Organization, o. J. b, a)

DSM-5	ICD-10	ICD-11
Mindestens zwei Kriterien müssen innerhalb der letzten zwölf Monate bestanden haben. Dabei gilt folgende Klassifizierung: • 2–3 Kriterien: mild • 4–6 Kriterien: moderat • > 7 Kriterien: schwer	Drei oder mehr Kriterien müssen mindestens einen Monat bestehen oder innerhalb von zwölf Monaten wiederholt bestanden haben.	Zwei oder mehr Kriterien müssen innerhalb von zwölf Monaten bestanden haben. Die Diagnose kann jedoch auch gestellt werden, wenn in den letzten drei Monaten täglich oder fast täglich konsumiert wurde.
Starkes Verlangen (sog. »Craving«) Höher dosierter oder länger andauernder Konsum als beabsichtigt Anhaltender Wunsch und erfolglose Versuche, den Konsum zu beenden	Ein starkes Verlangen (Craving) oder eine Art Zwang, die Substanz zu konsumieren. Verminderte Kontrolle über den Substanzgebrauch über Beginn, Beendigung oder die Menge des Konsums	Verminderte Kontrolle über den Substanzkonsum (z. B. über den Beginn, Häufigkeit, Intensität, Dauer, Beendigung und Kontext). Dies tritt häufig (aber nicht immer) mit einem starken Verlangen (Craving) auf
Entzugssymptome	Ein körperliches Entzugssyndrom, wenn die Substanz reduziert oder abgesetzt wird, oder auch nachweisbar durch den Gebrauch derselben oder einer sehr ähnlichen Substanz, um Entzugssymptome zu mildern oder zu vermeiden	Physiologische Merkmale, die auf die Neuroadaption an die Substanz hinweisen in Form von 1) Toleranz gegenüber der Wirkung der psychoaktiven Substanz, es werden immer größere Mengen benötigt, um die gleiche Wirkung zu erzielen; 2) Entzugssymptome nach Beendigung oder Verringerung des Substanzkonsums; 3) wiederholter Konsum einer pharmakologisch ähnlichen Substanz, um Entzugssymptome zu verhindern oder zu lindern
Toleranzentwicklung	Toleranzentwicklung gegenüber den Wirkungen der Substanz	

Tab. 3.1: Diagnostischen Kriterien für das Abhängigkeitssyndrom bzw. der Substanzgebrauchsstörung in DSM-5, ICD-10 und ICD-11 (American Psychiatric Association, 2013; Freyberger & Dilling, 2019; World Health Organization, o. J. b, a) – Fortsetzung

DSM-5	ICD-10	ICD-11
Vernachlässigung von Pflichten durch Substanzgebrauch	Einengung auf den Substanzgebrauch, deutlich durch Aufgeben oder Vernachlässigen anderer wichtiger Vergnügen oder Interessensbereiche wegen des Substanzgebrauchs oder des hohen Zeitaufwands, die Substanz zu bekommen, zu konsumieren oder sich davon zu erholen	Der Substanzkonsum wird vor anderen Aspekten des Lebens wie der Aufrechterhaltung der Gesundheit und der täglichen Aktivitäten und Pflichten priorisiert, obwohl der Konsum negative Konsequenzen (z. B. Beziehungsprobleme, berufliche oder schulische Schwierigkeiten, gesundheitliche Probleme) nach sich zieht
Wichtige soziale, berufliche und Freizeitaktivitäten werden aufgegeben oder eingeschränkt		
Hoher Zeitaufwand für Aktivitäten, um die Substanz zu besorgen, zu gebrauchen oder sich von der Wirkung zu erholen		
Substanzgebrauch trotz körperlicher Risiken	Anhaltender Substanzgebrauch trotz eindeutig schädlicher Folgen	
Fortgesetzter Substanzgebrauch trotz Kenntnis eines anhaltenden oder wiederkehrenden psychischen und/oder physischen Problems		
Substanzgebrauch trotz wiederkehrender Probleme		

Im Gegensatz zur DMS-5 scheint sich das ICD nicht von der binären Unterscheidung zwischen Abhängigkeitssyndrom und schädlichen Gebrauch zu trennen. Im Jahr 2019 wurde die überarbeitete Diagnose mit der Einführung der 11. Revision der International Classification of Diseases (ICD-11) vorgestellt (Bischof et al., 2022). Zwar ist diese noch nicht in Kraft getreten und es existiert noch keine offizielle deutsche Übersetzung. Dennoch soll sie an dieser Stelle kurz erläutert werden, da sich für die Zukunft Entwicklungen abzeichnen, die den Krankheitsbegriff bezüglich des Abhängigkeitssyndroms tendenziell verstärken.

In dieser neuen Version sollen die aktuellen sechs Kriterien der ICD-10 auf drei reduziert werden. Dabei werden jeweils zwei Kriterien der aktuellen Diagnose (ICD-10) in einem Kriterium zusammengefasst, von dem jeweils ein Symptom oder Aspekt erfüllt sein muss. Für die Diagnose einer Störung des Substanzgebrauchs müssen laut ICD-11 zwei Kriterien erfüllt werden, während in der Diagnose nach ICD-10 mindestens drei Kriterien relevant waren. In der ICD-11 können durch die neuen Diagnosekriterien sowohl die Dauer des Abhängigkeitssyndroms als auch die Remission spezifiziert werden (Bischof et al., 2022; Gutwinski & Heinz, 2022). Durch diese Angaben erhält die Diagnose auch eine gewisse Differenzierungsmöglichkeit. Dies ist jedoch nur dann von praktischer Bedeutung, wenn diese in zukünftigen Forschungsdesigns berücksichtig wird und sich daraus unterschiedliche Behandlungsangebote ergeben.

Aufgrund der Zusammenfassung der Kriterien zeichnet sich in mehreren Studien eine Absenkung der Diagnoseschwelle ab (Degenhardt et al., 2019; Lago et al., 2016). Somit kann in Zukunft mit einer Zunahme von Menschen, die diese Diagnose erfüllen, gerechnet werden und durch das frühere Eintreten der Diagnose sorgt dies für einen verschärften Krankheitsbegriff.

Aus dem pathogenetischen Blickwinkel wird dem Abhängigkeitssyndrom die Abstinenz gegenübergestellt (▶ Abb. 3.2). Diese Ansicht schlägt sich vor allem bei der Betrachtung des Konsums von illegalisierten Substanzen nieder, bei denen jeglicher Konsum als der Anfang eines krankhaften Verhaltens gewertet wird (Barsch, 2018; Nolte, 2007). Die Abstinenz bildet dabei nicht nur das Therapieziel bei der Behandlung einer Abhängigkeitserkrankung, sondern auch die Voraussetzung, um ein therapeutisches Angebot in Anspruch nehmen zu dürfen. So ist es Menschen mit einer Abhängigkeitserkrankung offiziell nicht möglich, eine ambulante Psychotherapie in Anspruch zu nehmen, ohne innerhalb der ersten zehn Therapiesitzungen eine Abstinenz nachzuweisen (zur institutionellen Stigmatisierung ▶ Kap. 2) (Bundespsychotherapeutenkammer, 2019). Auch in der stationären und ambulanten medizinischen Rehabilitation für Abhängigkeitserkrankung ist eine vermeintlich substanzübergreifende Abstinenz (Ausnahme sind in der Regel legale Alltagsdrogen wie Nikotin, Koffein, Baldrian etc.) ein Status, mit dem die Therapie angetreten wird und der durch die Behandlung im Idealfall ein Leben lang aufrechterhalten werden soll. Der Konsum von Nikotin und Koffein ist dabei aus der geforderten substanzübergreifenden Abstinenz exkludiert; die Rehabilitationsmaßnahmen sind lediglich von den Kostenträgern dazu angehalten, eine Raucherentwöhnung bei ihren Patient:innen anzuregen.

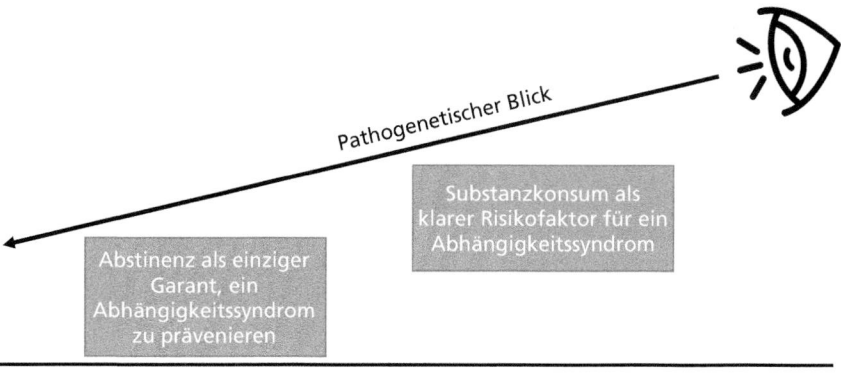

Abb. 3.2: Der pathogenetische Blick auf den Konsum psychoaktiver Substanzen (nach Schmidt-Semisch 2014; Piktogramm designed by Freepik)

Die pathogenetische Sicht auf den Substanzkonsum hat zur Folge, dass der Substanzkonsum stets als ein zu vermeidendes Verhalten gesehen wurde. Diese Haltung schlägt sich auch in der Suchtforschung nieder, die maßgeblich die Erfahrung von Menschen mit Abhängigkeitserkrankung im stationären Setting widerspiegelt. Das bedeutet, Forschungsgegenstand sind Betroffene, die es nicht allein geschafft haben, sich aus einer Substanzgebrauchsstörung herauszuentwickeln, oder aufgrund einer richterlichen Anordnung (§35 Therapie statt Strafe) eine Behandlung wahrgenommen haben (Sobell, 2007). Dabei werden Menschen, die illegalisierte Substanzen konsumieren und keine Störung entwickeln, oder Menschen, die durch eine sog. Selbstheilung den Ausstieg geschafft haben, außer Acht gelassen.

Daraus resultiert eine wissenschaftlich einseitig abgebildete Realität, die den Trugschluss suggeriert, dass ein Substanzkonsum (vor allem, wenn es sich um illegalisierte Substanzen handelt) in einer Abhängigkeitserkrankung inklusive einer Behandlung im stationären Setting mündet und somit jeglicher Konsum ein großes Schadenspotenzial birgt.

Aus der Praxis

Jan (32) konsumiert, seit er 14 Jahre alt war, alle psychoaktive Substanzen, die er bekommen kann. Amphetamin, MDMA, Alkohol, Zigaretten, Oxycodon, ... meistens ging er da sehr wahllos vor. Seit 6 Jahren ist seine Hauptsubstanz jedoch Heroin, das er intravenös konsumiert. Schon lange hat er seine Wohnung verloren, lebt teilweise auf der Straße und teilweise bei Freund:innen auf dem Sofa. Sein Leben dreht sich hauptsächlich um den nächsten Schuss; kann er diesen nicht organisieren, plagen ihn invasive Entzugserscheinungen. Freund:innen hat er nur wenige und Kontakt zu seiner Familie besteht schon lange nicht mehr.

Mia (38) geht es schlecht! Erst macht ihr Partner mit ihr Schluss, dann verliert sie aufgrund einer Geschäftsübernahme auch noch ihren Job. Sie ist unruhig, hat immer wieder Panikattacken und depressive Verstimmungen. Ihr Hausarzt verschreibt ihr ein »Beruhigungsmedikament«. Mia weiß nicht genau, was Benzodiazepine sind, sie merkt jedoch – sie helfen! Seit sechs Monaten nimmt sie diese nun täglich. Sie hat das Gefühl, ohne kommt sie nicht mehr über den Tag. Außerdem fängt sie an, nervös zu werden, wenn sie keine weiteren bekommt. Da ihr Arzt ihr keine weiteren mehr verschreiben wollte, betreibt sie Arzthopping – mit Erfolg.

Erläuterung: Obwohl es sich hier um sehr unterschiedliche Fallbeispiele handelt, kann bei beiden mit hoher Wahrscheinlichkeit die gleiche Diagnose festgestellt werden: das Abhängigkeitssyndrom. Dass bei Mia ein deutlich kürzeres Abhängigkeitssyndrom ohne Auffälligkeiten in der Vergangenheit und in Verbindung mit einer hohen psychischen Belastung besteht, kann mit der aktuellen ICD-10 nicht abgebildet werden. Die ICD-11 bietet jedoch die Möglichkeit, die Diagnose mit der Angabe der Dauer zu spezifizieren. Abzuwarten gilt, ob dies auch einen anderen Behandlungsansatz zur Folge hat oder ob die substanzübergreifende Abstinenz weiterhin als Therapievoraussetzung angewendet wird.

3.3 Salutogenese – Einnahme eines neuen Blickwinkels

Für eine differenziertere Bewertung des Konsums psychoaktiver Substanzen ist eine Veränderung der Betrachtungsweise notwendig, die sich nicht ausschließlich auf das Abhängigkeitssyndrom konzentriert (▶ Abb. 3.3).

Eine theoretische Grundlage für einen solchen Paradigmenwechsel findet sich in der Salutogenese. Diese setzt sich im Kontrast zur Pathogenese mit der Frage auseinander, was einen Menschen gesund macht bzw. hält. Dabei wendet sich die Salutogenese von der klaren Differenzierung von gesund und krank ab und beschreibt den Zustand eines Menschen auf einem Gesundheits-Krankheits-Kontinuum. In Auseinandersetzung mit dem Menschen wird dabei die eigene Biografie miteinbezogen, anstatt sich ausschließlich auf den zeitlichen Abschnitt der Erkrankung zu konzentrieren. Stressoren (alle Reize, die Stress erzeugen, wie belastende Lebensereignisse, Erkrankungen oder eben auch Substanzkonsum etc.) werden dabei als normaler Bestandteil des Lebens betrachtet und nicht als Symptom, das zwangsläufig bekämpft werden muss. Der salutogenetische Ansatz geht davon aus, dass Stressoren auch neutral sein oder gesundheitsfördernde Wirkung (z. B. durch Steigerung von Resilienz oder persönliche Entwicklung durch Konfrontation mit Stressoren) zeigen können. Schwerpunkt der Behandlung ist, den aktuellen Gesundheitszustand zu erhalten oder in Richtung des gesunden Pols auf dem Gesundheits-Kontinuum hinzuwirken (Antonovsky, 1997).

Wenn nun der Substanzkonsum salutogenetisch betrachtet wird, ändert dies die Grundeinstellung gegenüber der Einnahme von psychoaktiven Substanzen und des Rausch- bzw. Konsumverständnisses. Ein salutogenetischer Blick akzeptiert den Rausch als ein Bedürfnis des Menschen (Schmidt-Semisch, 2014). Diese Haltung ergibt sich unter anderem daraus, dass der Konsum psychoaktiver Substanzen in der Menschheitsgeschichte eine lange Tradition hat (Feustel, 2018): Dabei geht es nicht darum, zu erkranken, sondern um positive Aspekte wie Genuss, Geselligkeit oder bewusstseinserweiternde Erfahrungen (Schmidt-Semisch, 2014). Das Abhängigkeitssyndrom wird trotzdem als möglicher Risikofaktor anerkannt, allerdings nicht in den Mittelpunkt des Konsums gerückt (▶ Abb. 3.3).

> Ohne eine salutogenetische Grundhaltung sind akzeptanzorientierte Ansätze nicht möglich. Substanzgebrauch kann neben einer dysfunktionalen Problembewältigung auch dem eigenen Vergnügen, der Selbsterfahrung oder dem Ausleben von spirituellen Bedürfnissen dienen. Nur wenn dies anerkannt wird, kann man zwischen risikoreichem Verhalten und klinisch unbedenklichem Konsum unterscheiden.

Abstinenz　　　　　　　Gebrauch　　　　　　　Abhängigkeitssyndrom

Abb. 3.3: Der salutogenetische Blick auf den Konsum psychoaktiver Substanzen (nach Schmidt-Semisch 2014; Piktogramm designed by Freepik)

4 Substanzkonsum im Jugendalter

Die Bewertung des Konsums psychoaktiver Substanzen von Jugendlichen löst in vielen Fällen große Unsicherheit aus, deswegen wird in diesem Kapitel auf die Besonderheiten bei Jugendlichen eingegangen.

4.1 Jugendlicher Substanzkonsum als Teil der normalen Entwicklung

Welcher Konsum bei Jugendlichen gesellschaftlich akzeptiert und welcher problematisiert wird, hängt stark von der jeweiligen Kultur ab. In manchen indigenen Völkern ist es üblich, dass Jugendliche unter der Aufsicht von Erwachsenen psychedelische Erfahrungen sammeln. Diese Rituale können in einem Volk unterschiedliche Funktionen übernehmen, wie z. B. die Förderung der Reife der Jugendlichen oder die Stärkung der Verbindung zu kulturellen und spirituellen Traditionen (Haden et al., 2016). In Deutschland ist das erste Trinkritual häufig ein Teil der Konfirmationsfeierlichkeiten. Dafür gibt es unterschiedliche Bräuche, manchmal gehen die Jugendlichen von Haus zu Haus und bekommen an jeder Station ein alkoholisches Getränk, andere wiederum betrinken sich auf der Party selbst. Auch bei diesem Brauch sind in der Regel Erwachsene anwesend und solange keine Spirituosen oder Longdrinks, sondern lediglich Bier, Wein oder Sekt ausgegeben werden, entspricht dies dem deutschen Jugendschutzgesetz. Dieses erlaubt den Konsum von Bier, Wein und Sekt für Jugendliche ab 14 Jahren in Begleitung eines Erziehungsberechtigten gemäß §9 JuSchG. Der Alkoholkonsum von Jugendlichen wird somit in Deutschland nicht nur teilweise durch Erwachsene initiiert, sondern auch als Teil der jugendlichen Entwicklung akzeptiert. Anders verhält sich dies jedoch bei illegalisierten Substanzen, deren Konsum im Jugendalter oft mit vielen Ängsten verbunden ist.

Der Konsum psychoaktiver Substanzen im Jugendalter ist relativ verbreitet. So zeigt die Europäischen Schülerstudie zu Alkohol und anderen Drogen, die Jugendliche in ihrem 15. und 16 Lebensjahr befragte, dass in Deutschland 90 % der Jugendlichen Alkohol, 22 % Cannabis, 22 % andere illegalisierte Substanzen und 7,7 % verschreibungspflichtige Medikamente in Form von Tranquilizer und Sedativa mindestens einmal in ihrem Leben konsumiert haben (The ESPAD Group,

2020). Daraus lassen sich noch keine Rückschlüsse über ein problematisches Verhalten ziehen, sondern lediglich, dass der Konsum psychoaktiver Substanzen im Jugendalter eine Rolle spielt. Der Konsum kann als jugendtypisches Risikoverhalten gewertet werden, welches außerdem mit der Erfüllung verschiedener Entwicklungsaufgaben assoziiert werden kann (▶ Tab. 4.1).

Tab. 4.1: Entwicklungsaufgaben und Funktionen des Substanzkonsums (Arnaud & Thomasius, 2019, S. 48)

Entwicklungsaufgaben	Funktionen des Substanzkonsums
Wissen, wer man ist und was man will (Selbstkonzept und Identität)	Ausdruck persönlichen Stils, Suche nach grenzüberschreitenden, bewusstseinserweiternden Erfahrungen und Erlebnissen
Aufbau von Freundschaften; Aufnahme intimer Beziehungen	Erleichterung des Zugangs zu Peer-Gruppen, Kontaktaufnahme zu Personen, an denen romantisches oder sexuelles Interesse besteht
Ablösung von den Eltern	Unabhängigkeit von den Eltern demonstrieren, bewusste Verletzung der elterlichen Kontrolle
Übernahme von Verhaltensweisen Erwachsener	Demonstration, Vorwegnahme des Erwachsenseins
Lebensgestaltung und -planung	Teilhabe an subkulturellem Lebensstil, Spaß haben und genießen
Eigenes Wertesystem	Gewollte Normverletzung, Ausdruck sozialen Protests

Der verantwortungsvolle Umgang mit psychoaktiven Substanzen kann jedoch auch als eine eigenständige Entwicklungsaufgabe betrachtet werden. In einer Längsschnittstudie zeigen Ullrich-Kleinmanns et al. (2008) anhand von Konsummustern, dass Phasen eskalierenden Konsums von Alkohol und Cannabis zwar relativ häufig auftreten, jedoch nur sehr selten beibehalten werden. Hieraus wird geschlossen, dass Jugendliche allmähliche Kontrolle und Selbststeuerung erlernen.

4.2 Entwicklung von schädlichen Konsummustern bei Jugendlichen

Das Narrativ der Einstiegsdroge, die Idee, dass der Konsum einer Substanz den Weg für den Konsum einer anderen ebnet, hält sich bis heute hartnäckig. Um solch ein Konzept in Erwägung zu ziehen, müsste man zuallererst Begriffe wie »Einstieg« und »Droge« definieren. Meist handelt es sich um das Narrativ, dass der Gebrauch von Cannabis zum Konsum anderer, »härterer« Drogen führe. Hier ist allerdings zu hinterfragen, ob diese Annahme auch zutrifft, wenn LSD nur einmalig konsumiert wird oder wenn Opioide aus medizinischen Gründen im späteren Leben eingenommen werden. Zudem ist zu klären, was unter dem Begriff Droge verstanden wird. Wenn Cannabis eine solche initiierende Rolle zugeschrieben wird, müsste dies dann nicht auch für Substanzen wie Alkohol, Koffein oder Zucker gelten? Der Kontakt zum Schwarzmarkt aufgrund des Cannabisverbots mag vielleicht den Einstieg zu anderen illegalisierten Drogen erleichtern, das ist aber eher eine Folge des Verbots und des daraus resultierenden Schwarzmarkts. Grundsätzlich lässt sich sagen, dass von den Menschen, die Cannabis ausprobieren, nur ein Bruchteil den Weg zu Heroin, Methamphetamin oder Crack findet. Das wurde nicht nur in zahlreichen Studien nachgewiesen (z. B. Jorgensen & Wells, 2022), sondern ebenfalls vom Bundesverfassungsgericht (BVerfG, 1994) nach Anhörungen von Sachverständigen bestätigt. Innerhalb enger Schranken lässt sich sicherlich postulieren, dass pharmakologische Toleranzentwicklung zu einem Wechsel zu potenteren Stoffen innerhalb einer Wirkklasse führen kann, z. B. von Tilidin zu Oxycodon. Zudem ist vorstellbar, dass ein Hang zu nicht-stofflichen Stimuli wie z. B. Sex, Glückspiel etc. eine Katalysatorfunktion übernimmt und die Schwelle für den Konsum psychoaktiver Substanzen senkt. Doch eine Antwort, wie sich schädliche Konsummuster entwickeln, findet man in diesem Konzept definitiv nicht.

Denn wie bereits in Kapitel 3.1 dargelegt, lässt sich die Entwicklung einer Abhängigkeitserkrankung nicht allein auf die Wirkung psychoaktiver Substanzen zurückführen. Auch bei Jugendlichen lässt sich durch das Vier-Faktoren-Modell (▶ Kap. 3.1) die Entwicklung einer Abhängigkeit durch ein Zusammenspiel verschiedener Faktoren erklären. Im Jugendalter bekommen allerdings verschiedene Risikofaktoren ein besonderes Gewicht, da die Einflussnahme auf diese in dieser Lebensphase noch besonders wirksam sein kann bzw. ein Risikofaktor für eine spätere Abhängigkeitsentwicklung genährt wird.

Das familiäre Umfeld spielt eine entscheidende Rolle in der psychischen Entwicklung von Kindern und Jugendlichen und beeinflusst dadurch auch deren Substanzkonsum. Grundlegend wird angenommen, dass eine Vulnerabilität für die Entwicklung einer Abhängigkeitserkrankung vererbt werden kann. Dabei geht man nicht von einem einzelnen »Sucht-Gen« aus, sondern von einem komplexen Zusammenspiel mehrere Gene. Hierfür gibt es insbesondere Studien, die sich mit der Vererbbarkeit von Alkoholabhängigkeit beschäftigen. Zum Beispiel ergab eine Zwillingsstudie aus Norwegen, dass 62 % der Anfälligkeit für Alkoholabhängigkeit genetisch bedingt sein könnte (Ystrom et al., 2014). Auch die Vererbbarkeit einer Vulnerabilität für die Entwicklung einer Cannabisabhängigkeit wurde in Zwillingsstudien untersucht und Zusammenhänge wurden festgestellt (Verweij et al., 2010).

Eine Vulnerabilität allein hat jedoch nicht zwangsmäßig eine tatsächliche Abhängigkeitsentwicklung zur Folge, sondern wird maßgeblich von sozialen und individuellen Faktoren beeinflusst. Der Umgang der Eltern mit ihren Kindern spielt dabei eine zentrale Rolle. Als elterliche Schutzfaktoren gelten vor allem eine ausgeglichene elterliche Kontrolle und Fürsorge. Unter elterlicher Kontrolle versteht man die Aufsicht über Kinder und Jugendliche, eine Kenntnis über deren Aktivitäten und sozialen Kontakte sowie das Aufstellen von Regeln und die Durchsetzung von Konsequenzen. Diese wird durch elterliche Fürsorge in Form von emotionaler

Verfügbarkeit, Empathie, Lob und Anerkennung ergänzt. Sind die Kontrolle und Fürsorge nur gering, einseitig oder gegenteilig vorhanden, stellt dies einen möglichen Risikofaktor für einen Substanzkonsum dar (Trucco, 2020).

Neben dem Familien- bzw. Erziehungsklima spielt der Umgang mit psychoaktiven Substanzen eine Rolle. Menschen, die schon pränatal Alkohol, Tabak und Cannabis ausgesetzt wurden, weisen eine höhere Wahrscheinlichkeit auf, psychische Probleme und einen problematischen Substanzkonsum zu entwickeln (Baranger et al., 2022; Flynn & Chermack, 2008).

Durch regelmäßigen Alkoholkonsum der Eltern kann das Verhalten des Kindes zudem durch sog. Modelllernen geformt werden. Schon sehr früh können so von Kindern positive Verknüpfungen bezüglich des Alkoholes oder des Rauchens hergestellt werden, z. B., wenn das Kind sieht, dass die Eltern immer entspannter sind, nachdem sie Alkohol trinken. Auch können konsumierende Geschwister als Vorbilder dienen und somit den Substanzkonsum bei Jugendlichen fördern (Korhonen et al., 2008). Ein ausgeprägter elterlicher Alkoholkonsum wird allerdings auch mit einem früh beginnendem Cannabiskonsum der Kinder in Verbindung gebracht. Dies könnte ebenso Ausdruck einer ähnlichen genetischen Veranlagungen sein (Verweij et al., 2010), aber auch der elterliche Tabakkonsum und das damit einhergehende Passivrauchen konnten mit einem frühen Konsumstart im Jugendalter in Verbindung gebracht werden (Korhonen et al., 2008).

Der Einfluss der Peer-Gruppe auf den Substanzkonsum wird vor allem bezogen auf Alkohol und Tabak untersucht. Dabei werden zwei zentrale Prozesse besonders in den Fokus genommen: Peer-Auswahl (»peer selection«) und Peer-Sozialisation (»peer socialization«). Jugendliche wählen in der Regel Peers nach Gemeinsamkeiten aus wie z. B. Persönlichkeit, Erlebnissen oder eben auch Substanzkonsum. Innerhalb der Peer Group findet dann ein Sozialisationsprozess statt, in dem Verhaltensweisen und Ansichten gegenseitig beeinflusst werden. Hierbei sind das Modellverhalten und die Verstärkung besonders von Bedeutung. Wenn ein Peer, der ein hohes Ansehen genießt, Alkohol konsumiert, kann dies den Konsum in der Peer Group verstärken. Gleichzeitig erhalten diejenigen positives Feedback, die viel Alkohol trinken und gut vertragen, was dieses Verhalten weiter stabilisiert. Zu illegalisierten Substanzen sind vergleichbare Studien allerdings nicht vorhanden. Dies liegt vor allem an der deutlich geringeren Prävalenz von Substanzkonsum illegalisierter Drogen im Jugendalter (Henneberger et al., 2021).

Abgesehen von den sozialen Faktoren können auch verschiedene individuelle Faktoren mit einem jugendlichen Substanzkonsum in Verbindung gebracht werden. So wird in einer finnischen Zwillingsstudie vor allem bei Hyperaktivität, Impulsivität und Aggressivität (bei Jungen) eine Korrelation mit dem Konsum von illegalisierten Substanzen vor dem 18. Lebensjahr festgestellt (Korhonen et al., 2008); andere Studien führen darüber hinaus Schwierigkeiten in der Emotionsregulation an (Wilson et al., 2017). Das Erleben von Traumata wie z. B. psychischer oder physischer Missbrauch (Felitti, 2002) sowie psychiatrische Diagnosen wie z. B. Depressionen, Angsterkrankung oder ADHS (Castelpietra et al., 2022) wurden ebenfalls als Risikofaktoren identifiziert. Obwohl diese Risikofaktoren auch bei Erwachsenen relevant sind, kann die frühzeitige Erkennung und Ansprache dieser

Probleme in der Jugend einen positiven Einfluss auf die zukünftige Entwicklung des Konsumverhaltens haben.

> **Aus der Praxis**
>
> Nico (35) hat eigentlich wenig gute Erinnerungen an seinen Vater. Er war meistens abwesend, selbst dann, wenn er körperlich anwesend war. Nie gab es mal Zuspruch, ein gutes Wort oder ein Kompliment für Nico. Somit kannte er seinen Vater eigentlich nur als eine Art mürrischen Beisitzer im Haus. Dies änderte sich jedoch in den Momenten, als der Vater Alkohol trank. Plötzlich fragte er Nico, wie es im gehe, und hörte ihm zu. Manchmal sagte er ihm sogar, wie lieb er ihn habe. Diese Momente waren Nico die schönsten Kindheitserinnerungen mit seinem Vater. Doch er verknüpfte somit schon als kleines Kind, dass »Alkohol den Papa lieb macht«, und speicherte den Konsum von Alkohol daher positiv ab.
> **Erläuterung:** Aufgrund dieser Erfahrung ist das Risiko der Entwicklung einer Abhängigkeitserkrankung bei Nico erhöht. Dies liegt auf der einen Seite am Modelllernen (Alkohol verändert das Wesen positiv), als auch an der positiven Konditionierung (Alkohol gibt mir positive Zuwendung) schon seit früher Kindheit. Wichtig ist, hierbei zu betonen, dass es sich um eine *Vulnerabilität* handelt und nicht um einen Garanten für eine Abhängigkeitsentwicklung.

4.3 Erhöhtes Schadenspotenzial durch psychoaktive Substanzen bei Jugendlichen

Übermäßiger Drogenkonsum kann – je nach Substanz, Konsumform/-intensität und individuellem Gesundheitsstatus – Organe wie Leber, Lunge, Niere und Gehirn schädigen. Insbesondere die Schäden durch regelmäßigen Alkoholkonsum sind gut erforscht und reichen von Gedächtnisproblemen bis hin zu Leberzirrhose (z. B. Rang et al., 2007, S. 631). Solche Effekte können bei Jugendlichen besonders ausgeprägt sein, insbesondere, was die kognitiven Fähigkeiten angeht, da diese durch Entwicklungsprozesse im Jugendalter besonders anfällig sind. Jene Umstrukturierungen erzeugen nicht nur eine gewisse Vulnerabilität für psychiatrische Erkrankungen, sondern auch für riskantes Verhalten (Konrad et al., 2013). Darüber hinaus birgt intensiver Drogenkonsum Risiken sowohl für die kognitive Funktionalität einschließlich Aufmerksamkeit, Impulskontrolle und Gedächtnisleistung, als auch für psychiatrische Pathologien wie Depressionen. Dies begründet sich darin, dass diese Substanzen eben vorrangig im Gehirn wirken und die Entwicklung auf biochemischer Ebene beeinflussen können.

Spannend sind dabei zusätzlich die öffentliche Wahrnehmung und die mediale Aufbereitung neuer Forschungsergebnisse seitens Journalist:innen. Während massive Hirnschäden bei Alkohol selten thematisiert werden und zu Verbotsvorschlägen führen, ist bei illegalisierten Drogen, insbesondere bei Cannabis, das Gegenteil der Fall. Wenn man aber starken Konsum bei Jugendlichen vergleicht, dann zeigen sich bei Cannabis eher leichte und größtenteils reversible Schäden (Scott, 2023), bei Alkohol hingegen Schäden, die so erheblich sind, dass man anhand von bildgebenden Verfahren (gepaart mit Machine Learning) sogar den zurückliegenden Konsum ziemlich genau bestimmen kann (Roshan et al., 2022). Mit diesem Vergleich soll keineswegs der Cannabiskonsum bei Jugendlichen verharmlost werden, dennoch sollte das Risiko vernünftig eingeordnet werden: Das Hauptproblem bei Jugendlichen mit problematischem Konsum ist der Dauerkonsum von Cannabis und Co., insbesondere dann, wenn dadurch wichtige Lern- und Entwicklungsprozesse gehemmt werden. Diese Prozesse beziehen sich nicht nur auf schulische Herausforderungen, sondern auf sämtliche Lebensbereiche, in denen man sozial sinnvolle Verhaltensweisen erlernt. Diese Verhaltensweisen wiederum bilden wichtige Grundlagen, bspw. für das spätere Berufsleben oder Liebesbeziehungen.

Bei physiologisch besonders schädlichen Stoffen, z. B. Tabakrauch, ist auch die längere Exposition durch entsprechend frühen Konsumbeginn ein Faktor für zukünftige Gesundheitsschäden. Der menschliche Organismus hat gewisse Kapazitäten, mit schädlichen Stoffen umzugehen, bei Dauerexposition gelangt man aber schnell an seine Grenzen. Das Lungenkrebsrisiko bei einem Konsum von 10 Zigaretten täglich mag bei einem 35-jährigen Mann unterschiedlich sein, je nachdem, ob er mit 15 oder 25 Jahren mit dem Rauchen begonnen hat. Nicht nur die Expositionsmenge, sondern auch die Expositionsdauer haben Einfluss auf spätere Pathologien. Ähnlich verhält es sich mit vielen weiteren psychoaktiven Stoffen, obgleich die Pathologien und Risikozunahmen sehr unterschiedlich ausfallen können, je nach Substanz, Individuum, Konsummuster und weiteren äußeren Faktoren wie Ernährungsstatus, anderweitige Schadstoffbelastung etc.

Alkohol und Leberschäden oder Ketamin und Blasenschäden sind zwei weitere Beispiele, bei denen die Schädigungen klar mit einer Expositionsdauer zusammenhängen. Auch wenn es sicherlich spezifische Ausnahmen bezüglich Vulnerabilität gibt, sollte man grundsätzlich annehmen, dass Kinder und Jugendliche eine besonders vulnerable Subpopulation darstellen – nicht nur, was die Entwicklung von problematischen Konsummustern angeht, sondern auch ganz konkret in Bezug auf gesundheitliche Schäden, bspw. an Organen (Rang et al., 2007, S. 631; Jelen & Stone, 2021).

Anhand dieses Kapitels wird deutlich, dass man sich bei der Begleitung von Jugendlichen in ihrem Substanzkonsum in einem Spannungsfeld von jugendlichem Experimentierverhalten, erhöhtem Schadenspotenzial aufgrund des Alters und starken sozialen Einflüssen befindet. Ergänzt wird die Herausforderung durch eine Balance zwischen erzieherischer Haltung und einem Umgang auf Augenhöhe. Was schon bei Erwachsenen gezielt gefördert werden soll, wird bei Jugendlichen unabdinglich: ein ganzheitlicher Interventionsansatz, der nicht nur das Konsumverhalten realistisch einschätzt, sondern auch das soziale Umfeld mit einbezieht und am besten schon frühe Orientierung stiftet.

Teil 2: Überblick Substanzen

Nachdem im ersten Teil Grundlagen sowie gesundheitliche und gesellschaftliche Problemstellungen erörtert wurden, geht es nun darum, die verschiedenen Substanzen kennenzulernen bzw. besser zu verstehen. Im Speziellen werden biologische Grundlagen und eine darauf basierende, pragmatische Klassifizierung von psychoaktiven Substanzen bezüglich ihrer Wirkung dargestellt und erläutert.

Der illegale Drogenmarkt, aber auch Teile des legalen bzw. semi-legalen Drogenmarkts sind sehr volatil, d. h., eine Substanz, die aktuell eine große Rolle spielt, mag in ein paar Jahren kaum noch relevant sein oder umgekehrt. Deshalb ist es wichtig, pharmakologische/toxikologische Grundsätze zu verinnerlichen. Damit lassen sich zukünftige Wissenslücken, z. B. bezüglich gesundheitlicher Folgen eines neuen Drogentrends, grob abschätzen oder zumindest einigermaßen konkret wissenschaftlich adressieren.

Der zweite Teil dient auch als Vorbereitung, um den dritten Teil, ein Nachschlagewerk mit 60 Substanzen, besser zu verstehen. Nach biologischen Grundlagen und einem allgemeinen Überblick über psychoaktive Stoffe (▶ Kap. 5) wird auf die verschiedenen Wirkklassen (▶ Kap. 6) eingegangen. Darauf folgen Wirkintensität und -dauer, Konsum- und Darreichungsformen, Unterschiede innerhalb von Wirkklassen (▶ Kap. 7) sowie Aspekte des Mischkonsums mit praktischen Safer-Use-Hinweisen (▶ Kap. 8). Teil 2 schließt mit einem kurzen Kapitel zur Drogenanalytik (▶ Kap. 9).

5 Überblick psychoaktiver Attribute und Wirkklassen

Unser Gehirn bzw. unser Zentralnervensystem beinhaltet ein komplexes Geflecht aus Nervenzellen (Neuronen), die miteinander kommunizieren. Deren Kommunikation geschieht streng genommen nicht frei von »Drogen«. Denn sog. Neurotransmitter, also kleine, drogenartige Moleküle, steuern, ob und wie stark eine adressierte Nervenzelle angesprochen wird. Dies geschieht über die Ausschüttung von Neurotransmittern in einem synaptischen Spalt (▶ Abb. 5.1). Genau in dieser Kommunikation spielen auch die Stoffe, die wir gemeinhin als Drogen bezeichnen, eine wesentliche Rolle. Jene psychoaktiven Stoffe, wie bspw. THC, Koffein oder Psilocybin, können Neurotransmitter in verschiedener Intensität nachahmen, Rezeptoren oder Wiederaufnahmetransporter blockieren oder anderweitig mit diesem System auf molekularer Ebene interagieren. Es gibt etliche verschiedene Neuronen- und Interaktionsarten. Auch ist es so, dass manche Stoffe gleichzeitig auf verschiedene Neuronenarten und/oder über verschiedene Interaktionsarten einwirken, was das Thema noch einmal deutlich verkompliziert. Während die meisten Neuronen dazu da sind, aktiv Signale zu übermitteln, gibt es auch Neuronen, die hauptsächlich Signale anderer Neuronen reduzieren bzw. hemmen. Ein grundlegendes Verständnis für Neurotransmitter kann helfen, die Wirkungen von Drogen besser zu verstehen und vor allem besser einzuordnen (Rang et al., 2007, S. 473 ff).

Wenn es darum geht, die Wirkung von psychotropen Stoffen zu beschreiben, dann ist es leicht, in subjektive Empfindungen abzudriften, seien es persönliche Drogenerfahrungen oder Vorurteile gegenüber Konsumierenden. Insbesondere »Set und Setting«, also der eigene Gemütszustand und die vorherrschende Umgebung, können eine Drogenerfahrung stark beeinflussen. Individuell unterschiedliche Drogenerfahrungen können aber durchaus klassifiziert werden. Schon der Arzt und Toxikologe Louis Lewin (1924) versuchte im frühen 20. Jahrhundert, psychotrope Stoffe objektiv zu klassifizieren, und zwar in Euphorica, Phantastica, Inebriantia, Hypnotica und Excitantia. Die Bedeutungen dieser Ausdrücke lassen sich wohl zum größten Teil erschließen, wenn auch die Abgrenzung untereinander nicht ganz so trivial ist. Heutzutage spielt diese Unterteilung keine besondere Rolle mehr, wahrscheinlich auch aufgrund der mangelnden Trennschärfe. Deshalb nähern wir uns im Folgenden dem Thema initial etwas einfacher.

Vier Attribute, mit denen man psychotrope Stoffe grob unterteilen kann, sind auf der einen Achse der stimulierende oder beruhigende Charakter eines Stoffes und auf der anderen Achse der die Fantasie an- und abregende Charakter eines Stoffes. In anderen Worten: Stimulanzien, Beruhigungsmittel, Halluzinogene und Antipsychotika. Wenn man diese vier Attribute als Himmelsrichtungen eines Kompasses abbildet, dann lassen sich sämtliche Drogen darauf abbilden (▶ Abb. 5.2). Schnell

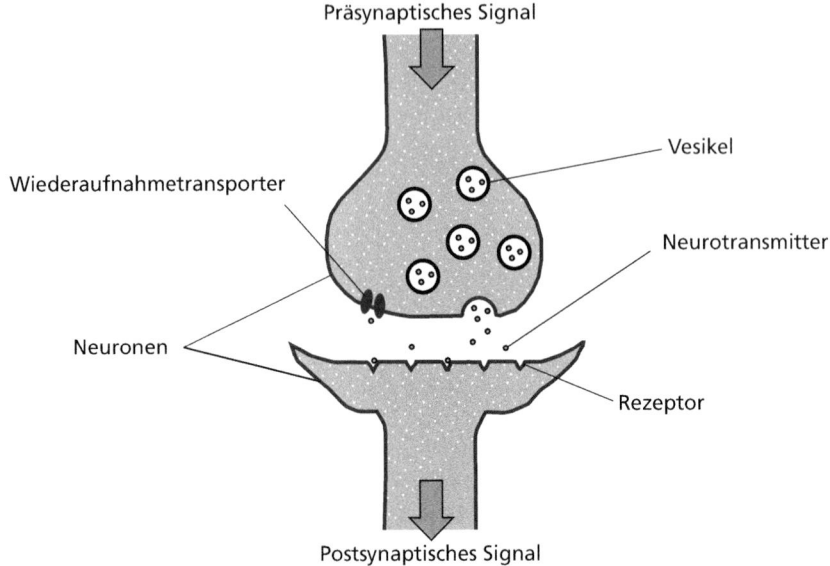

Abb. 5.1: Signalübertragung zwischen zwei Nervenzellen über den synaptischen Spalt

fällt auf, dass es neben »reinen« Stimulanzien, Beruhigungsmitteln, Halluzinogenen und Antipsychotika auch Substanzen dazwischen gibt. Während Speed (Amphetamin) eine relativ reine Stimulanz darstellt, besitzt bspw. Ecstasy (MDMA) stimulierende, aber gleichzeitig auch halluzinogene Eigenschaften. Auch das oft »missbrauchte« Beruhigungsmittel Xanax® (Alprazolam, ein Benzodiazepin) hat neben den stark beruhigenden auch antipsychotische Eigenschaften.

Leider ist jenes Modell mit seinen vier Attributen nicht ausreichend, um die gemachten Erfahrungen und die angestrebten Zustände genügend zu beschreiben. Auch scheint der antipsychotische Charakter kein angestrebter Effekt im Freizeitkonsum zu sein, zumindest nicht als alleinige psychotrope Komponente einer Droge. Von daher wird im Folgenden mit sieben Wirkklassen gearbeitet, die sich zum einen an den pharmakologischen Effekten, aber auch an der Verbreitung von jenen Stoffen in der Gesellschaft und möglichen Ausweichbewegungen innerhalb jener Klassen orientieren (Steinmetz & Kohek, 2022). Diese Wirkklassen werden häufig mit Beispielsubstanzen und/oder Erläuterungen in einem »Drug Wheel« dargestellt. Aufgrund der Erläuterungen und Beispiele im folgenden Kapitel soll an dieser Stelle aber ein einfaches Kuchendiagramm genügen (▶ Abb. 5.3).

5 Überblick psychoaktiver Attribute und Wirkklassen

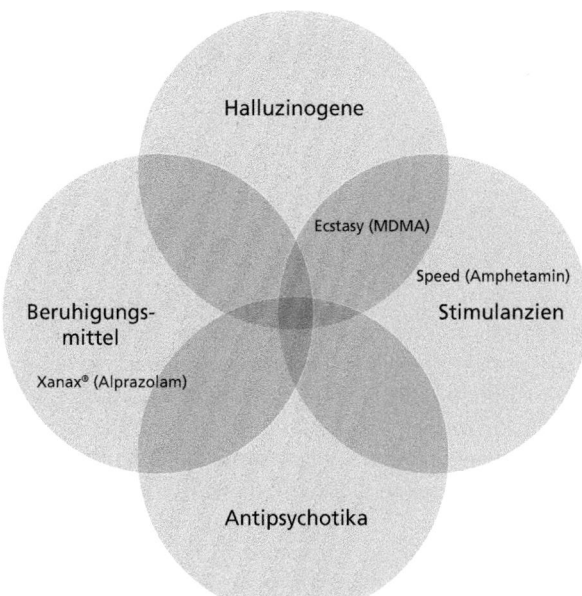

Abb. 5.2: Vier Attribute von Drogen mit Amphetamin, MDMA und Alprazolam als Beispiele (nach Derek Snider, o. J./Wikipedia)

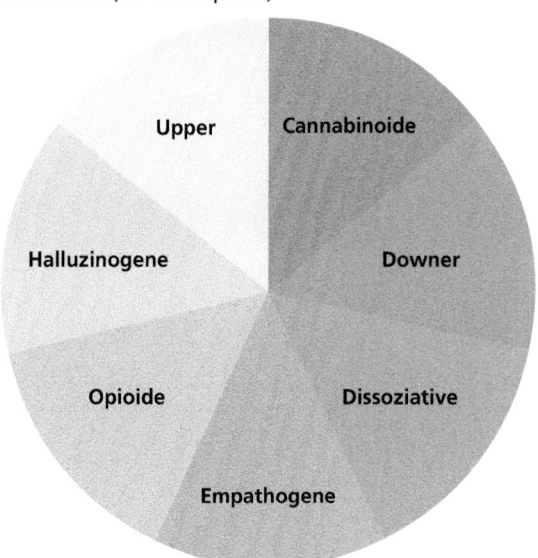

Abb. 5.3: Sieben Wirkklassen im Kuchendiagramm (nach Steinmetz & Kohek, 2022)

6 Wirkklassen

Die hier beschriebenen sieben Wirkklassen orientieren sich zum einen an den weit verbreiteten Drogen, die auch freizeitlich konsumiert werden, und zum anderen an den teilweise recht unterschiedlichen subjektiven und pharmakologischen Effekten. Die Substanzen innerhalb einer Wirkklasse weisen mitunter große Potenzunterschiede auf, wie am Beispiel in Tabelle 6.1 anhand von Opioiden aufgezeigt wird. Von einer weniger potenten Substanz braucht man teils deutlich mehr als von einer stark potenten Substanz, um den gleichen Effekt zu erzielen. Teilweise unterscheiden sich auch die molekularen Wirkmechanismen, aber vor allem gibt es innerhalb einer Wirkklasse große Unterschiede, was den rechtlichen Status, die Herstellung, den Konsum und die gesellschaftliche Verbreitung angehen.

Tab. 6.1: Ausgewählte Opioide als Beispiel für Potenzunterschiede (nach Misiołek et al., 2018)

Opioid	Relative Stärke*
Tramadol (oral)	0.07
Tramadol (intravenös)	0.10
Morphin (oral)	0.33
Oxycodon (oral)	0.50
Morphin (intravenös)	1.00
Oxycodon (intravenös)	1.14
Fentanyl (intravenös)	100.00

* im Vergleich zu 10 mg Morphin intravenös

6.1 Cannabinoide – Cannabis & Co.

Die Wirkklasse der Cannabinoide ist geprägt von einer Pflanze: dem Hanf (*Cannabis sativa*). Die meist samenlos fruchtenden Blüten werden oft als »Marihuana« bezeichnet, aber der Ausdruck ist in vielen Kreisen aufgrund seiner rassistischen

Konnotation nicht sonderlich beliebt. Weed, Gras, Ott, Bubatz und unzählige weitere Begriffe, entweder allgemein oder sortenspezifisch, werden genutzt. Daneben gibt es noch diverse Extrakte, die sich vor allem durch die verwendeten Sorten und die Herstellungsverfahren unterscheiden lassen. Vom trocken gesiebten, marokkanischen Haschisch bis zum heißgepressten »Rosin« würde die Nennung der Vielfalt an verschiedenen Extrakten den Rahmen dieses Kapitels sprengen. Wichtig ist zu verstehen, dass Tetrahydrocannabinol (THC) unter den psychotropen Wirkstoffen den wichtigsten Vertreter der Hanfpflanze darstellt – obgleich THC in der Pflanze meist als Säure (THCA) vorliegt. Weitere Cannabinoide wie Cannabidiol (CBD), Cannabinol (CBN) etc. scheinen eher die Wirkung leicht zu modifizieren. Insbesondere die antipsychotische Komponente von CBD scheint hier interessant zu sein (Dyck et al., 2022).

Wie in Kapitel 5 erläutert, kommunizieren Nervenzellen über Neurotransmitter miteinander. Dabei werden Nervenzellen meist von mehreren Nervenzellen und weiteren Zelltypen beeinflusst. Unsere eigenen (Endo-)Cannabinoide, eine Unterart von Neurotransmittern, dienen dabei dem natürlichen Fine-Tuning innerhalb der Kommunikation unserer Nervenzellen. THC wirkt primär auf den Cannabinoidrezeptor 1 im Zentralnervensystem und kann mit einer mittleren Potenz erregende sowie hemmende Nervenzellen hemmen. Dies führt akut zu den typischen Effekten wie Entspannung, Schmerzstillung, Hunger, Heiterkeit, leicht geröteten Augen, einem verschlechterten Kurzzeitgedächtnis, aber auch Angstzuständen, insbesondere bei höherer Dosierung. Überdosierungen, welche bei natürlichem Cannabis nicht tödlich verlaufen, können oft mit zuckerhaltigen Getränken, Obst oder der Einnahme von CBD abgemildert werden. Die Entwicklung einer Toleranz, die meist mit einer Dosissteigerung einhergeht und leichte bis mäßige Entzugssymptome beim Absetzen hervorruft (Schwitzen, Einschlafschwierigkeiten, lebhafte Träume etc.), treten insbesondere bei hochfrequentem Konsum potenter Darreichungsformen auf. Die synthetischen Cannabinoide, aber teilweise auch hochpotente THC-Produkte, scheinen frühere Annahmen über weitestgehend unerhebliche Abhängigkeits- und Entzugssymptome zu revidieren. Ein relativ seltenes Phänomen bei sehr starkem Konsum ist das Cannabinoid-Hyperemesis-Syndrom. Hier handelt es sich um Erbrechen, Übelkeit und Unterleibskrämpfe, die erst nach dem Absetzen und heißen Bädern nachlassen (Korn et al., 2021).

Cannabis kann grundsätzlich recht unterschiedlich auf Menschen wirken, je nach Dosis, Konsumform, Gewöhnung, allgemeinem Gesundheitszustand und weiteren Gegebenheiten. Beispielsweise kann bei sehr regelmäßiger Einnahme von Cannabis (z. B. als Medizin) die kognitive Beeinträchtigung stark abgemildert sein bzw. gar nicht auftreten – weshalb grundsätzlich auch sicheres Autofahren für viele Betroffene möglich ist. Das trifft auch bei hohen THC-Dosen zu (Miller et al., 2022).

Neben den körpereigenen Cannabinoiden und THC gibt es noch viele weitere Substanzen, die am selben Rezeptor interagieren können. Die meisten dieser Stoffe sind voll- oder halbsynthetisch – letzteres bedeutet, dass bspw. ein natürliches Cannabinoid chemisch leicht modifiziert wird. Manche dieser Stoffe sind schwächer, manche ähnlich stark und manche erheblich stärker als THC. Einige hochpotente synthetische Cannabinoide, z. B. MDMB-4en-PINACA, haben schon zu Todesfällen geführt (EMCDDA, 2022b). Synthetische Cannabinoide befinden sich dabei meist auf oder in Cannabisprodukten oder Imitaten. Von daher können sie in bzw. auf Blütenmaterial, Harzen, Edibles (angereicherten Esswaren) oder in Liquids für E-Zigaretten auftauchen. Der Grund für die Existenz solcher Produkte ist entweder das Potenzieren der Wirkung oder das Umgehen von Verboten (vgl. BtMG und NpSG) (Baumann et al., 2017). Die Cannabis-Entkriminalisierung, die in Deutschland via KCanG am 1. April 2024 in Kraft getreten ist, hat voraussichtlich einen restriktiven Effekt auf jene Produkte und Streckmittel. Ob jener Effekt mit dem einer vollständigen Legalisierung mithält, wird sich zeigen.

THC und andere psychoaktive Cannabinoide scheinen sich, trotz kleinerer Gemeinsamkeiten, von den anderen sechs Wirkklassen gut zu differenzieren. Cannabis kann auch insofern als eine eigene Wirkklasse interpretiert werden, als dass viele pflanzliche Rauchprodukte (Afrikanisches Löwenohr, Hopfen, Damiana, Sibirisches Herzgespann, Katzenminze etc.) in der ethnobotanischen Fachliteratur mit Cannabis bzw. dessen Wirkung verglichen werden. Zudem gibt es Pflanzen mit Cannabinoid-artigen Stoffen, wie z. B. Lebermoose der Gattung *Radula* oder der Rauschpfeffer »Kava-Kava« (▶ Kap. 6.2). Ob die Wirkung jener Pflanzen wirklich mit Cannabis vergleichbar ist, kann nur schwierig erörtert werden (Rätsch, 2018).

6.2 Downer – Wein, Valium® & Co.

Es gibt unzählige Downer/Beruhigungsmittel/Tranquilizer. Allen gemein ist, dass sie das Zentralnervensystem herunterregeln und damit auch Stress, Anspannung, Ängste etc. reduzieren. Allerdings gibt es große Potenzunterschiede – von leichten, pflanzlichen Präparaten (Lavendel, Hopfen, Baldrian etc.) bis zu hochpotenten Benzodiazepinen (Alprazolam, Lorazepam, Diazepam etc.). Während letztere Substanzen tendenziell eher im medizinischen Kontext gebraucht werden, gehört auch das wichtigste Rauschmittel unserer Gesellschaft zu dieser Wirkklasse, nämlich der Alkohol (Ethanol). Darüber hinaus existieren pflanzliche Downer mit einer höheren Wirksamkeit als die bereits erwähnten Kräuter, z. B. Kava-Kava oder Mulungu. Außerdem gibt es weitere chemische Stoffgruppen jenseits der Benzodiazepine: zum einen Barbiturate, die abgesehen vom Einsatz in der Sterbehilfe und bei Epilepsie kaum noch verschrieben werden, und zum anderen die sog. Z-Drugs, eine Gruppe relativ neuer Hypnotika (Schlafmittel), sowie diverse Derivate der γ-Aminobuttersäure (GABA), worunter zum einen einige Medikamente (z. B. Pregabalin), aber auch »Liquid Ecstasy« (GHB) fallen. Auch kann man weitere Medikamente, die Müdigkeit erzeugen (z. B. Antihistaminika der ersten Generation), in die Wirkklasse der Downer einreihen. Unter jene Antihistaminika fällt unter anderem der Wirkstoff Diphenhydramin, welcher in höheren Dosen eine halluzinogene/dissoziative Wirkung entfaltet, die aber meist als unangenehm empfunden wird (Nemanich et al., 2021).

Indem viele beruhigende Wirkstoffe mit dem GABA-Rezeptor in unserem Zentralnervensystem interagieren, welcher eine dämpfende Funktion hat, erzielen sie die oben genannten Effekte. Allerdings gibt es auch andere Wirkmechanismen, außerdem haben viele Stoffe eine komplexe Polypharmakologie – also Effekte auf mehrere biologische Zielstrukturen. Alkohol bspw. aktiviert den GABA-Rezeptor, aber blockiert ebenso den *N*-Methyl-D-Aspartat(NMDA)-Rezeptor (Hoffman et al., 1990). Während das Aktivieren des GABA-Rezeptors eher mit Entspannung und Enthemmung assoziiert ist, ist das Blocken des NMDA-Rezeptors eher mit dissoziativen Effekten verknüpft (▶ Kap. 6.3). Generell kann es bei den Downern vom individuellen Erleben her starke Überschneidungen zu anderen Wirkklassen (Cannabinoide, Opioide etc.) geben.

Alkohol ist wahrscheinlich das meist verbreiteteste Rauschmittel, zumindest in Deutschland und Europa. Interessanterweise war im eurasischen Raum vor der Entdeckung der Vergärung ebenfalls ein Downer das wohl wichtigste Rauschmittel: der Fliegenpilz. Dieser ist, wenn richtig zubereitet, wohl deutlich weniger giftig als gemeinhin angenommen (Michelot & Melendez-Howell, 2003). Die heutige Verwendung des Fliegenpilzes als Glückssymbol scheint eng mit jenen psychopharmakologischen Eigenschaften verknüpft zu sein.

Je nach Dosis bzw. Potenz kann die akute Wirkung von Downern bis zur Bewusstlosigkeit, teilweise auch zur Atemlähmung führen. Bei kontinuierlichem Gebrauch können sich Toleranz und beim Absetzen Entzugssymptome einstellen. Letztere können mitunter sehr stark ausfallen und Unruhe, Ängste, Schlaflosigkeit, Appetitlosigkeit, Krämpfe etc. beinhalten. Daneben können Substanzen, ähnlich der Polypharmakologie, auch polytoxisch wirken. Alkohol, insbesondere aufgrund des im Körper entstehenden Acetaldehyd, kann Krebserkrankungen verursachen bzw. fördern (Seitz & Stickel, 2010). Während Alkohol bzw. Ethanol fälschlicherweise oft als Nervengift beschrieben wird, besitzt die Substanz *per se* eine relativ schwach ausgeprägte Neurotoxizität verglichen mit anderen Nervengiften. Die Kulturpraxis des Konsums von großen Mengen Ethanol in Getränken, quasi eine grammweise Exposition des Wirkstoffs Ethanol – eine Tablette Valium® enthält 10 mg des Wirkstoffes Diazepam, ein großes Bier ca. 20 g Ethanol, also 2.000-mal so viel Wirkstoff – ist der Grund dafür, dass Alkohol wohl epidemiologisch den mit Abstand schädlichsten Downer darstellt. Insbesondere die Regulierung als Lebensmittel erweckt bei vielen Menschen den Eindruck, dass es sich um eine nicht sonderlich gefährliche Droge handelt (▶ Kap. 1). Es gibt einige weitere, ebenfalls schädliche Downer, die aber heutzutage weitestgehend gemieden werden, z. B. Äther, Benzin, Kaliumbromid etc. (Lewin, 1924), oder schlicht nicht mehr verfügbar sind, z. B. Methaqualon.

6.3 Dissoziativa – Ketamin, Lachgas & Co.

Die älteren Leser:innen werden sich vielleicht noch an Zeitungsartikel über eine Droge namens Angel Dust, Phencyclidin oder PCP erinnern. Diese Substanz erfuhr vor allem in den USA viel negative Presse. Es handelt sich um einen Wirkstoff aus der Klasse der Dissoziativa, also Stoffe, die Konsumierende von der Realität und dem eigenen Ego loslösen. Klassische Dissoziativa, wie z. B. PCP, Ketamin etc., hemmen dabei NMDA-Rezeptoren und unterbinden damit die Signalübertragung eines häufig vorkommenden Neurotransmitters, dem Glutamat. Deshalb sind jene Stoffe auch in der Anästhesie, vor allem in der Notfall- und Veterinärmedizin verbreitet. Im Gegensatz zu anderen Anästhetika haben sie nur einen marginalen Effekt auf die Vitalfunktionen. Ketamin, ein chemisch eng verwandtes Derivat von PCP, dürfte vielen geläufig sein. Gerade in den letzten Jahren gab es viel Berichterstattung über neue Anwendungen von subanästhetischen Dosen, zum einen bei der Therapie von Depressionen (Jelen & Stone, 2021) und zum anderen als Freizeitdroge. Bei letzterer Anwendung wird vornehmlich das Ketaminsalz geschnupft. Innerhalb von kurzer Zeit fängt die Wirkung an, die bei niedriger Dosierung eher berauscht und euphorisch macht und bei höherer Dosierung betäubt, auch psychedelische Erfahrungen (▶ Kap. 6.6) erzeugt. Im Zuge der Entwicklung neuer psychoaktiver Stoffe haben sich zudem einige Ketamin-Varianten etabliert, z. B. Methoxetamin (MXE), Methoxyphencyclidine (4-MeO-PCP) oder 3-Fluorodeschloroketamine (3F-DCK).

Neben der Verletzungsgefahr, beispielsweise durch Stürze, liegt das größte, akute Risiko von Dissoziativa beim Mischkonsum mit Opioiden und/oder Downern. Bei intensivem, chronischem Konsum können eine Abhängigkeit und irreversible Nieren- und Blasenschäden entstehen. Inwieweit letzterer Effekt, der vor allem bei Ketamin bekannt ist, sich auf andere Dissoziativa übertragen lässt, ist nicht klar. Generell geht man bei einigen Substanzen dieser Klasse auch von Nervenschäden aus, zumindest bei entsprechend hochdosiertem/-frequentem Gebrauch.

Weitere Stoffe, die ebenfalls unter die Wirkklasse der Dissoziativa fallen, sind bspw. Dextrometorphan (DXM), ein apothekenpflichtiges Hustenmittel, und das in der Lebensmittelindustrie und (Zahn-)Medizin genutzte Lachgas (Distickstoffmonoxid, N_2O). Während DXM zur Erzielung eines Rausches höher als auf der Packungsbeilage beschrieben dosiert wird, verhält es sich bei Lachgas ähnlich wie bei Ketamin, d. h., eine subanästhetische Dosis wird angepeilt. Insbesondere Lachgas ist ein relativ weit verbreiteter Vertreter dieser Wirkklasse (EMCDDA, 2022a). Durch den Konsum eines komprimierten Gases gibt es allerdings Gefahren, die bei anderen Drogen eher untypisch sind, z. B. Erfrierungen, Erstickung etc. Generell hat Lachgas aber ein relativ gutes Sicherheitsprofil, wenn man von fahrlässiger Anwendung und extrem hochdosiertem/-frequentem Konsum absieht. Hochdosierter/-frequenter Konsum scheint allerdings ein aktueller Trend unter Jugendlichen zu sein (Aust, 2024), welcher unter Umständen eine Neubewertung des Risikopotenzials erforderlich macht. Während Ketamin, DXM etc. einige Stunden wirken, wirkt Lachgas nur wenige Minuten. Das motiviert einige Konsumierende zu einer hohen Konsumfrequenz.

Pflanzliche Drogen mit einer primär dissoziativen Wirkung sind nicht bekannt, wenngleich man natürlich darüber diskutieren kann, ob bspw. der Aztekensalbei und seine Salvinorine darunterfallen könnten. Der pharmakologische Mechanismus hinter den Effekten ist aber scheinbar ein anderer, und zwar der sog. κ-Opioid-Agonismus (vgl. Chavkin et al., 2004). Deshalb bleiben die dissoziativen Effekte jener Wirkklasse vornehmlich den Konsumierenden chemisch hergestellter Drogen und Medikamenten vorbehalten.

6.4 Empathogene – Ecstasy & Co.

Empathie, also die Fähigkeit, mit anderen Menschen mitzufühlen, ist grundsätzlich positiv konnotiert. Umso spannender ist es, dass es eine Wirkklasse gibt, die nach dieser Fähigkeit benannt ist. Die Leitsubstanz dieser Wirkklasse ist der Wirkstoff in Ecstasy, das MDMA. Das Hydrochloridsalz des MDMAs wird auch als vermeintlicher Reinstoff »Molly«, neben dem bekannteren Ecstasy, auf dem Schwarzmarkt vertrieben. MDMA hat viele chemische Verwandte (MDEA, MDA, Methylon etc.). Ähnlich wie bei den Dissoziativa (▶ Kap. 6.3) gibt es keine pflanzlichen Empathogene, auch wenn man natürlich das südafrikanische Kanna oder andere Pflanzendrogen teilweise mit dieser Wirkklasse assoziieren kann. Dennoch sind interessanterweise viele MDMA-Analoga Abkömmlinge von Naturstoffen. Insbesondere der Sassafrasbaum ist Quelle für den chemischen Vorläufer Safrol, einem Bestandteil vieler ätherischer Öle. Dieser Stoff wiederum ist eng verwandt mit den Substanzen anderer ätherischen Öle, z. B. der Muskatnuss, der Petersilie oder des Dills, die ebenso chemisch in empathogene/psychedelische Amphetamine überführt werden können, und zwar durch sog. Aminierung. Gerüchte, dass jene ätherischen Öle im Körper in MDMA-artige Stoffe umgewandelt werden, konnten allerdings nicht bestätigt werden, zumindest nicht in einer für den Rausch ausreichenden Menge (Beyer et al., 2006).

Die Wirkung von MDMA und vieler chemischer Verwandter liegt generell irgendwo zwischen Stimulanzien und Psychedelika/Halluzinogenen (▶ Kap. 6.7 bzw. ▶ Kap. 6.6). Jene stimulierenden und psychedelischen Eigenschaften sind zum einen dosisabhängig (d. h., bei höherer Dosierung können psychedelische Effekte zunehmen), zum anderen jenseits der Dosis nur schwer differenzierbar, da auch Individuen bei anderen Stimulanzien, aber vor allem bei Psychedelika (z. B. 2C-B), von empathogenen Effekten berichten. Geprägt durch die Wirkung der mit MDMA eng verwandten Substanz MDA hatte sich sogar ein Ausdruck für eine weitere Wirkklasse gebildet, die sog. »Entaktogene« (abgeleitet aus dem Griechischen, »das innere berührend«). Der Ausdruck für diese Wirkklasse hat sich allerdings nicht im gleichen Maße durchgesetzt wie der Ausdruck Empathogene – wahrscheinlich, weil MDMA die gesellschaftlich bedeutendere Droge ist, d. h. höhere Konsumprävalenz, größere kulturelle Bedeutung in der Rave-Szene etc. hat, und sich Entaktogene nicht wesentlich genug von Empathogenen in ihrer Wirkung unterscheiden.

Aber wie wirkt Ecstasy? Wir alle kennen die Assoziationen mit Serotonin: Liebe, Vertrauen, Verbundenheit usw. Diese Effekte sind über den Wirkmechanismus an den serotonergen Nervenzellen erklärbar, welcher zu einer Steigerung der Serotoninkonzentration im synaptischen Spalt führt. Darüber hinaus gibt es natürlich auch die typischen Stimulanzieneffekte, d. h. gesteigerter Rededrang, erweiterte Pupillen, erhöhter Herzschlag/Blutdruck, Appetitlosigkeit etc. (▶ Kap. 6.7).

Die akuten Risiken sind stark mit der serotonergen Wirkung verknüpft. Das sog. Serotoninsyndrom, welches bei Überdosierung oder gleichzeitiger Einnahme bestimmter Arzneimittel entstehen kann, ist geprägt von Erregung, Ruhelosigkeit, Muskelzuckungen, Zittern, Schwitzen und erhöhter Körpertemperatur (Volpi-Abadie et al., 2013). Gerade im Hinblick auf ausgiebiges Tanzen im Club, z. B. im

Kontext der Rave-Kultur, muss auf eine ausreichende Wasser- und Elektrolytversorgung geachtet werden. Langfristige organische Schäden sowie Abhängigkeit und kognitive Schäden kommen hingegen eher selten vor. Allerdings wird bei Ecstasy sehr schnell eine Art Toleranz aufgebaut. Diese mildert zumindest die typischen Glücks- und Liebesgefühle stark ab. Das ist der Grund, warum viele Konsumierende meist mehrere Wochen oder gar Monate zwischen Konsumsessions pausieren.

Obwohl MDMA schon vor über 100 Jahren von einem pharmazeutischen Unternehmen synthetisiert und beschrieben wurde, wurden erst in den letzten Jahren vermehrt klinische Studien durchgeführt. Bei diesen Studien ging es genau um jene psychoaktiven Effekte, die im psychotherapeutischen Kontext hilfreich sein können. Aktuell befindet sich MDMA im Zulassungsverfahren der US FDA (Food and Drug Administration), und zwar für die Behandlung Posttraumatischer Belastungsstörungen. MDMA soll dabei im Kontext einzelner Sessions genutzt werden und somit als Komponente einer Psychotherapie fungieren (MAPS, 2022). Weitere, meist psychiatrische Indikationen werden ebenso untersucht.

6.5 Opioide – Heroin, Opium & Co.

Opiate, welche ursprünglich aus dem Schlafmohn (*Papaver somniferum*) stammen, sind bekannt für ihre betäubenden und berauschenden Effekte. Insbesondere Opium, der getrocknete Milchsaft des Schlafmohns, ist wohl der Hauptgrund, warum wir heutzutage überhaupt ein Betäubungsmittelgesetz bzw. internationale Verträge über Drogen haben (▶ Kap. 1.1). Die Hauptwirkstoffe Morphin und Codein, welche weltweit als Schmerzmittel eingesetzt werden, können zu Toleranz und Abhängigkeit (mit starken körperlichen Entzugssymptomen beim Absetzen, sog. »Cold Turkey«) führen. Deshalb wird die Abgabe von Opiaten in der Medizin auch mehr oder minder streng reguliert. Heroin (Diacetylmorphin) und Oxycodon (Dihydrohydroxycodeinon) sind molekular leicht veränderte Varianten dieser Opiate, allerdings mit erhöhter Potenz. Beide Stoffe haben neben ihrer erfolgreichen Anwendung in der Medizin, z. B. als Schmerzmittel, auch ein paar dunkle Geschichten auf Lager; bspw. Heroin als dominierende Droge in offenen Drogenszenen vieler Großstädte weltweit oder Oxycodon als pharmazeutischer Einstieg in die US-amerikanische Opioidkrise, die erstmalig die Lebenserwartung der dortigen Bevölkerung herabsetzte (Gardner et al., 2022). Nach einer längeren Phase relativ unbedarfter Verschreibung als Schmerzmittel, angeheizt durch eine aggressive Bewerbung entsprechender Medikamente durch die Pharmaindustrie, kam es hier zu einem massenhaften Umsteigen auf illegalisierte Opioide, nachdem die Verfügbarkeit wieder eingeschränkt wurde. Infolge dieser Entwicklung gerieten hunderttausende Menschen in Abhängigkeit und Illegalität mit immensen Auswirkungen auf die gesamte Gesellschaft.

Heutzutage gibt es viele synthetische Wirkstoffe, die wie Opiate wirken, aber oft deutlich potenter sind, so z. B. Fentanyl. Aufgrund unterschiedlicher chemischer

Strukturen und einer Herstellung unabhängig vom Schlafmohn werden diese Stoffe, zusammen mit den gerade beschriebenen Opiaten, unter dem Begriff Opioide zusammengefasst. Die Wirkung von Opioiden wird hauptsächlich durch die Aktivität am µ-Opioidrezeptor ausgelöst – dort, wo normalerweise unsere körpereigenen Opioide, die sog. Endorphine, ihre Wirkung entfalten. Die Wirkung selbst ist schmerzstillend, dämpfend, aber dennoch euphorisierend, appetitzügelnd und die Verdauung lähmend. Schriftsteller wie Théophile Gautier und Charles Baudelaire berichteten nebst den typischen Effekten auch von lebhaften, erotischen Träumen, was teilweise an Erfahrungsberichte über Psychedelika erinnert (▶ Kap. 6.6). Auch wird oft von dem Gefühl einer warmen Decke und Geborgenheit berichtet, was einem den Heroingebrauch im Kontext von Obdachlosigkeit und Armut etwas näherbringt. Übelkeit, Verstopfung und Hautjucken werden oft als akute Nebenwirkungen beobachtet. Hohe Dosen können die Atmung lähmen, was zu tödlichen Überdosen führen kann. Opioide, oft gemischt mit Downern, sind bei den illegalisierten Drogen die häufigste Todesursache (EMCDDA, 2019; Park et al., 2022; Wilson et al., 2020).

Neben den Risiken, die mit Opioidgebrauch einhergehen, entstehen noch weitere Gefahren vom intravenösen Drogengebrauch. Zum einen haben Streckmittel ein höheres Schadenspotenzial, wenn diese direkt in die Blutbahn kommen, und zum anderen besteht das Risiko für diverse Infektionserkrankungen, insbesondere, wenn man Nadeln gemeinsam gebraucht. HIV- und Hepatitisraten sind meist in jenen Subpopulationen stark erhöht (EMCDDA, 2019).

Opioide gibt es in unterschiedlichen Potenzen. Zudem gibt es Stoffe, die erst durch Verstoffwechselung anfangen, opioid zu wirken (sog. metabolische Aktivierung). Daneben gibt es allerdings auch Stoffe, die eine opioide Wirkung abschwächen oder gänzlich hemmen. Letzter Mechanismus wird bspw. bei dem Opioid-Gegenmittel Naloxon genutzt. Dieser Wirkstoff, oftmals als Nasenspray eingesetzt, hat schon zig Leben gerettet (Deutsche Apothekenzeitung, 2018).

Während Opioide in den Medien einen sehr schlechten Ruf genießen, sind sie in der Medizin nicht wegzudenken. Sie werden bei Narkosen, starken Schmerzen, schweren Durchfällen, aber auch in der Substitution (z. B. Methadon) genutzt. Insbesondere bei terminalen Krankheiten sind sie ein wichtiges Instrument, um Leiden erträglicher zu machen.

Ein Beispiel für eine opioid wirkende Droge, die kaum mit Abhängigkeit und problematischen Konsummustern assoziiert ist, ist das aus Südostasien stammende Kratom. Blätter der Pflanze werden oral konsumiert. Zum einen erzeugen jene Blätter eine serotonerge Wirkung, die etwas aktivierend und appetitzügelnd wirkt, zum anderen entstehen im menschlichen Körper auch Stoffwechselprodukte, die opioid wirken. Letzteres ist wohl der Grund, weshalb in Thailand Kratom bei Schmerzen, Durchfällen, aber auch in der Substitution eingesetzt wird. Auch hier kann bei chronischem Gebrauch Toleranz und beim Absetzen ein typischer Entzug eintreten, allerdings ist dieser meist weniger stark ausgeprägt als bei Morphin, Heroin oder Fentanyl (European Kratom Association, o. J.).

Aus der Praxis

Mike (37) ist seit ca. vier Jahren heroinabhängig, hat aber erst letztes Jahr angefangen, Heroin intravenös zu konsumieren. Aufgrund eines starken Verdachts, an einem Raub beteiligt zu sein, wird er von der Polizei in Untersuchungshaft genommen. Dort kommuniziert er seine Opiatabhängigkeit nicht, wahrscheinlich, um den Ermittlern kein Motiv zu geben. Er übersteht den kalten Entzug, obgleich er ihn als enorme physische und psychische Belastung wahrnimmt. Nach gut einer Woche wird er aus der Untersuchungshaft entlassen, da die Evidenz bezüglich seiner Beteiligung bei dem Raub nicht ausreicht. Nach der Entlassung besorgt sich Mike etwas Heroin und setzte sich einen Schuss – ähnlich dosiert wie vor der Festnahme. Er erleidet eine Atemlähmung, welche zum Tod führt.

Erläuterung: Die Toleranz zu Opiaten/Opioiden baut sich schnell wieder ab. Wenn man nach einer Abstinenzphase eine Dosis zu sich nimmt wie zu Zeiten hoher Toleranz, dann ist das Risiko einer Überdosis erhöht. Parallel können Konzentrationsunterschiede im Heroin, Zusätze (Fentanyl, Nitazene etc.) und/ oder Beikonsum das Risiko für tödliche Überdosen erhöhen.

6.6 Halluzinogene – LSD, Stechapfel & Co.

Es gibt Drogen, die primär nicht durch stimulierende oder dämpfende Effekte beschrieben werden, sondern durch ihren erheblichen Einfluss auf die Wahrnehmung, nämlich die Halluzinogene. Dennoch sollte direkt zu Anfang darauf hingewiesen werden, dass es große Unterschiede innerhalb jener Wirkklasse gibt, insbesondere hinsichtlich der Giftigkeit. Die einzige Gemeinsamkeit neben der halluzinogenen Wirkung, die jene Drogen haben, ist ihr eher sporadischer Gebrauch. Jene Drogenerfahrungen werden in der Regel als intensiv und anstrengend empfunden und es gibt eher selten den Drang, eine solche Erfahrung zeitnah zu wiederholen.

Toxikologisch, also die Giftigkeit betreffend, kann man jene Wirkklasse in klassische Psychedelika (LSD, Psilocybin etc.), Psychedelika mit toxikologischem Risiko (z. B. 25I-NBOMe) und anticholinerg wirkende Stoffe, etwa die tendenziell sehr giftigen Alkaloide der Nachtschattengewächse (Engelstrompete, Tollkirsche etc.) oder überdosierte Medikamente (bspw. mit dem Wirkstoff Diphenhydramin), einteilen. Daneben gibt es noch weitere psychedelisch wirkende Drogen, die auf anderen molekularen Mechanismen beruhen, z. B. Iboga oder Aztekensalbei. Grundsätzlich sollte man Menschen, die halluzinogene/psychedelische Erfahrungen machen möchten, immer zu den sichereren und besser erforschten Vertretern jener Wirkklasse sowie dem Einhalten gewisser Vorsichtsmaßnahmen (▶ Kap. 8.2, Safer-Use) raten. Im Allgemeinen liegen die Gefahren bei klassischen Psychedelika fast ausschließlich in der akuten Wirkung auf die Psyche.

Psychedelika wirken maßgeblich über die Aktivierung des 5-HT$_{2A}$-Rezeptors, und zwar durch Nachahmung des Serotonins. Über eine komplexe, noch nicht vollständig verstandene Kaskade, die auch Glutamatneuronen triggert, werden Sinneseindrücke intensiviert, mit anderen Sinneseindrücken vermischt (sog. Synästhesien) und mit Gedanken und Erinnerungen verschmolzen. Dabei werden wohl einige Filterfunktionen unseres Alltagsbewusstseins vorübergehend deaktiviert (Elk & Yaden, 2022). Optische Wahrnehmungsveränderungen treten bei offenen und geschlossenen Augen auf. Häufig werden diese als Open und Closed Eye Visuals (abgek. OEV & CEV) bezeichnet. Die Zeitwahrnehmung ist verändert – oft kommen einem Minuten wie Stunden vor. Auch kann sich bei entsprechend hohen Dosen ein Ego-Tod (Ich-Auflösung) einstellen, bei dem das Verständnis für Subjekt und Objekt vorübergehend verschwindet.

Da Panikattacken durch stressige Situationen und/oder plastische Erinnerungen an psychische Traumata auftreten können, ist es von Vorteil, wenn ein »Tripsitter« sich um die berauschte Person kümmern kann, bspw. durch beruhigende Worte, frische Luft, etwas zu trinken oder, in Ausnahmefällen, durch beruhigende Medikamente (sofern eine entsprechende medizinische Kompetenz vorliegt).

Besonders interessant ist hierbei, dass, obgleich viele Trips als anstrengend empfunden werden, ein großer Teil der Erfahrungen dennoch meist positiv verbucht wird. Eine besonders positive Eigenschaft, welche auch im psychotherapeutischen Kontext intensiv erforscht wird, ist die Steigerung der Neuroplastizität. Man geht davon aus, dass es dem Gehirn durch Psychedelikaerfahrungen leichter fällt, aus Grübelfallen und Gedankenkreisen auszubrechen, indem man neue, positive Verknüpfungen kreiert. Gerade deshalb ist ihr Einsatz – meist in der Kombination mit Gesprächs- oder Verhaltenstherapie – insbesondere bei Erkrankungen wie Depression, Substanzgebrauchsstörungen etc. so vielversprechend (Reiff et al., 2020).

Die beiden wichtigsten Vertreter der klassischen Psychedelika sind aktuell wohl psilocybinhaltige Pilze, also verschieden Pilzarten, die meist getrocknet und zerkleinert oral konsumiert werden, und das halbsynthetische LSD, welches in verschiedenen Darreichungsformen (meist auf Papierschnipseln) ebenfalls oral konsumiert wird. Neben Dosierungen, die moderate bis starke Effekte auslösen, gibt es seit ein paar Jahren den Trend des Microdosings, also des Konsumierens von Dosen unterhalb der psychedelischen Wirkschwelle. Konsumierende versprechen sich dadurch einige positive Effekte (Kreativität, Fokus etc.), allerdings gibt es kaum wissenschaftliche Evidenz, die auf eine Wirkung jenseits eines Placebo-Effekts hindeutet (Szigeti et al., 2021).

Es gibt viele Debatten über potenzielle Langzeitschäden. Das Triggern von Psychosen sowie anhaltende oder wiederkehrende Wahrnehmungsstörungen sind aber sehr selten und daher vermutlich auch von anderen Faktoren abhängig (Cormier, 2015; Martinotti et al., 2018). Auch beim Microdosing gibt es erste Debatten über eine mögliche Kardiotoxizität. Dies ist aber wohl nur relevant, wenn über sehr lange Zeit Psychedelika kontinuierlich konsumiert werden.

Da es unterschiedlichste Halluzinogene gibt, ist es wichtig, sich individuell mit jeder Substanz zu beschäftigen, wenn man diese nehmen möchte. Es gibt riesige Unterschiede, was Wirkung, Dauer und Dosierung, aber auch Neben- und Wechselwirkungen angehen. Darüber hinaus sind natürliche Quellen wie Pilze (Psilocybin), Kakteen (Meskalin) und Akazien/Mimosen (DMT) durch Wirkstoffvarianz geprägt.

Neben den natürlichen Halluzinogenen gibt es eine unüberschaubare Vielzahl an synthetischen Wirkstoffen, von denen ein kleiner Teil eine gewisse Popularität erfährt (z. B. 2C-B).

6.7 Upper – Speed, Koks & Co.

Upper gehören zu den am häufigsten verwendeten Drogen weltweit. Insbesondere koffeinhaltige Drogen wie Kaffee und Tee werden von vielen Menschen so selbstverständlich genutzt, dass sie gar nicht mehr als Droge wahrgenommen werden – wie selbstverständlich gehören sie zu unserer Flüssigkeits- und Nahrungsaufnahme, bspw. in Form von Cola und Eistee. Was viele nicht wissen: Reines Koffein geschnupft hat einen schnell anflutenden, stimulierenden Effekt, welcher mit niedrigen Dosen Kokain, Amphetamin etc. durchaus vergleichbar ist. Umgekehrt können auch eher potente Stimulanzien wie Kokain oder Cathinon deutlich milder wirken, wenn sie in Form von Teedrogen oder gekauten Blättern konsumiert werden, wie bspw. bei der traditionellen Nutzung der Koka- und Kathsträucher.

Alle Stimulanzien wirken mehr oder minder aktivierend auf das Zentralnervensystem und auf den Sympathikus im peripheren Nervensystem. Daher gibt es oft Reaktionen, die an Stress und einen erhöhten Adrenalinausstoß erinnern (vgl. auch Kampf-oder-Flucht-Reaktion). Auf der positiven Seite sind oft Euphorie, gesteigertes Selbstvertrauen etc. zu bemerken. Die Mechanismen der Stimulanzienmoleküle basieren dabei meist auf einer Erhöhung der Dopamin-, Noradrenalin- und Serotoninkonzentration im synaptischen Spalt, teilweise direkt an den jeweiligen Rezeptoren, Transportern etc. agierend und teilweise durch Hemmung des müde machenden Neurotransmitters Adenosin, wie z. B. bei Koffein. Auch bei Stimulanzien gibt es eine komplexe Polypharmakologie, weshalb man Mechanismen weiter differenzieren oder ergänzen könnte, was aber den Rahmen dieses Buches sprengen würde. Neben der Wirkung auf das Gehirn können auch die Interaktionen mit anderen Organen und Geweben, insbesondere unseren Blutgefäßen, zu Nebenwirkungen führen. Typische Nebenwirkungen sind Herzrasen, erhöhter Blutdruck, Appetitlosigkeit und Angstzustände, die bis hin zu psychotischen Zuständen reichen können (Rang et al., 2007, S. 610 ff).

Bei einer Überdosis sind typische Gegenmaßnahmen das Verabreichen von Beruhigungsmitteln und Medikamenten zur Stabilisierung des Kreislaufs (z. B. Betablocker), allerdings sollte dies nur durch medizinisches Fachpersonal geschehen. Eine große Gefahr bei Stimulanzien ist aber weniger der gelegentliche Gebrauch im Party-Setting, sondern die Integration in den Alltag. Wenngleich kognitive Funktionen nicht signifikant verbessert werden, nehmen dennoch der Antrieb und der Fokus zu. Das verminderte Hungergefühl wird in unserer heutigen kalorienreichen Welt ebenfalls als positiv empfunden. Deshalb kann schnell das Mittel, das einem das

Tanzen und die sozialen Interaktionen am Wochenende erleichtert hat, auch am Montag genutzt werden, um besser zu performen. Dadurch kann eine weitestgehend psychische, aber dennoch starke Abhängigkeit entstehen. Natürlich muss man niedrig bzw. therapeutisch dosierte Stimulanzien etwas differenzierter betrachten – wenige Personen, die regelmäßig Kaffee oder Kokatee trinken, entwickeln eine starke Abhängigkeit. Trotzdem sind Kopfschmerzen, Müdigkeit und Appetitsteigerung, die manche Menschen erleben, wenn sie auf ihren täglichen Kaffee oder schwarzen Tee verzichten, streng genommen nichts anderes als Entzugserscheinungen. In diesem Kontext ist es spannend, dass die ICD-11 (▶ Kap. 3.2) die Koffeinabhängigkeit aus ihrem Portfolio gestrichen hat, aber das Entzugssyndrom weiter diagnostizierbar ist. Da es dafür keine pharmakologische/toxikologische Erklärung gibt, könnte ein gewisser Bias dafür verantwortlich sein, d. h., der persönliche Koffeinkonsum seitens Wissenschaftler:innen, Ärzt:innen, Psychotherapeut:innen etc. könnte hier eine Rolle gespielt haben. Andererseits erreichen die negativen Auswirkungen eines dauerhaften Gebrauchs von Koffein nur selten einen pathologischen Charakter bzw. einen entsprechenden Leidensdruck seitens Betroffener.

Chemisch gehören zu den Amphetaminen auch viele Empathogene (▶ Kap. 6.4) und Psychedelika (▶ Kap. 6.6). Aber auch Amphetamin selbst, als klassische Stimulanz, vermag bei hohen Dosen eine gewisse kreative Bereicherung/kognitive Beeinträchtigung zu verursachen – dazu gehören mitunter psychotische Zustände. Das Rauchen von Crack und Methamphetamin sind Beispiele, bei denen die Konsumform starken Einfluss auf die Wirkung hat – tendenziell im negativen Sinne. Es macht einen Unterschied, ob man Crack raucht oder Koka kaut, obgleich in beiden Fällen Kokain konsumiert wird. Genauso macht es einen Unterschied, ob man Methamphetamin raucht oder ob man eine Tablette mit Methamphetamin zu sich nimmt. Letztere können, je nach Formulierung, den Wirkstoff nach und nach abgeben, wie bei einer der am meisten verbreiteten Stimulanzien in der Medizin, dem Ritalin® (Methylphenidat). Jene retardierte Abgabe erzeugt einen weniger konzentrierten und langfristig konstanteren Wirkstoffpegel, womit ein weniger ausgeprägtes Euphoriegefühl einhergeht.

In unserer Leistungsgesellschaft ist der Konsum, egal ob legal erhältlicher Produkte (mit oder ohne Rezept) oder illegalisierter Substanzen, kaum wegzudenken. Auch die pharmazeutische Industrie gibt sich Mühe, das Abhängigkeitsrisiko zu mindern. Medikamente mit Lisdexamphetamin (einer »Pro-Drug«, die erst im Körper peu à peu aktiviert wird) oder Modafinil, welche bspw. bei ADHS oder Narkolepsie verschrieben werden, scheinen ein geringeres Missbrauchspotenzial zu haben, zumindest was exzessiven Konsum angeht (Carton et al., 2022; Jasinski, 2000). Des Weiteren gibt es viele »kastrierte« Stimulanzien in der Medizin, die kaum psychotrop wirken und bei denen die ansonsten als Nebenwirkung empfundene Wirkung im Vordergrund steht. Beispiele hierfür sind viele Erkältungsmittel, Nasensprays, Augentropfen und Kreislaufmittel mit sympathomimetischen Wirkstoffen wie Pseudoephedrin, Oxymetazolin oder Etilefrin. Daneben gibt es aber natürlich auch viele relativ neue, unerforschte Stimulanzien, die auf dem Schwarz- bzw. Graumarkt vertrieben werden, z. B. Cathinone, Phenmetrazine oder Benzylpiperazine (Baumann et al., 2017).

Ebenso werden eher kurz erregende Drogen wie Tabak, Betelnuss etc. oft zu den Stimulanzien gezählt. Allerdings weicht die Wirkung von typischen Stimulanzien wie Amphetamin oder Koffein ab. Nach kurzer Erregung tritt oft ein entspannender Effekt ein. Nichtsdestotrotz sind die Gesundheitsschäden bei Dauerkonsum erheblich. Gerauchter Tabak ist wohl die Droge mit den meisten konsumbedingten Todesfällen in Deutschland (Deutsches Ärzteblatt, 2022).

7 Wirkungsintensität und -dauer der Substanzen

Eine Wirkklasse sagt, wie bereits in Kapitel 5 erläutert, nichts über die Potenz aus. Genauso wenig sagt sie etwas über die Wirkdauer aus. Es gibt kurz- und langwirkende Psychedelika, es gibt kurz- und langwirkende Stimulanzien usw. Die Gründe, aus denen manche Substanzen länger wirken als andere, können vielseitig sein. Gewisse Darreichungsformen/Formulierungen können zu verzögerter Aufnahme führen, z. B. oral aufgenommene, retardierte Tabletten, die Wirkstoffe nach und nach in den Blutkreislauf abgeben (Andrade, 2015). Dieses Prinzip findet insbesondere bei Substanzen mit einem gewissen Abhängigkeitsrisiko Anwendung, z. B. bei ADHS- und Schmerztabletten. Ein weiterer Grund kann die Verstoffwechselung zu (weiteren) psychoaktiven Metaboliten sein (vgl. Pro-Drug in ▶ Kap. 6.7). Diese Stoffwechselprodukte, bei Methamphetamin bspw. das Amphetamin und bei Heroin bspw. das Morphin, können Effekte länger anhalten lassen (Halbsguth et al., 2008; Schep et al., 2010). Darüber hinaus kann auch die Affinität zu einem Rezeptor, bspw. bei LSD, eine Wirkung aufrechterhalten, selbst wenn die Blutkonzentration durch Leber und Niere schon weitestgehend reduziert wurde (Dolder et al., 2017).

Ein Verständnis für die Wirkdauer ist wichtig, um Safer-Use-Prinzipien anwenden zu können (▶ Kap. 8.2). Ein Tripsitter bei einem LSD-Trip muss mehr Zeit mitbringen als bei einem Ketamin-Trip. Auch kann es von Belang sein zu wissen, wann ein Rausch aufhören sollte, um ihn von anderen möglichen Symptomen (z. B. einer Infektion) differenzieren zu können.

Der Verabreichungsweg (Route of Administration; RoA) ist ein weiterer Faktor, welcher die Wirkdauer betrifft. In absteigender Ordnung sinkt die initiale Aufnahmegeschwindigkeit bei intravenöser, inhalativer, intramuskulärer, subkutaner, nasaler, sublingual/bukkaler, rektaler und oraler Applikation. Aufgrund des schnellen und intensiven Wirkungseintritts sind die Konsumformen, bei denen man die Handlung mit dem unmittelbaren Effekt verknüpft, z. B. Spritzen und Rauchen, besonders stark mit Substanzgebrauchsstörungen verknüpft (Strang et al., 1998). Wenn Kokainmoleküle schlagartig aufgenommen werden, z. B. beim Crack-Rauchen, dann ist die positive Verknüpfung mit dem Verhalten (dem Rauchen) deutlich stärker als beim Kauen von Kokablättern, wo Moleküle peu à peu in den Blutkreislauf gelangen. Noch geringer ist das Risiko beim Trinken von Kokatee (vgl. orale Aufnahme). Das Schnupfen von Kokainhydrochlorid-Formulierungen befindet sich irgendwo zwischen dem Crack-Rauchen und dem Kauen von Koka.

7.1 Konsum- und Darreichungsformen

Grundsätzlich fluten hohe Dosen schneller an und wirken länger, d. h., es macht einen Unterschied, ob man 0,75 g oder 1,5 g psilocybinhaltige Pilze konsumiert, auch jenseits der Intensität. Bei Pflanzen und Pilzen beziehen sich Wirkstoffangaben meist auf getrocknetes Material. Dennoch können Wirkstoffe unterschiedlich verteilt sein. Hier ergibt es Sinn, ein Material vor dem Konsum zu homogenisieren, also zu zerkleinern und zu durchmischen. Damit lässt sich gewährleisten, dass eine abgewogene Menge immer gleich viel Wirkstoff enthält, und ein angestrebter Zustand ist besser erreichbar bzw. reproduzierbar.

Drogen können in allen Aggregatzuständen (fest, flüssig und gasförmig) sowie in allen Formen und Farben vorkommen. Dennoch sind viele Darreichungsformen für bestimmte Konsumformen konzipiert. Feine Pulver mit Wirkstoffsalzen können mit ihrer großen Oberfläche gut über nasale Schleimhäute aufgenommen werden und eignen sich somit oft zum Schnupfen. Gepresste Tabletten, egal ob Ecstasy oder Ritalin®, sind primär für die orale Aufnahme gedacht. Oft haben diese auch Bruchrillen, die das Dosieren erleichtern. Natürlich kann man auch Pulver in Kapseln packen und schlucken und umgekehrt Tabletten kleindrücken und schnupfen. Es gibt auch Flüssigkeiten (z. B. GHB) und Gase (z. B. Lachgas), aber viele Drogen sind Feststoffe oder zumindest als Feststoff (Tablette, Pulver etc.) formuliert. Cannabis stellt hier eine kleine Besonderheit dar: THC (im Gegensatz zu THCA) ist interessanterweise eine Flüssigkeit, allerdings ist diese zum einen extrem zäh und zum anderen liegt diese meist nicht als Flüssigkeit vor, sondern fein verteilt in traditionellen Cannabisprodukten, d. h. als klebriges Pflanzenmaterial oder harzige Haschisch-Masse (▶ Kap. 6.1).

Sich ein paar Gedanken über die physikochemischen Eigenschaften von Drogen zu machen, kann definitiv nicht schaden. Wenn eine vermeintliche Meskalintablette nur 150 mg wiegt, aber man dennoch eine intensive, psychedelische Reise erlebt, dann kann man zumindest im Nachhinein sagen, dass es sich wahrscheinlich nicht um Meskalin gehandelt hat, da man wohl kaum die dafür nötigen ca. 300 mg Meskalinsulfat in eine 150 mg schwere Tablette quetschen kann, insbesondere, wenn ein nicht unerheblicher Teil einer Tablette aus Hilfsstoffen (Laktose, Zellulose, Magnesiumstearat etc.) besteht.

Viele Drogenwirkstoffe sind schwache Basen, bspw. Amphetamin, Kokain, Morphin und LSD, und je nach Zweck werden diese als Salz mit Hilfe von Salz-, Schwefel-, Fumar- oder Weinsäure formuliert. Das hört sich gefährlich und abschreckend an, aber wir sollten uns daran erinnern, dass wir jeden Tag das Salzsäuresalz der Natronlauge konsumieren: Kochsalz (Natriumchlorid). Jene Salze sind zudem in Medikamenten eher die Regel als die Ausnahme. Gründe sind bessere Haltbarkeit, Wasserlöslichkeit (wichtig beim Spritzen und Schnupfen) und wahrscheinlich auch schöne Kristalle, die im (illegalen) Zwischenhandel ebenfalls ein Qualitätsmerkmal darstellen. Basen, die unmittelbar verdampft und inhaliert werden sollen, werden oft als solche belassen und/oder mit anderen Hilfsstoffen versetzt, z. B. bei manchen Heroin-Formulierungen oder dem kurzwirkenden Psychedelikum DMT.

Die pflanzlichen/pilzlichen Vertreter jener leicht basischen Stoffe werden auch Alkaloide genannt, z. B. Kokain aus dem Kokastrauch, Koffein aus Kaffee und Tee, Meskalin aus diversen Kakteen, Morphin aus dem Schlafmohn, Ephedrin aus dem Meerträubel und Psilocybin aus diversen Kahlköpfen und Düngerlingen. Es gibt aber auch einige Stoffe, denen jene basische Eigenschaft fehlt, z. B. Cannabinoide (siehe Cannabis), Kavalactone (siehe Kava-Kava) oder Salvinorine (siehe Aztekensalbei), ebenso wie einigen einfachen chemischen Strukturen wie GHB oder dem Trinkalkohol, Ethanol.

Neben den Eigenschaften, die wichtig für die Wirkstoffexposition sind, gibt es natürlich noch weitere bedeutsame Drogenqualitäten. Im Gegensatz zu Arznei- und Lebensmitteln werden typische Straßendrogen leider nicht auf Schwermetalle, mikrobiologische Belastung oder andere Verunreinigungen (z. B. Pestizide oder Nebenprodukte der Herstellung) untersucht. Auch das Drug-Checking (vgl. Caudevilla et al., 2019), wie es in vielen Ländern (und seit kurzem auch in Deutschland, vgl. Bundesdrogenbeauftragter, 2023) praktiziert wird, hat meist keinen Fokus auf diese Eigenschaften. Ähnlich wie bei Kaffee, Zigarren und Wein scheinen insbesondere bei Cannabis darüber hinaus viele sensorische Aspekte bei der Drogenqualität eine Rolle zu spielen (Adams, o. J.). Diese Eigenschaften sollten, insbesondere auf legalen Märkten, nicht in ihrer Bedeutung unterschätzt werden.

Neben vielen Darreichungsformen, die es schon seit Jahrzehnten gibt, hat sich in den letzten Jahren die E-Zigarette als vielseitiges Device hervorgebracht, sei es in legalen, semi-legalen oder illegalen Märkten. Neben dem Dampfen von Nikotin haben sich insbesondere Cannabinoide (vornehmlich THC) und DMT hervorgetan. Vereinzelt gibt es auch Berichte über Stimulanzienkonsum via E-Zigarette. Auch scheint das Dosieren mittels Nasensprays, insbesondere psychedelischer und stimulierender Wirkstoffe, eine zunehmende Beliebtheit zu erfahren. Weniger populär, aber dennoch erwähnenswert ist die rektale Applikation, auch »Boofing« genannt. Hierzu werden meist Spritzen (ohne Nadel) genutzt, um in Wasser gelöste Drogen zu verabreichen. Aufgrund der sexuellen Konnotation ist diese Praxis in der ChemSex-Szene (z. B. beim gemeinsamen Konsum von Methamphetamin) relevant. Außerdem stellt Boofing eine Alternative zum intravenösen Konsum bei Opioidgebrauchenden dar (Medrano, 2023).

7.2 Unterschiede innerhalb der Wirkklassen

Potenzunterschiede innerhalb einer Wirkklasse können riesig sein (▶ Kap. 6), aber das wissen viele Konsumierende nicht, da Darreichungsformen oder kulturell etablierte Konsumformen oft die wahre Dosis verschleiern. Streckmittel bzw. Hilfsstoffe sind bei vielen Drogen eher die Regel als die Ausnahme. Insbesondere hochpotente Stoffe brauchen Trägerstoffe. Es ist unmöglich, eine Portion von 100 µg (0,1 mg) LSD-Tartrat mit handelsüblichen Feinwaagen abzuwiegen. Hier muss eine größere, abwiegbare Menge gelöst und volumetrisch aufgetragen werden, bspw. 0,1 g auf 200 ml. Wenn 20 Tropfen dieser Lösung 1 ml entsprechen, dann enthält jeder Tropfen ca. 25 µg LSD-Tartrat.

Gewisse Entwicklungen in der Drogenszene haben das Thema Dosis und Konzentration von Wirkstoffen komplexer und gefährlicher für Konsumierende gemacht. Spannenderweise handelt es sich bei diesem Phänomen weniger um das Beimischen von Streckmitteln, sondern um unberechenbare Reinheit. Das Auftreten von Reinstoffen wie bei neuen psychoaktiven Stoffen (NPS), Crystal Meth (Methamphetaminhydrochlorid) und Emma/Molly (MDMA-Hydrochlorid) hat zu viel Verwirrung und auch tragischen Überdosen geführt (Anyone's Child, o. J.). Viele Menschen sind sich nicht bewusst, dass in ihren traditionellen Schwarzmarktpulvern und -pillen ein Großteil aus Füllstoffen bestand. Wenn jemand Speed aufgrund von besserer Verfügbarkeit mit Crystal Meth ersetzt, dann kann nicht nur die etwas stärkere Wirkung des Methamphetamins zum Problem werden. Problematisch dabei ist vor allem der höhere Reinheitsgrad, da Speed oftmals nur ca. 15 % Amphetaminsulfat (EMCDDA, 2017) enthält und im Gegensatz zu Methamphetaminhydrochlorid tendenziell stark gestreckt ist. Die leichtere Entwicklung von problematischen Konsummustern, stärkere Nebenwirkungen etc. liegen auf der Hand.

Noch riskanter wird es, wenn jemand hochpotente NPS direkt vom Händler aus dem Ausland bestellt. Diese meist weißlichen Pülverchen sind hochgefährlich, insbesondere, wenn sie von Laien konsumiert werden. Zu diesen Stoffen zählen zig Stimulanzien, Psychedelika, Opioide etc. mit hoher Potenz. Synthetische Cannabinoide haben ebenfalls schon zu Todesfällen geführt (EMCDDA, 2022b), und eine ungleichmäßige Wirkstoffverteilung auf dem Produkt mag zu den tragischen Fällen beigetragen haben.

Auch die zunehmende Variabilität in Ecstasy-Tabletten (Couchman et al., 2019) erschwert die Dosierung, bspw. bezogen auf das eigene Körpergewicht. Wenn kein Drug-Checking möglich ist, muss die Empfehlung immer lauten, sich möglichst vorsichtig heranzutasten. Leider kann es auch Schwankungen von Batch zu Batch geben, weshalb man nicht von einer Pille auf andere Pillen mit demselben Aussehen schließen kann.

8 Aspekte des Mischkonsums

Es gibt wohl kaum einen Safer-Use-Tipp, den man häufiger liest, als Mischkonsum, also das Kombinieren von mehreren psychotropen Substanzen, zu vermeiden. Aber ist jeglicher Mischkonsum wirklich so dramatisch? Jemand, der an Silvester in der einen Hand eine Zigarette und der anderen einen Wodka-Energy hält, der konsumiert mindestens drei verschiedene Substanzen: Nikotin, Alkohol und Koffein. Wenn die Person die Zigarette gegen einen Joint austauscht, dann kann es sich schon um vier Substanzen handeln. Und wenn vorher noch eine Tablette MDMA, 2C-B oder Amphetamin eingeworfen wurde, dann sind es fünf Substanzen, die gleichzeitig wirken. Wie dieses Beispiel zeigt, geht es bei einer Risikobewertung weniger um die Anzahl der Substanzen, die gleichzeitig konsumiert werden, sondern immer auch um die jeweilige Dosis. Substanzen können kurz oder lang wirken und sie können stimulieren oder beruhigen. Wichtig ist deshalb, den zeitgleichen Effekt auf Blutdruck, Atemfrequenz oder Psyche zu erörtern.

Amphetamin, Koffein und Kokain haben das Potenzial, sich gegenseitig zu potenzieren – man spricht von Additivität. Maßvoller Mischkonsum ist hier ohne weiteres möglich. Das setzt aber voraus, dass man die Qualität und die Effekte der einzelnen Drogen gut einschätzen kann. Eine besonders gefährliche Mischung sind Opioide zusammen mit Downern (inkl. Alkohol), Dissoziativa etc. Hier kann ein additiver Effekt in Richtung Bewusstlosigkeit oder Atemlähmung entstehen (Park et al., 2022). Zwar ist hier Mischkonsum grundsätzlich möglich, allerdings muss man hier Qualität und die individuellen Effekte sehr genau einschätzen können. Gefährlich ist auch der Konsum gegensätzlich wirkender Substanzen, da es hier zu einer Maskierung von Nebenwirkungen und Überdosierungen kommt, die mit dem Wegfallen einer der beiden Wirkprinzipien plötzlich zur Gefahr werden kann, z. B. beim sog. »Speedball«, einer Mischung aus Kokain und Heroin, wobei letztere Droge wesentlich länger anhält und mit ausklingender Kokainwirkung atemdepressiv wirken kann.

8.1 Mischkonsumtabelle und generelle Hinweise

Da Mischkonsum eher die Regel als die Ausnahme darstellt, ist es elementar, dass Konsumierende und Beratende grundlegende Wechselwirkungen kennen. Diese sind in Abbildung 8.1 zusammengefasst.

Teil 2: Überblick Substanzen

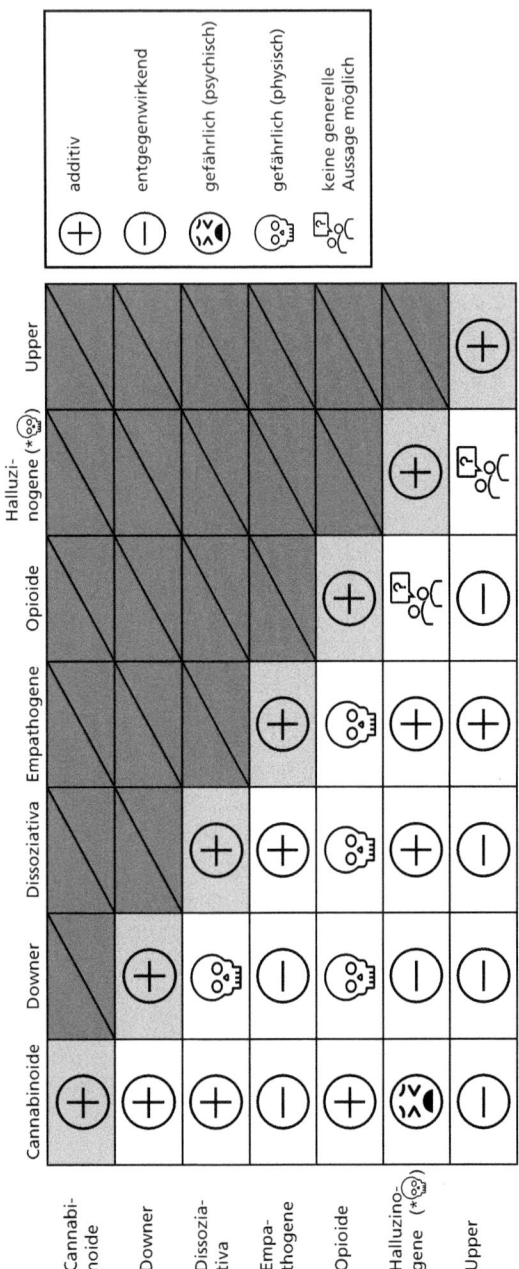

Abb. 8.1: Mischkonsumtabelle der sieben Wirkklassen
* Halluzinogene meint in diesem Kontext ausschließlich Psychedelika (LSD, psilocybinhaltige Pilze etc.), d.h. weder Mischungen mit β-Carbolinen (siehe Ayahuasca) noch halluzinogen wirkende Medikamente oder Nachtschattengewächse. Die Risiken des Mischkonsums mit solchen Drogen sind nicht kalkulierbar und grundsätzlich als hoch bis lebensbedrohlich einzustufen.

Dennoch ist es wichtig zu verstehen, dass es sich hier nur um grundlegende Wechselwirkungen handelt und verschiedene Substanzen unterschiedliche Polypharmakologien haben, bspw. Tramadol als serotonerge und gleichzeitig opioide Droge. Auch können Substanzen, die theoretisch relativ unproblematisch kombiniert werden können, auf dieselben am Abbau beteiligten Enzyme zurückgreifen. Dies kann dazu führen, dass die Kapazität reduziert wird, einen Stoff abzubauen, und man eher einen kritischen Blutspiegel und die damit verbundenen Gesundheitsprobleme erlangt. In diesem Kontext sollten Konsumierenden und Beratenden Monoaminooxidase-Hemmer (MAO-Hemmer), wie bspw. β-Carboline (siehe Ayahuasca), ein Begriff sein. Jene Substanzen machen bspw. das psychedelische DMT oral aktiv, können aber auch zahlreiche Komplikationen mit diversen Rausch-, Arznei- und sogar Lebensmitteln (gereifter Käse, Sauerkraut etc.) auslösen (McKenna et al., 1984).

Apropos Lebensmittel: Es gibt einige Lebensmittel, die Wechselwirkungen verursachen können. Das bekannteste Beispiel ist wohl die Grapefruit mit ihrem Enzym-hemmenden Naringin. Wie bereits beschrieben, können solche Stoffe den Blutspiegel von Wirkstoffen länger hoch halten und so indirekt zu einer Überdosierung beitragen (Stump et al., 2006).

8.2 Praktische Schadensminimierung: Safer-Use und Harm-Reduction

Egal ob illegalisierte Drogen oder legal erhältliche Drogen, die mehr oder minder zweckentfremdet werden, niemand sollte unnötige Schäden von Substanzkonsum davontragen. Diesbezüglich gibt es viele Ratschläge und Tipps von ehrenamtlichen Organisationen (z. B. eve&rave Schweiz, 2024). Neben dem grundsätzlichen Verzicht beinhalten diese auch Tipps zum sichereren Umgang (Safer-Use) mit Drogen bzw. Tipps zur Schadensminimierung (Harm-Reduction). Je nach Substanz, Konsummuster und individuellen Besonderheiten mögen diese Tipps variieren und in der Praxis zu unterschiedlichen Maßnahmen führen. Dennoch werden in Tabelle 8.1 jene sieben Prinzipien zusammengefasst.

Tab. 8.1: Safer-Use-Tipps zur Schadensminimierung

Tipp	Bedeutung	Mögliche Maßnahmen
1. Kenne Deine Droge.	Kenntnisse und informierte, konsumbewusste Erfahrungen mit Substanzen (Verträglichkeit, Wirkung etc.) können helfen, akute Risiken (z. B. Überdosis oder Panikattacke) und chronische Risiken (z. B. Abhängigkeit) zu minimieren.	• Wissenschaftliche Literatur, Online-Recherche, Recherche bei der Bezugsquelle etc. • Generell Dosen geringhalten und bei Erstkonsum mit Minimaldosen anfangen
2. Kenne Deine Dosis.	Die Zusammensetzung und die Potenz von Drogen sind oft nicht bekannt, aber dennoch maßgeblich für positive und negative Effekte einer Droge. Auch ist Dosierung nicht immer trivial, bspw. bei hochpotenten Reinstoffen.	• Drug-Checking, Test-Kits, Online-Recherche, Recherche bei Bezugsquelle etc. • Dosierung standardisieren, z. B. durch Homogenisierung von Produkten mit natürlichen Schwankungen oder volumetrisches Dosieren von hochpotenten Reinstoffen • Bewusstsein für Schwankungen innerhalb Batches, auch bei vermeintlich industriell hergestellten Produkten wie Ecstasy
3. Kenne Deine Konsummethode.	Verschiedene Konsummethoden gehen mit unterschiedlichen Risiken einher. Während Spritzen zusätzliche Gefahren für Infektionen bringen, können Rauchen und Schnupfen lokal schaden, d. h. an Lunge und Nase. Grundsätzlich entsteht eine Abhängigkeit leichter bei Konsumformen des schnellen Anflutens, z. B. Spritzen oder Rauchen.	• Wähle Konsummethoden, die möglichst wenige Risiken bergen, z. B. Verdampfen statt Rauchen • Das Teilen von Spritzen und Ziehröhrchen vermeiden (z. B., um Infektionen vorzubeugen) • Informationen über alternative Konsummethoden wie bspw. Boofing (insbesondere bei Opioiden)
4. Kenne Dein Konsummuster.	Es gibt keine Substanz, die beim ersten Konsum sofort abhängig macht (▶ Kap. 3.1). Auch andere Gesundheitsschäden treten meist erst bei Dauerkonsum auf. Dennoch besteht dieses Risiko und je nach Droge und Individuum ist dieses sehr hoch.	• Individuelle Regeln für Konsum (also Menge, Zeitraum etc.) auferlegen • Wenn selbstauferlegte Regeln nicht mehr befolgt werden können, therapeutische Hilfe in Anspruch nehmen • Regelmäßige, selbstehrliche Konsumreflexion
5. Kenne Deine Umgebung.	In unterschiedlichen Umgebungen kann es auch unabhängig von der Substanz Risiken geben (Sturzgefahr, Verkehr, Gewalt etc.). Eine entspannte und sichere Umgebung kann viel zu einer angenehmen Erfahrung beitragen und auch das Risiko für psychische Krisen reduzieren.	• Nicht allein konsumieren oder zumindest das soziale Umfeld informieren • Risikofaktoren durch angemessenes Verhalten oder selbstauferlegte Regeln reduzieren • Bewusstsein für »Set und Setting«

8 Aspekte des Mischkonsums

Tab. 8.1: Safer-Use-Tipps zur Schadensminimierung – Fortsetzung

Tipp	Bedeutung	Mögliche Maßnahmen
6. Kenne, was Dir helfen kann.	Es gibt Mittel, die kritische Situationen überwinden können, z. B. Beruhigungsmittel bei einem »Horrortrip« oder Naloxon bei einer Opioidüberdosis. Auch der Weg zu (professioneller) Hilfe, bspw. bei lebensbedrohlichen Situationen, sollte vor dem Konsum bedacht werden.	• Leichte Hilfsmittel wie Wasser, Zucker, Decke, Zuwendung etc. bereithalten • Konzepte wie »Trip-Sitter« oder »Psy-Care« nutzen und sich im Vorfeld darum kümmern • Pharmakologische Hilfsmittel nur nutzen, wenn entsprechendes Fachwissen besteht und es erforderlich ist • Telefon für Notruf bereithalten • Psychedelische Integration bei Trips, die schwer zu verarbeiten sind
7. Kenne Dich selbst.	Kurzfristig kann eine Enthemmung zu übermäßigem Konsum führen und langfristig können Konsummuster in eine Abhängigkeit leiten. Reflexionsvermögen und Kritikfähigkeit sind wichtig, um Konsum unter Kontrolle zu halten.	• Zeit zum Reflektieren des eigenen Konsums nehmen, idealerweise nüchtern • Austausch mit Dritten über eigenen Konsum, eventuell durch professionelle Beratung • Regelmäßig bewusste Konsumpausen einlegen

Es gibt viele Tipps, aber diese zu nennen, würde den Rahmen dieses Buches sprengen. Was die Recherche angeht, sollte man ähnlich wie im Journalismus immer mehrere Quellen nutzen und prüfen, ob die Informationen sich ähneln. Das Beherrschen von mathematischen und naturwissenschaftlichen Grundlagen wie Einheiten, Dreisatz etc. ist ebenso wichtig – gerade hier sollten Institutionen wie Drogenberatungen Hilfestellung geben. Auch sollte bedacht werden, dass »Set und Setting« (also der eigene Gemütszustand und die vorherrschende Umgebung) nicht nur bei Psychedelika (▶ Kap. 6.6) relevant sind. Set und Setting haben immer die Möglichkeit, eine Drogenerfahrung zu beeinflussen, und das sogar so stark, dass man psychologische Krisen verhindern oder zumindest stark abmildern kann. Deshalb ist es auch so wichtig, dass es Räume für einigermaßen sicheren Drogenkonsum gibt. Auch Veranstaltende des Nachtlebens sollten Verantwortung diesbezüglich übernehmen, bspw. durch Ruheräume und geschultes Personal.

8.3 Drogen und Hormone

Wie unsere Neurotransmitter sind auch Hormone biochemische Botenstoffe, allerdings übernehmen sie meist andere physiologische Funktionen. Während Neurotransmitter maßgeblich bei der neuronalen Kommunikation eine Rolle spielen, regulieren Hormone z. B. unseren Blutzucker, das Wachstum und sexuelle Funktionen. Hormone haben ähnlich wie Drogen ein Ge-/Missbrauchspotenzial. Dieses reicht von medizinischer Anwendung bis hin zu problematischem Gebrauch im Kontext von Muskelaufbau. Natürlich gelten bei Hormonen gesundheitspolitisch dieselben Aspekte wie bei Drogen, weshalb hier ebenfalls eine vernünftige Regulierung mit Aufklärung, Hilfsangeboten, aber auch mit legalen Bezugsmöglichkeiten sinnvoll wäre.

Hormone können auch eine psychotrope Komponente haben, bspw. die Hormone Testosteron (Van Honk et al., 2011) oder Oxytocin (Weisman et al., 2012). Allerdings ist der Gebrauch aufgrund der psychotropen Wirkung wohl relativ selten im Vergleich zu typischen Drogen, Genussmitteln und Psychopharmaka. Meist stehen bei der Anwendung von Hormonen und Hormonderivaten therapeutische Aspekte (bspw. bei Diabetes oder Schilddrüsenunterfunktion), der Ausgleich geschlechtsspezifischer Defizite (bspw. bei trans Menschen), Verhütung oder Muskelaufbau im Vordergrund. Die Neben- und Wechselwirkungen von Kontrazeptiva sind wahrscheinlich vielen Frauen bekannt.

Das Stresshormon Adrenalin, welches bspw. in gefährlichen Situationen ausgeschüttet wird und das Herz-Kreislauf-System anregt, kann periphere Effekte verursachen, wie man sie bei vielen Uppern bzw. Psychostimulanzien (▶ Kap. 6.7) kennt. Eine Kombination von äußerlichem Stress und Upperkonsum kann somit additiv wirken, sei es bezogen auf Herzfrequenz, Appetitlosigkeit oder Psyche. Dies kann zu negativen Erfahrungen oder sogar gesundheitlichen Konsequenzen führen.

Einige Drogen, insbesondere Amphetamine und Opiate, aber auch Alkohol, stehen im Verdacht, typisch hormonelle Nebenwirkungen zu verursachen. Insbesondere ausbleibende Menstruation scheint ein Thema zu sein. Die Frage stellt sich aber, ob es sich um einen direkten Einfluss auf das Hormonsystem handelt oder ob nicht vielleicht die mit starkem Ge-/Missbrauch von Amphetaminen und Opiaten assoziierte Unterernährung dafür verantwortlich sein könnte. Beispielsweise normalisiert sich die Periode oftmals bei Frauen mit Heroinabhängigkeit, wenn sie ärztlich auf Methadon eingestellt werden (Schmittner et al., 2005; Terner & De Wit, 2006). Bei der reduzierten Knochendichte bei langjährigen Nutzenden von Opioiden gibt es derweil allerdings Evidenzen, die auf eine hormonelle Neben- bzw. Wechselwirkung hindeuten. Hier wird unter anderem über einen Opioid-induzierten Hypogonadismus, also eine Funktionsstörung der Keimdrüsen, spekuliert (Ramli et al., 2021).

Es gibt viele Nebenwirkungen und Langzeitfolgen von psychoaktiven Stoffen, die durch hormonelle Interaktionen begründet sein könnten. Grundsätzlich sind die Interaktionen von einzelnen, hochdosierten Stoffen innerhalb von biologischen Systemen sehr komplex, wie bspw. kurz im Kapitel 8.1 (vgl. Polypharmakologie) angedeutet wurde. Beim Verständnis bezüglich Substanzen, die an verschiedensten

Zielstrukturen wirken können, hilft vielleicht die Vorstellung, dass fast jede Substanz an jedem biologischen Target (meist Rezeptor, Enzym oder Transporter) andockt, nur eben in den meisten Fällen mit solch einer niedrigen Potenz, dass dies keine pharmakologische/toxikologische Rolle spielt. Unser Hormonsystem ist dabei nur eins von mehreren Kommunikationssystemen im menschlichen Körper. Hormone und Drogen beeinflussen den menschlichen Körper und auch das Zentralnervensystem, wenngleich direkte Interaktionen wohl bei aktuell vorherrschenden Nebenwirkungen und Langzeitfolgen eine untergeordnete Rolle zu spielen scheinen.

9 Drogenanalytik

Ein Fokus dieses Buches ist es, Menschen die stofflichen Eigenschaften von Drogen näher zu bringen, denn Drogen beschreiben – im Gegensatz zu Gefühlen, Gedanken und Konzepten – materiell greifbare und messbare Stoffe. Drogen haben eine Masse, ein Volumen, einen Aggregatzustand (fest, flüssig oder gasförmig) und eine chemische Zusammensetzung. Deshalb lassen sich Drogen auch mit Hilfe von analytischen Methoden, meist in einem entsprechend ausgestatteten Labor, näher bestimmen. Jene Drogenanalytik kann Stoffe identifizieren und auf Reinheit/Zusammensetzung prüfen. Auch lassen sich Körperflüssigkeiten (vornehmlich Blut, Speichel, Schweiß und Urin), der Atem und Haare bezüglich Drogen und ihren Stoffwechselprodukten untersuchen. Die Aussagekraft, was den individuellen Konsum angeht, ist aber je nach Methode nur sehr bedingt möglich.

9.1 Das Analysieren von Drogen

Die naturwissenschaftlichen Grundlagen in der Drogenanalytik sind recht komplex und die methodische Vielfalt ist zu groß, um sie hier in ihrer Gänze zu beschreiben. Grob lassen sich aber zwei analytische Niveaus voneinander trennen: Schnelltests und Laboranalytik. Auch zwischen diesen beiden Bereichen gibt es einen fließenden Übergang, insbesondere, da gewisse Technologien erschwinglicher werden und die Benutzerfreundlichkeit steigt. Ein Beispiel dafür ist Infrarotspektroskopie, die auch von Polizei und Zoll angewendet wird (Bundeskriminalamt, o. J.). Deshalb ist die Einteilung in Schnelltests und Laboranalytik nicht als unumstößliches Dogma zu verstehen.

Schnelltests können an sich von jeder Person durchgeführt werden, dies erfordert nur etwas Training. Sie basieren entweder auf Reagenzien oder Antikörpern. Reagenzien erzeugen Farbreaktionen, die dann wiederum einen Rückschluss auf die Zusammensetzung zulassen. Aussagen über den exakten Stoff, die Konzentration oder das Vorhandensein von weiteren Stoffen lassen sich kaum treffen. Klassische Test-Systeme beinhalten meist mehrere solcher Reagenzien (Marquis, Ehrlich etc.), die dann parallel auf kleine Drogenmengen geträufelt werden. MDMA in Ecstasy sollte mit der Marquis-Reagenz zu einem dunklen Violett führen. Wenn in der Pille 2C-B vorhanden ist, dann sollte die Reaktion ins Grünliche gehen, bei Koffein hingegen entsteht kein Farbwechsel. Die Ehrlich-Reagenz sollte auf die meisten

Substanzen gar nicht reagieren (d. h. keine Farbveränderung), außer bei Stoffen vom LSD-Typ.

Bei typischen Schnelltests oder Test-Kits basierend auf Antikörpern hingegen wird eine Kaskade ausgelöst bzw. verhindert (je nach Technologie), die sich in einem visuellen Signal bemerkbar macht, typischerweise einem dunklen Balken wie bspw. auch bei einem Schwangerschaftstest. Solche Schnelltests haben meist eine »Kontrolle« eingebaut, damit man überprüfen kann, ob die Kaskade grundsätzlich funktioniert – je nach Lagerung, Alter etc. können solche Test-Kits defekt sein.

Beide Arten der Schnelltests geben kaum Auskunft über Quantität und können zu falsch-positiven und falsch-negativen Ergebnissen führen. Solche Tests sind deshalb nicht oder nur bedingt »gerichtsfest«, d. h., ihre Aussagekraft vor Gericht wird als gering angesehen (Deutscher Bundestag, 2019). Wichtig ist deshalb, die Limitationen solcher Test-Kits immer im Auge zu behalten. Wenn ein Test-Kit dafür geeignet ist, drei verschiedene synthetische Cannabinoide in Cannabisproben nachzuweisen, dann bedeutet das nicht, dass das Produkt frei von synthetischen Cannabinoiden ist, sondern nur, dass es wahrscheinlich keine von jenen dreien beinhaltet.

In Laboren mit entsprechend ausgebildetem Personal und geeignetem Equipment ist ein ganz anderes Niveau der Drogenanalytik möglich. Von der Probennahme bis zu den Rohdaten der analytischen Apparate wird nichts dem Zufall überlassen. Es gibt mehrere chromatografische Methoden (HPLC, GCMS etc.), die Stoffe auftrennen, identifizieren und quantifizieren. Je nach Protokoll gibt es natürlich Einschränkungen. In solchen Laboren gibt es auch analytische Verfahren, die Antikörper nutzen (ähnlich wie bei den Test-Kits), allerdings arbeitet man hier meist mit Verdünnungsreihen, verschiedensten Kontrollen und einer deutlich sensibleren Messung der Farbumschläge. Auch kann in entsprechenden Laboren die Struktur eines neuen Stoffes aufgeschlüsselt werden, bspw. mittels NMR-Spektroskopie. Aufgrund der besseren Daten wird jene Laboranalytik in der Forensik genutzt. Das heißt aber wiederum nicht, dass dort keine Fehler geschehen können, z. B. durch das Verwechseln von Proben (Goldberger et al., 2019, S. 1511 ff.).

Drug-Checking, also die Analyse von Drogen für den privaten Konsum, bedient sich grundsätzlich aller oben genannten Methoden. Es sind oft rechtliche, praktische und finanzielle Gründe, wenn man sich für Schnelltests statt Laboranalytik entscheidet. Mittlerweile gibt es einige europäische Drug-Checking-Anbieter, die es geschafft haben, auf Festivals Laboranalytik anzubieten, oft mit Ergebnissen innerhalb von 20 Minuten. Neben den Resultaten geht es bei Drug-Checking aber auch um Aufklärung, Safer-Use-Tipps und weitergehende Hilfsangebote (auch integriertes Drug-Checking genannt) (Caudevilla et al., 2019).

Aus der Praxis

Maria (24) ist auf einem Techno-Festival in Spanien. Sie hat von einer unbekannten Person vier Ecstasy-Tabletten und zwei Gramm Koks für sich und ihre Freunde gekauft. Sie entscheidet sich, den lokalen Drug-Checking-Service in Anspruch zu nehmen. Dort gibt sie etwas Abrieb von einer Ecstasy-Tablette und

eine Messerspitze des vermeintlichen Kokains ab. Eine halbe Stunde später erfährt sie, dass ihr Koks keinerlei Kokain enthält, und dass ihre Ecstasy-Tabletten mit gut 300 mg MDMA extrem stark sind. Das weiße Pulver entsorgt sie direkt beim Drug-Checking-Zelt, die Pillen behält sie, aber kommuniziert deren Potenz. Dadurch, dass Maria und ihr Freundeskreis die Tabletten in Vierteln dosieren, erleiden sie keine Überdosen und haben eine schöne Zeit.
Erläuterung: Drug-Checking-Services, egal ob stationär oder temporär (z. B. auf Festivals), bieten Analytik und wichtige Aufklärungsarbeit. Diese stellen zwar keinen allumfänglichen Verbraucherschutz dar, können aber dennoch gesundheitliche Risiken und Noteinsätze reduzieren und sogar Leben retten. Zu hoch dosierte Formulierungen stellen bei vielen Substanzen ein großes Risiko dar.

9.2 Untersuchung von Menschen auf Drogen

Drogen werden im menschlichen Körper meist zu zig verschiedenen Substanzen verstoffwechselt. Hierbei gibt es auch Unterschiede – je nachdem, wie viel von einem Stoff konsumiert wurde, was alles gleichzeitig konsumiert wurde und wie der individuelle, genetisch beeinflusste Enzymstatus aussieht. Enzyme (oder Biokatalysatoren) sind spezifische Eiweiße, die chemische Reaktionen im menschlichen Körper verrichten, bspw. die Alkoholdehydrogenase, die Alkohol (Ethanol) in Acetaldehyd umwandelt, und die Aldehyddehydrogenase, die dann das Acetaldehyd in Azetat (Essigsäure) oxidiert. Ebenso können genetische Unterschiede die Verstoffwechselung beeinflussen: In Teilen der asiatischen Bevölkerung ist die Aldehyddehydrogenase weniger effizient und erhöhte Konzentrationen von Acetaldehyd können auch nach geringem Alkoholkonsum auftreten (Wall et al., 1997). Die damit assoziierten Nebenwirkungen wie Erröten, Schwindel und Hautausschläge werden auch als »Flush-Syndrom« bezeichnet. Dieses Beispiel zeigt die Komplexität auf, wenn es um Drogennachweise geht; es gibt mehrere biologische, zeit- und dosisabhängige Pfade, wie Stoffe abgebaut und ausgeschieden werden, und diese sind nicht bei allen Menschen gleich.

Grundsätzlich gibt es bei der Untersuchung von Menschen auf Drogen eine Gemeinsamkeit mit Drogenanalytik am Stoff selbst (▶ Kap. 9.1), und zwar Schnelltests mit sehr eingeschränkter Aussagekraft und Laboruntersuchungen mit deutlich zuverlässigeren Daten (welche aber dennoch fehlinterpretiert werden können). Test-Kits funktionieren basierend auf Antikörpern und können nur schwer Stoffe unterscheiden. Ein Antikörper, der mit THC reagiert, mag auch mit THC-COOH (einem nicht-psychoaktiven Stoffwechselprodukt von THC) reagieren, und wenn diese Technologie in Urintests angewendet wird, liegt nahe, dass viele nüchterne Fahrer:innen mit (falsch-)positiven Resultaten rechnen müssen (Schildower Kreis, 2021). Blutproben und Analysen mittels Chromatografie geben deutlich genauere Ergebnisse, welche auch vor Gericht mehr Bewandtnis haben. Für Tests vor

Ort, also bspw. im Straßenverkehr, werden gerade mehrere Technologien (z. B. Speicheltests) erprobt (Goldberger et al., 2019, S. 1522 ff.).

Egal ob Grenzwerte im laboranalytischen Kontext oder Schwellenwerte in Schnelltests, es ist schwierig, klar zu unterscheiden, ob Menschen berauscht sind oder nicht. Viele Stoffe, die wir im Alltag oder gar im Verkehr tolerieren, beeinträchtigen Menschen leicht, z. B. Erkältungsmittel, pflanzliche Beruhigungsmittel, Antiallergika etc. Auch können Koffein, Methylphenidat etc. – ähnlich wie Amphetamin und Kokain – zu einer höheren Risikobereitschaft führen (Brubacher et al., 2021). Von daher stellt sich grundsätzlich die Frage, ob starre Grenzwerte sinnvoll sind oder ob nicht besser das klinische Bild gepaart mit toxikologischem Befund und eventuellen Zeugenaussagen, Unfalldaten etc. von Behörden genutzt werden sollten. Wenn jemand im Fieberwahn, stark übermüdet oder unter dem Einfluss einer unterschätzten Nikotindosis (z. B. durch Snus oder Nikotinbeutel) Auto fährt, dann wird das Bußgeld/Strafmaß wahrscheinlich nicht anhand von messbaren Konzentrationen im Körper ermittelt. Stattdessen geschieht das meist durch eine individuelle Beurteilung der Gesamtsituation.

Umgekehrt sollten psychopharmakologisch aktive Konzentrationen nicht zwangsläufig zu Schuldunfähigkeit führen, bspw. bei Gewalttaten. Behörden haben oftmals ein Bild von illegalisierten Drogen, welches diesen eine besonders intensive Wirkung unterstellt. Das ist aber oftmals nicht der Fall und führt vermutlich zu Fehlurteilen in beide Richtungen, also beim Aberkennen der Fahrtüchtigkeit und durch das Attestieren einer Schuldunfähigkeit.

Drogenanalytik kann in manchen Bereichen, insbesondere der Qualitätskontrolle, sehr sinnvoll sein und sollte ausgebaut bzw. gefördert werden, bspw. im Kontext einer zukünftigen Cannabislegalisierung oder beim Ausbau von Drug-Checking-Services. Beim Sanktionieren von Verhalten darf aber nicht übergriffig oder unwissenschaftlich verallgemeinernd gehandelt werden. Hier gibt es, insbesondere im führerscheinrechtlichen Rahmen, einen enormen Reformbedarf.

Teil 3: Substanzen

Professionelle Beratung in der Suchthilfe erfordert nicht nur Beziehungsgestaltung und Reflexion von Konsummustern, sondern auch ein solides Wissen über die konsumierten Substanzen. Gerade wenn kein Wunsch nach Abstinenz besteht, ist es wichtig, Konsumierende in ihrem Konsum kompetent begleiten zu können. Um Fachkräften eine schnelle, praxisnahe Orientierung zu ermöglichen, enthält dieser Teil des Buches 60 kompakte Substanzsteckbriefe. Sie bieten einen Überblick über Wirkungen, Risiken, Konsumformen und Besonderheiten ausgewählter psychoaktiver Substanzen und Stoffgruppen. Die Steckbriefe sollen dabei unterstützen, konsumbezogene Informationen rasch einzuordnen und eine substanzsensible, informierte Begleitung zu ermöglichen. Sie richten sich an Fachpersonen in Beratung, Therapie, Prävention und Lehre ebenso wie an interessierte Laien.

10 Hinweise zur Datenerhebung der Substanzsteckbriefe

Während in den anderen Teilen des Buches bei wichtigen oder bemerkenswerten Aspekten Quellen genannt wurden, finden sich im Folgenden keine Quellen. Teilweise stammen die Informationen in den Substanzsteckbriefen aus wissenschaftlichen, zitierfähigen Quellen, teilweise allerdings nicht. Es gibt zahlreiche Organisationen und Foren mit relevanten Informationen, deren Datenerhebung aber nicht wissenschaftlichen Standards entspricht. Wir haben uns dazu entschieden, Gesamteindrücke über jene Drogen und Stoffgruppen zu übermitteln. Wenn eine wissenschaftliche Quelle bspw. beschreibt, dass die Wirkung einer Substanz nach 4–6 Stunden vorbei ist, dann kann es sein, dass das Studieren von Tripberichten oder anderweitig übermittelten Erfahrungen zu einer Anpassung, z.B. 4–8 Stunden, führt. Da es innerhalb der Substanzsteckbriefe keine Möglichkeit gibt, unterschiedliche Evidenzen und Ursachen dafür zu diskutieren, haben wir uns gegen das Zitieren entschieden. Die Substanzsteckbriefe wurden dennoch sorgfältig nach bestem Wissen und Gewissen erarbeitet.

Nichtsdestotrotz sollte man sich bewusst machen, dass Informationen aus vielerlei Gründen fehlerbehaftet sein können. Auch befindet sich Wissenschaft im ständigen Wandel, d.h., Risiken, die man vielleicht aktuell nicht als sonderlich relevant erachtet, können mit zunehmender, entsprechender Forschung an Relevanz gewinnen. Bevor es bspw. täglich stark Konsumierende von Ketamin gab, war aus dem medizinischen Alltag wenig über die nieren- und blasenschädigenden Effekte von Ketamin bekannt. Die folgenden Substanzsteckbriefe erheben also keinen Anspruch auf absolute Richtigkeit oder gar Vollständigkeit, insbesondere nicht im Hinblick auf die Zukunft und die Erkenntnisse, die diese mit sich bringen wird. Dennoch denken wir, dass viele Fachleute und Interessierte von dem zusammengetragenen Wissen profitieren können.

25I-NBOMe

Synonyme, wichtige Formulierungen	NBOMe, N-Bomb, Smiles
Wirkklasse	Halluzinogene
Erwünschte Wirkung	Visuelle Halluzinationen bei geschlossenen und offenen Augen, Sensibilisierung für auditive und taktile Reize, Euphorie, Stimmungsaufhellung, Gefühle von Liebe und Empathie, Steigerung des assoziativen und kreativen Denkens, erotische und sexuelle Gedanken, spirituelle Erfahrung, Ich-Auflösung etc.
Unerwünschte Wirkung	Übelkeit, Erbrechen, Schwitzen, Schüttelfrost, Muskelsteifheit, überhöhte Atemfrequenz, Überzuckerung (Hyperglykämie), Überhitzung, Verengung von Blutgefäßen, Blutdruck, Verwirrtheit, Schwierigkeiten Gespräche zu führen, unerwünschtes Aufkommen von intensiven Gefühlen, Paranoia, Gefühl der Depersonalisierung, Serotoninsyndrom etc. **Achtung:** Bei Überdosierung kann es zu Koma, Leberversagen, Herzversagen, Nierenversagen und Multiorganversagen kommen! Es werden mehrere Todesfälle mit 25I-NBOMe in Verbindung gebracht.
Abhängigkeit und andere Langzeitnebenwirkung	Eine Entwicklung eines Abhängigkeitssyndroms wird als unwahrscheinlich angesehen. Aber es scheint, ähnlich wie bei anderen klassischen Psychedelika, eine rasche Toleranzentwicklung mit Kreuztoleranzen zu anderen Psychedelika zu geben. Darüber hinaus gibt es anekdotische Evidenz zu Langzeitnebenwirkungen in Form von Gedächtnis- und Sprachschwierigkeiten, Herzproblemen sowie psychiatrischen Störungen (Angststörungen, Posttraumatische Belastungsstörungen etc.).
Nachweisbarkeit	25I-NBOMe konnte im Urin, Blut und Speichel nachgewiesen werden. Allerdings ist es unwahrscheinlich, dass typische Drogenschnelltests die Substanz (oder ihre Stoffwechselprodukte) erfassen.
Typische Streckmittel	25I-NBOMe selbst wurde schon häufiger fälschlicherweise als LSD verkauft. Konsumierende berichteten aber über eine geschmackliche/betäubende Wahrnehmung, die bei LSD eher untypisch ist. Konkrete Streckmittel für 25I-NBOMe sind keine bekannt, aus Gründen der besseren Dosierbarkeit kann aber ein »Strecken« bzw. »Verlängern« durchaus sinnvoll sein (siehe Dosierung).
Wirkdauer	Bei oralem oder sublingualem/bukkalem Konsum kann es zu einer Wirkdauer von 6–10 Std. kommen. Die Wirkung setzt nach ca. 15–120 Min. ein. Die Wirkdauer verkürzt sich beim nasalen Konsum auf etwa 4–6 Std. mit einem Wirkeintritt nach 5–10 Min.
Darreichung und Dosierung	Die Substanz wird als Blotter, Pulver, Liquid oder Tablette verkauft. Sie wird sowohl oral, sublingual/bukkal als auch

nasal konsumiert. Es gibt zudem Berichte, laut denen die Substanz injiziert wurde. Bei sublingualem/bukkalem und nasalem Konsum geht man von einer Schwellendosis von 50–250 µg aus. Eine typische Dosis liegt wohl bei 400–800 µg, aber es gibt auch Berichte von höheren Dosen (> 1 mg). Da es kaum möglich ist, solche Menge abzuwiegen oder zuverlässig abzuschätzen, ist es unabdingbar, die Substanz volumetrisch zu dosieren (also in Wasser gelöst) oder zumindest, bei nasaler Applikation, durch sorgfältiges und bedachtes Mischen mit einem Schnupfpulver (z. B. Laktose) in eine abschätzbare Menge zu formulieren.

Achtung: Die Substanz kann nicht nur bei Fehldosierung schnell zu unerwünschten Wirkungen (bis hin zum Tod) führen, auch das Handling mit dieser sehr potenten Substanz kann eine Wirkung auslösen, beispielsweise durch das Einatmen von Stäuben oder dem Reiben von Augen oder Nase mit kontaminierten Fingern.

Mischkonsumwarnung	Anhand von anekdotischen Quellen ist der Mischkonsum von 25I-NBOMe und Lithium zu vermeiden, da er das Risiko einer Psychose, aber auch von Krampfanfällen erhöht. Mischkonsum mit Amphetaminen und Kokain kann zu einer besonderen Belastung des Herz-Kreislauf-Systems führen. Grundsätzlich sollten Medikamente, die blutgefäßverengend wirken (Vasokonstriktion), nicht mit 25I-NBOMe oder anderen NBOMe-Derivaten kombiniert werden.
Sonstiges	25I-NBOMe ist nur ein Derivat in der NBOMe-Familie. Es ist möglich, dass leicht veränderte Stoffe, die womöglich unter demselben Namen vertrieben werden, potenter oder nebenwirkungsreicher sind. Beispielsweise gab es eine schwere Vergiftung aufgrund von der Einnahme von 2 mg 25C-NBOMe, die lebensbedrohlich war und zu diversen Organschäden führte.

2C-B

Synonyme, wichtige Formulierungen	Bromo, Erox, Nexus
Wirkklasse	Halluzinogene
Erwünschte Wirkung	Visuelle Halluzinationen bei geschlossenen und offenen Augen z.B. in Form von farbigen,»wabernden« Mustern. Empathogene Wirkung wie Stimmungsaufhellung, Euphorie und Empathie, sowie eine aphrodisierende Wirkung (d.h. Steigerung von sexueller Lust und Empfinden) etc.
Unerwünschte Wirkung	Erhöhte Körpertemperatur, vermindertes Hungergefühl, Schwindelgefühle, Bluthochdruck, Herzklopfen, erweiterte Pupillen, unerwünschte Erektion, Magen-Darm-Beschwerden, Schwitzen, Zähneknirschen, Husten, Verwirrung, Überforderung (vor allem in belebten und lichterfüllten Räumen), Angstgefühle bis hin zu Paranoia etc.
Abhängigkeit und andere Langzeitnebenwirkung	Es gibt widersprüchliche Aussagen bezüglich der Toleranzbildung bei 2C-B. Während manche anekdotischen Quellen eine langsamere Toleranzbildung als bei anderen Psychedelika beschreiben, widersprechen andere Konsumierende dem. Es werden jedoch weder Entzugserscheinungen noch andere Abhängigkeitssymptome beschrieben. Zu eventuellen Langzeitnebenwirkungen liegen keine Daten vor.
Nachweisbarkeit	2C-B ist ca. 3 Tage lang im Urin und 1–2 Tage lang im Blut nachweisbar, allerdings sind die wenigsten Drogenschnelltests dazu geeignet, 2C-B-Konsum sicher nachzuweisen – es gibt nur vereinzelt Berichte über positive Reaktionen in Schnelltests für Amphetamin. Auch ein Nachweis in Haaren ist grundsätzlich möglich.
Typische Streckmittel	Es sind keine typischen Streckmittel bekannt, allerdings sind typische, weiße Pulver als Streckmittel denkbar. Auch Derivate, die unter dem Namen 2C-B verkauft werden, sind möglich. Einige Derivate, wie z.B. 2C-P, sind bekannt dafür, eine deutlich höhere Potenz und längere Wirkung zu haben, einige sogar > 12 Std. **Achtung:** Es ist wichtig, dass »**Tuci**«/»Tucibi« oder **Pink Cocaine**, ein rosafarbenes Pulver, das in Europa häufig aus Ketamin, MDMA und Koffein besteht, nicht mit 2C-B verwechselt wird. Zwar stammt der Straßenname »Tuci« von der englischen Aussprache 2C-B ab, jedoch sind in der Regel andere Substanzen in unberechenbarer Zusammensetzung in dem Pulver vertreten.
Wirkdauer	Die Wirkung von 2C-B bei oralem Konsum dauert ca. 4–8 Std. an bei einer Plateauphase von bis zu 4 Std. Der Wirkeintritt zeigt sich nach ca. 30 Min.
Darreichung und Dosierung	2C-B ist in der Regel als kristallines Pulver oder in Form von Tabletten erhältlich und kann sowohl oral als auch nasal konsumiert werden.

	Die orale Schwellendosis liegt bei ca. 2–5 mg, während eine mittlere Dosis zwischen 15–25 mg und eine starke Dosis bei 25–45 mg liegt. Eine letale Dosis ist für 2C-B nicht bekannt. Es gibt Berichte von Dosierungen > 100 mg ohne offensichtliche, schwerwiegende Folgen. Bei einem nasalen Konsum ist mit einem schnelleren Wirkeintritt und einer intensiveren und kürzeren Wirkung zu rechnen. Die nötige Dosierung halbiert sich in etwa und es sollten nicht mehr als 15 mg auf einmal konsumiert werden. Nasal ist ein typisches Brennen des schlecht löslichen 2C-B HCl charakteristisch.
Mischkonsumwarnung	Der Mischkonsum mit Lithium kann das Risiko für Psychosen und Krampfanfälle erhöhen. Der kombinierte Konsum mit Cannabis oder Stimulanzien wie Amphetamin, Kokain und Methylphenidat (ADHS-Medikament) kann das Risiko von unerwünschten Wirkungen wie Angst, Paranoia, Panikattacken und unangenehmen Gedankenschleifen erhöhen.
Sonstiges	Der nasale Konsum von 2C-B wird als sehr schmerzhaft beschrieben und ist vermutlich schädlich für die Schleimhäute.

4-Fluoramphetamin

Synonyme, wichtige Formulierungen	4-FA, para-Fluoramphetamin, PFA, Fluoroamphetamin, Flux, Fifa, PAL-303
Wirkklasse	Upper
Erwünschte Wirkung	Es wird berichtet, dass in den ersten Stunden empathogene Effekte (Gefühle der Verbundenheit, Wärme, erhöhte Kontaktfreude) und leichte psychedelische Effekte dominieren. Später herrscht eine stimulierende Wirkung (erhöhte Wachheit und Konzentrationsvermögen, geschärfte und intensivierte Wahrnehmung, Appetitunterdrückung etc.) vor. Auch wird oftmals eine positive Selbstwahrnehmung oder eine erhöhte Libido beschrieben.
Unerwünschte Wirkung	Erhöhter Blutdruck, Herzrasen, Mundtrockenheit, Zähneknirschen, Appetitlosigkeit, Schlaflosigkeit, Kopfschmerzen, Verwirrtheit, kognitive Erschöpfung, Angstzustände, depressive Verstimmung etc. **Achtung:** In den Niederlanden gab es Todesfälle, die mit dem Konsum von 4-Fluoramphetamin in Verbindung stehen.
Abhängigkeit und andere Langzeitnebenwirkung	Bei regelmäßigem Gebrauch kann es zu einer Abhängigkeitsentwicklung kommen. Diese scheint sich vor allem in einer psychischen Abhängigkeit mit entsprechendem Craving zu manifestieren. Grundsätzlich kommt es nach längerem und wiederholtem Gebrauch zu einer Toleranzbildung, die bei plötzlichem Absetzen in Entzugserscheinungen münden kann. Die körperlichen Entzugserscheinungen sollen aber eher moderat sein. Es liegen weder anekdotische noch klinische Informationen zu Langzeitnebenwirkungen vor.
Nachweisbarkeit	Nach dem Konsum von 4-Fluoramphetamin kann es bei einem Drogen-Screening aufgrund der Strukturverwandtschaft zu einem positiven Ergebnis für Amphetamin kommen. Somit kann die Substanz sowohl im Urin bis zu ca. 3 Tage lang und im Blut bis zu ca. 1 Tag nachgewiesen werden. Die Nachweisbarkeitszeit kann sich bei regelmäßigem und starkem Konsum erhöhen.
Typische Streckmittel	Es sind keine typischen Streckmittel bekannt. Grundsätzlich sind aber typische, weiße Pulver als Streckmittel möglich. Auch ist es möglich, dass andere Amphetamin/Cathinon-Derivate, mit teilweise anderer Wirkung/Potenz, unter diesem Namen verkauft werden.
Wirkdauer	Bei oralem Konsum ist der Wirkeintritt nach ca. 30–75 Min., die Wirkung dauert 5–8 Std. an. Nasal tritt die Wirkung bereits nach 5–10 Min. ein und hält ca. 3–5 Std. an.
Darreichung und Dosierung	4-Fluoramphetamin wird in Kristallen, als Pulver oder seltener in Tabletten verkauft. Die orale Schwellendosis liegt bei 40 mg, eine mittlere Dosis zwischen 100–130 mg.

	Bei nasalem Konsum liegt eine mittlere Dosis zwischen 30–70 mg. **Achtung:** Die Substanz ist sehr reizend für Augen, Atmungstrakt, Haut und Schleimhäute. Bei nasalem Konsum werden die Nasenschleimhäute stark gereizt und können bis zu mehrere Tage lang schmerzen und brennen.
Mischkonsumwarnung	Der Mischkonsum mit MAO-Hemmern (z. B. einigen Antidepressiva) kann die Potenz und Wirkdauer stark erhöhen. Außerdem steigt das Risiko für eine hypertensive Krise (kritisch erhöhter, arterieller Blutdruck). Ein Mischkonsum mit Tramadol kann das Risiko von Krampfanfällen steigern.
Sonstiges	Ursprünglich war 4-Fluoramphetamin eine NPS-Stimulanz von vielen, allerdings konnte die Substanz sich vor allem in den Niederlanden durchsetzen und wurde Teil des aktuellen Schwarzmarkts. 4-Fluoramphetamin in Kombination mit 25C-NBOMe wurde in Melbourne/Australien mit insgesamt 3 tödlichen Überdosierungen in Verbindung gebracht.

Teil 3: Substanzen

 5-MeO-DMT

Synonyme, wichtige Formulierungen	Five, 5-Methoxy-N,N-Dimethyltryptamin
Wirkklasse	Halluzinogene
Erwünschte Wirkung	Visuelle und auditive Wahrnehmungsverzerrung, Euphorie, Veränderung des Zeit- und Raumgefühls, Hervorbringen von Emotionen, sexuelle Stimulation, intensive mystische Erfahrung wie das Gefühl von Einheit und Verbundenheit, positiv empfundene Gefühle wie Liebe und Frieden, Ich-Auflösung etc. Außerdem gibt es Hinweise darauf, dass 5-MeO-DMT entzündungshemmende und immunregulierende Eigenschaften aufweist und das Wachstum von Nervenzellen stimuliert.
Unerwünschte Wirkung	Übelkeit, Erbrechen, Zittern, Druck auf Brust oder Bauch, Verlust der Körperwahrnehmung, Verlust der Triperinnerung, Überforderung, erhöhter Blutdruck, Angst, Trauer, Dysphorie, Verwirrung, Müdigkeit, Weinen, Zittern, Panik etc. Konsumierende sind während dem Peak in der Regel nicht ansprechbar und wirken bewusstlos. Sollte die Person sich trotzdem bewegen, birgt dies eine Verletzungsgefahr. Ein Tripsitter ist dringlich empfohlen. **Merke:** Das Wiedererleben und Fühlen von »negativen« Situationen und Gefühlen kann auch zu den erwünschten Wirkungen zählen (bspw. in einem therapeutischen Kontext).
Abhängigkeit und andere Langzeitnebenwirkung	Die Entwicklung eines Abhängigkeitssyndroms wird als unwahrscheinlich betrachtet. Es gibt Berichte von Flashbacks, also dem Wiedererfahren von Eindrücken und Gefühlen des 5-MeO-DMT-Trips. Auch gibt es anekdotische Evidenz auf anhaltende Angst- und Schlafstörungen.
Nachweisbarkeit	5-MeO-DMT kann im Blut und Urin wahrscheinlich ca. 1 Tag lang nachgewiesen werden. Allerdings wird 5-MeO-DMT typischerweise nicht in Drogen-Screenings erfasst.
Typische Streckmittel	Es sind keine typischen Streckmittel bekannt. Allerdings gibt es auch 5-MeO-DMT, welches natürlich gewonnen wird (z. B. aus der Sonora-Wüstenkröte). Hier können kardiotoxische Verbindungen enthalten sein, die ausschließlich geraucht oder verdampft werden sollten (da hier durch die Hitze jene toxischen Verbindungen zerstört werden).
Wirkdauer	Der Konsum via Rauchen/Dampfen führt zu einem schnellen Wirkeintritt (meist < 1 Min.) und kann bis zu 20 Min. anhalten. Eine Plateauphase kann 3–15 Min. andauern. Nasal setzt die Wirkung nach 1–5 Min. ein und kann bis zu 60 Min. andauern.
Darreichung und Dosierung	5-MeO-DMT wird in der Regel als weiß-gelbliches Pulver oder auch in kristalliner Form angeboten. Dieses Material kann mit oder ohne weitere Trägerstoffe geraucht oder gedampft werden. In selteneren Fällen wird das Material auch fein

	aufgehackt und nasal konsumiert. Außerdem sind eine intravenöse, intramuskuläre oder rektale Injektion oder sublingualer Konsum zumindest theoretisch möglich. Allerdings ist aufgrund der schnellen Metabolisierung der orale Konsum irrelevant, da wirkungslos bzw. ineffizient. Geraucht oder gedampft beträgt die Schwellendosis ca. 1–2 mg und eine mittlere Dosis zwischen 5–10 mg. Bei nasalem Konsum liegt die Schwellendosis bei ca. 3–5 mg und eine mittlere Dosis bei ca. 8–15 mg.
Mischkonsumwarnung	Ein Mischkonsum mit MAO-Hemmern (z. B. α-Methyltryptamin) und Tramadol kann das Risiko eines Serotoninsyndroms erhöhen.
Sonstiges	Das Hautsekret der Sonora-Wüstenkröte (*Incilius alvarius*) enthält 5-MeO-DMT. Dieses kann durch »Melken« ihrer Drüsen gewonnen und getrocknet werden. Dieser Sachverhalt könnte der Ursprung für den Mythos sein, dass man durch das Lecken dieser Kröte high werde. Allerdings wäre das Lecken mit lebensbedrohlichen Vergiftungserscheinungen verknüpft, da das Krötensekret herzwirksame Glykoside enthält. Beim Rauchen/Dampfen werden diese Stoffe allerdings zerstört.

Teil 3: Substanzen

 # Alkohol

Synonyme, wichtige Formulierungen	Ethanol, Alk, Fusel und diverse Getränke (z. B. Schnaps, Wein, Whisky)
Wirkklasse	Downer
Erwünschte Wirkung	Entspannung, wohliges Gefühl, Gefühl einer Reduktion von Stress, Ängsten und Problemen, Enthemmung (inkl. höherer Risikobereitschaft), Albernheit, Euphorie, Förderung von sozialer Kontaktaufnahme, Gesprächen sowie ein Gefühl von Zugehörigkeit innerhalb einer Gruppe etc.
Unerwünschte Wirkung	Übelkeit, Erbrechen, Verminderung der Sehleistung, Konzentrationsschwäche, abnehmende Aufmerksamkeit, sinkendes Reaktionsvermögen, Gleichgewichtsstörung, Verwirrtheit, Sprechstörungen, Abnahme der Orientierung, erhöhte Aggressionsbereitschaft, Lähmung, unkontrollierte Ausscheidungen etc. Außerdem kommt es zu Katersymptomen wie Kopfschmerzen, Übelkeit, Erbrechen, Konzentrationsstörung, Müdigkeit, Schwitzen, Magen- und Muskelschmerzen, Herzklopfen und depressiven Verstimmungen.
Abhängigkeit und andere Langzeitnebenwirkung	Bei regelmäßigem Konsum von Alkohol kann sich eine körperliche Abhängigkeit einstellen. Der Körper verändert sich dahingehend, dass er mit hohen Mengen Alkohol besser umgehen kann. Dies steht in Verbindung mit einer Toleranzbildung, die mit schweren physischen und psychischen Entzugserscheinungen einhergehen kann. Die hohe gesellschaftliche Akzeptanz von Alkoholkonsum kann eine Abhängigkeitsentwicklung begünstigen und die Einleitung frühzeitiger Hilfen behindern. Der Konsum von Alkohol kann zahlreiche Langzeitnebenwirkungen hervorrufen, wie Schädigung der Leber, Magenschleimhaut, Bauchspeicheldrüse und des Herzens sowie Nervenentzündungen, Hirnschäden. Es besteht ein erhöhtes Krebsrisiko (Mundhöhlen-, Rachen-, Speiseröhren-, Brust-, Kehlkopf-, Bauchspeicheldrüsen-, Dick- und Enddarmkrebs). Außerdem besteht eine erhöhte Infektionsfähigkeit. Alkoholkonsum während der Schwangerschaft kann den Embryo schädigen und es besteht das Risiko, dass das Kind mit einem fetalen Alkoholsyndrom geboren wird. Auch können psychische Störungen wie Depression, Angststörung und Psychose begünstig werden.
Nachweisbarkeit	Alkohol lässt sich in Urin und Speichel je nach getrunkener Menge 13–80 Std. lang nachweisen. In Blut und Atem kann der Promillewert gemessen werden. Dabei entspricht 1 Promille (‰) 0,1 %, also einem Tausendstel. Auch hier hängt die Nachweisbarkeitszeit von der getrunkenen Menge ab. Frauen bauen ca. 0,1 ‰/Std., Männer bis ca. 0,2 ‰/Std. ab. Außerdem kann durch verschiedene Tests regelmäßiger Konsum bestimmt werden, z. B. durch den Gamma-Glutamyl-Transferase Test (GGT-Test).

Typische Streckmittel	Bei selbst hergestellten alkoholischen Getränken kann es zu einer zu erhöhten Konzentration von Methanol kommen – in kommerziell erhältlichen, alkoholischen Getränken wird nur eine geringe Menge Methanol toleriert. Zu hohe Konzentrationen können zu Vergiftungssymptomen wie Kopfschmerzen, Schwächegefühl, Übelkeit, Erbrechen, Schädigung der Nerven, insbesondere des Sehnervs, Sehstörungen und einer tödlichen Atemlähmung kommen.
Wirkdauer	Alkohol erreicht innerhalb von 3–5 Min. das Gehirn und wird in 30–60 Min. über die Blutbahn im Körper verteilt. Während dieser Zeit verspürt man die Plateauphase der Wirkung (wenn nicht weiterer Alkohol getrunken wird). Kohlensäurehaltige, aromatisierte und zuckerhaltige Getränke können zu ungewollt hohem Konsum führen, da diese den alkoholischen Geschmack kaschieren.
Darreichung und Dosierung	Alkohol wird in Form von Bier, Wein, Likör und Spirituosen zum Genuss- und Rauschkonsum angeboten. Alkohol ist nicht sehr potent, somit sind vergleichsweise hohe Dosierungen nötig, um einen Rausch zu erlangen. Ein Standardgetränk wird in Studien meist bei 10–12 g reinem Ethanol pro Getränk festgelegt.
Mischkonsumwarnung	Vom Mischkonsum mit anderen Downern, wie z. B. Benzodiazepine oder GHB, oder Opioiden, ist aufgrund des erhöhten Risikos für Atemlähmung abzuraten! Beim Mischkonsum mit Stimulanzien wird die Wirkung beider Substanzen weniger intensiv wahrgenommen und kann zu erheblichen Überdosierungen führen. Sowohl Ketamin als auch Alkohol können zu Ataxie führen. Dieses Risiko wird durch Mischkonsum erhöht. Auch das Risiko für Bewusstlosigkeit und Erbrechen, was fatal enden kann, steigt. **Merke:** Nur weil man die Wirkung einer Substanz nicht mehr spürt, wird das Risiko bei zu hohen Dosierungen nicht geringer.
Sonstiges	Der Begriff »Alkohol« beschreibt eigentlich eine Substanzgruppe. Bei Trinkalkohol handelt es sich um den Ethyl-Alkohol bzw. das Ethanol. Ethanol kommt in vielen Lebensmitteln ganz natürlich vor, wie z. B. in Weißbrot, Sauerkraut oder Fruchtsäften. Unser Körper hat sich also über Jahrhunderte an geringe Mengen Alkohol gewöhnt. **Achtung:** Es gibt einen kleinen Anteil der Bevölkerung (meist asiatischer Herkunft), der Alkohol nur unzureichend verstoffwechseln kann. Hier sind unerwünschte Nebenwirkungen entsprechend häufiger.

Teil 3: Substanzen

 Alprazolam

Synonyme, wichtige Formulierungen	Xanax® (Handelsname), Xanny
Wirkklasse	Downer
Erwünschte Wirkung	Angstlösend, Gefühl von emotionaler Ausgeglichenheit, Beruhigend, Sedierung, Schläfrigkeit etc. Alprazolam gehört zu den Tranquillanzien. Das bedeutet, dass sie beruhigend wirken. In der Gruppe der Benzodiazepine gibt es zudem Hypnotika, die als Schlafmittel verwendet werden, sowie Antiepileptika für epileptische Anfälle und ferner als Anästhetikum.
Unerwünschte Wirkung	Übelkeit, Erbrechen, Schwindel, Sehstörung, Verwirrtheit, Traumlosigkeit (kann auch erwünscht sein), Schwächegefühl, verwaschene Sprache, Mundtrockenheit, Reizbarkeit, Störung des Kurzzeitgedächtnisses, Enthemmung, gehemmtes Reaktionsvermögen, Ermüdung, Lethargie, Störung der kognitiven Fähigkeit, Inkontinenz, Probleme beim Wasserlassen, Verstopfung, Appetitzunahme, sexuelle Funktionsstörungen, Unregelmäßigkeiten in der Menstruation, Appetitlosigkeit, Appetitzunahme, emotionale Stumpfheit, Wutanfälle, Nervosität, Angst, Halluzinationen etc. Aufgrund der eher subtilen Wirkung kann es dazu kommen, dass sich Konsumierende als nüchtern einschätzen.
Abhängigkeit und andere Langzeitnebenwirkung	Schon nach wenigen Tagen führt der Konsum von Alprazolam zu einer schnellen Toleranzbildung und somit zu einer schnellen physischen Abhängigkeitsentwicklung. Da sich der Konsum von Benzodiazepinen vor allem am Anfang gut zur unbemerkten Regulation von Befindlichkeiten eignet, besteht hierin ein Risiko für die Entwicklung einer psychischen Abhängigkeit. Der Entzug von Benzodiazepinen nach regelmäßigem Konsum kann langwierig und sehr herausfordernd sein. Aufgrund des Risikos von Krampfanfällen kann Lebensgefahr bestehen. Ärztliche Begleitung ist dringend anzuraten. Als Langzeitnebenwirkung kann es zur Beeinträchtigung der Gedächtnisleistung kommen und das Risiko einer Entwicklung von Demenz erhöht sein.
Nachweisbarkeit	Alprazolam kann nach einmaliger Einnahme bis zu 3 Tage lang im Urin nachgewiesen werden. Bei regelmäßigem Konsum ist Alprazolam auch nach Absetzen noch mehrere Wochen nachweisbar. Alprazolam hat eine Halbwertszeit von 12–15 Std. Dies ist zum Vergleich mit anderen Benzodiazepinen relativ kurz. Die Nachweisbarkeit im Blut beträgt entsprechend ca. 1 Tag bei einmaligem Konsum.
Typische Streckmittel	Alprazolam bzw. Xanax® wird auch als Fälschung auf dem unregulierten Schwarzmarkt verkauft und enthält häufig nicht den Wirkstoff Alprazolam. Beim Drug-Checking in der Schweiz wird regelmäßige das unerforschte Alprazolam-De-

rivat Flualprazolam gefunden. Auch Etizolam und Wirkstoffkombinationen von Amphetamin, Promethazinen, Cyproheptadinen und Amantadinen wurde schon in täuschend echt ausschauenden »Xanax«-Pillen entdeckt.

Merke: Eine Verpackung und Prägung, die dem Original gleicht, ist auf dem Schwarzmarkt keine Garantie für das Vorkommen von Alprazolam!

Wirkdauer	Die Wirkung tritt bei oralem Konsum nach ca. 20–40 Min. ein und hat darauffolgend einen Peak von 1–2 Std. Insgesamt kann die Wirkung bis zu 8 Std. anhalten und bis zu 24 Std. lang noch leichte Nachwirkungen aufweisen.
Darreichung und Dosierung	Alprazolam wird in der Regel in Form von Tabletten oral konsumiert. Die Schwellendosis beträgt 0,1 mg, eine mittlere Dosis liegt zwischen 0,5–1,5 mg. Bei Verschreibungen wird eine Anfangsdosis von 0,25–0,5 mg dreimal täglich empfohlen, die in Abständen von 3–4 Tagen erhöht werden kann. Die Erhaltungsdosis sollte 3–4 mg/Tag nicht überschreiten.
Mischkonsumwarnung	Der Mischkonsum mit Downern wie Alkohol, anderen Benzodiazepinen, GHB, Barbituraten etc. sollte aufgrund eines deutlich erhöhten Risikos einer lebensbedrohlichen Atemdepression vermieden werden. Der Mischkonsum mit Dissoziativa kann das Risiko einer starken Sedierung, den Verlust der motorischen Kontrolle und Wahnvorstellungen verstärken. Außerdem kann es zu einem plötzlichen Bewusstseinsverlust mit dem Risiko einer Atemdepression kommen. Ein gleichzeitiger Konsum von Stimulanzien kann zu Überdosierungen führen, da der Effekt durch Alprazolam als geringer wahrgenommen wird. Beim Nachlassen der Stimulanzienwirkung können dann Symptome wie Enthemmung, Filmriss auftreten.
Sonstiges	Bei der Verschreibung von Benzodiazepinen sollte die 5K-Regel angewandt werden: Klare Indikation, kleinste notwendige Dosis, kurze Anwendung (max. 4 Wochen), kein schlagartiges Absetzen und Kontraindikationen beachten. **Achtung:** Es gibt einen kleinen Anteil der Bevölkerung (ca. 0,5 %), bei dem Benzodiazepine nicht sedierend, sondern tendenziell stimulierend wirken.

Amphetamin

Synonyme, wichtige Formulierungen	Speed, Amphe, Schnelles, Pep, Benzedrin, Adderall® (Handelsname), Speck
Wirkklasse	Upper
Erwünschte Wirkung	Stimulierende Wirkung, Wachheit, Erhöhung der Konzentration, Leistungs- und Motivationssteigerung, Stimmungsaufhellung, Steigerung des Sexualtriebs, Euphorie (in hohen Dosen) etc.
Unerwünschte Wirkung	Erhöhter Blutdruck, Mundtrockenheit, Herzrasen, Muskelkrämpfe, Kopfschmerzen, Magenschmerzen, erhöhte Körpertemperatur, erweiterte Pupillen, Appetitlosigkeit, Unruhe, Nervosität, Verwirrtheit, diffuses/zielloses Verhalten, Angstzustände, Aggressionen, Schlafstörung, Krampfanfall, Paranoia, psychotische Episoden (besonders bei langem Schlafentzug) etc.
Abhängigkeit und andere Langzeitnebenwirkung	Der regelmäßige Konsum von Amphetamin führt zu einer Toleranzbildung. Nach Konsumstopp können vor allem psychische und psychosomatische Entzugserscheinungen wie extreme Müdigkeit, lange und gestörte Schlafphasen (Rebound-Schlaf), starker Hunger und Depressionen auftreten. Da Amphetamin ein Risiko des funktionalen, alltäglichen Gebrauchs (Leistungssteigerung, Selbstmedikation bei ADHS etc.) mit sich bringt, kann dies eine psychische Abhängigkeit befördern. Bei den Langzeitnebenwirkungen kann es zu anhaltenden Schlafstörungen, Müdigkeit, Motivationslosigkeit, Gedächtnisstörungen, Immunschwäche, Abnahme der geistigen Leistungsfähigkeit, Schädigung der Nasenschleimhäute, Beeinträchtigung der Emotionsregulation etc. kommen.
Nachweisbarkeit	Amphetamin kann im Blut bis zu 1 Tag, im Urin bis zu 4 Tage und im Speichel bis zu 3 Tage lang nachgewiesen werden.
Typische Streckmittel	Der Amphetamingehalt, welcher meist als Amphetaminsulfat vorliegt, variiert bei analysierten Proben stark. Häufig ist ein Wirkstoffgehalt zwischen 10–30 % vorzufinden. Typische Streckmittel sind hierbei Koffein, Paracetamol, Ephedrin, Laktose etc. Des Weiteren sind Syntheseverunreinigungen nicht selten. **Achtung:** Pasten werden zwar als besonders rein eingeschätzt, dies ist allerdings falsch. Pasten wurden nach der Herstellung nicht ausreichend getrocknet oder es werden extra Lösungsmittel (z. B. Isopropylalkohol, Phenylaceton) hinzugefügt, um eine pastöse Konsistenz zu erreichen. Aufgrund von reizenden/toxischen Lösungsmitteln sollten Pasten vor dem Konsum getrocknet werden.
Wirkdauer	Bei nasalem Konsum setzt die Wirkung nach 1–5 Min. ein und hat seinen Peak nach ca. 30–90 Min. erreicht. Insgesamt dauert die Wirkung 3–6 Std. an.

	Bei oralem Konsum ist der Wirkeintritt nach ca. 30–45 Min. und hat einen ca. 2–4-stündigen Peak nach ca. 30–120 Min. Die Wirkdauer beträgt insgesamt 6–8 Std. Bei intravenösem Konsum kommt es zu einem sofortigen Wirkeintritt (bis zu 10 Sek.) und Peak. Die Wirkdauer reicht von 3–6 Std. Generell ist die euphorisierende Wirkung von kürzerer Dauer als die schlafunterdrückende Komponente, wodurch eine längere Phase der Schlaflosigkeit nach wiederholtem Konsum nicht untypisch ist.
Darreichung und Dosierung	Amphetamin kann als weißes Pulver, als Paste oder in Tablettenform dargeboten und oral, nasal und intravenös konsumiert werden, wobei nasal die gängigste Methode ist. Auch rektaler Konsum ist möglich (sog. Boofing), ist aber eher ein Phänomen bei Methamphetamin. Bezogen auf den Reinstoff liegt die Schwellendosis bei nasalem und intravenösem Konsum bei ca. 4 mg, während eine mittlere Dosis zwischen 10–25 mg liegt. Bei oralem Konsum liegt die Schwellendosis bei ca. 5 mg und eine mittlere Dosis zwischen 10–50 mg. Bei entsprechender Toleranz können die Dosierungen auch deutlich höher sein.
Mischkonsumwarnung	Der Mischkonsum mit Tramadol kann das Risiko für Krampfanfälle erhöhen. Eine Kombination mit MAO-Hemmern erhöht das Risiko einer hypertensiven Krise (plötzliche Fehlregulation des Blutdrucks). Der Mischkonsum von Amphetamin und anderen Stimulanzien kann das Herz-Kreislauf-System stark belasten und lebensbedrohliche Zustände provozieren. Die Kombination mit Downern und Opioiden kann zu Überdosierungen führen, da die Wirkung erst beim Nachlassen der stimulierenden Wirkung auffällt. Die Kombination mit Cannabinoiden erhöht unter Umständen die Gefahr von psychotischen Zuständen.
Sonstiges	Amphetamin kann bei Menschen mit ADHS eine sog. »paradoxe Wirkung« hervorrufen. Das bedeutet, dass die Menschen durch den Konsum ruhiger und konzentrierter werden. In seltenen Fällen wird Amphetamin auch bei ADHS verschrieben, geläufiger ist allerdings das Medikament Elvanse®, eine Pro-Drug von Amphetamin. Häufig wird in Fachliteratur von Amphetaminen (im Plural) gesprochen. Hiermit ist nicht etwa die Mehrzahl von Amphetamin gemeint, sondern es beschreibt eine Substanzgruppe äquivalent mit dem englischen Begriff »Amphetamine-type Stimulants«. In die Substanzgruppe fallen auch Methamphetamin, MDMA, Cathinone etc.

Äther

Synonyme, wichtige Formulierungen	Ether, Diethylether
Wirkklasse	Downer
Erwünschte Wirkung	Euphorie, Unterdrückung ängstlicher Gefühle, schmerzstillende Wirkung, dissoziative Effekte, visuelle und auditive Halluzinationen (bei hohen Dosen) etc.
Unerwünschte Wirkung	Atemwegreizung, Husten, Schwindel, Gleichgewichtsprobleme, Übelkeit, Magenbeschwerden, Erbrechen, muskuläre Störungen, Kopfschmerzen, Verwirrung, Appetitlosigkeit, Bewusstseinsverlust, Angstzustände etc. **Achtung:** Äther ist sehr leicht entflammbar. Es herrscht Explosionsgefahr. Ähnlich wie bei anderen Lösungsmitteln führt Hautkontakt zur Entfettung und damit mitunter zu Trockenheit und Rissen.
Abhängigkeit und andere Langzeitnebenwirkung	Durch den Konsum von Äther kann es zu einer Toleranzbildung kommen. Es werden sowohl physische als auch psychische Entzugssymptome wie Schlaflosigkeit, Delir und Krampfanfälle beschrieben. Bei anhaltendem Konsum kann es vermutlich zu Herzproblemen, neurologischen Schäden und weiteren Organschäden kommen. Aufgrund fehlender Forschung können jedoch keine spezifischeren Angaben gemacht werden. Äther spielt heutzutage nur noch eine sehr geringe Rolle als Droge.
Nachweisbarkeit	Theoretisch ist der Nachweis von fast allen Stoffen oder zumindest deren Metaboliten möglich. Dennoch wird Äther aufgrund seiner geringen Nutzung typischerweise nicht in Drogen-Screenings überprüft. Aufgrund der geringen Halbwertszeit ist ein Nachweis nur für kurze Zeit möglich.
Typische Streckmittel	Es sind keine typischen Streckmittel bekannt.
Wirkdauer	Bei der Inhalation von Äther kommt es zu einem fast sofortigen Wirkungseintritt, die Wirkung hält wenige Minuten bis mehrere Stunden, je nach Expositionsdauer, an.
Darreichung und Dosierung	Die Dämpfe des Äthers werden inhaliert, meist über Tücher, Masken o. ä. Äther kann auch oral eingenommen werden, was aber mit lokalen Reizungen einhergehen kann. Aufgrund der meist inhalativen Nutzung ist es schwer, exakte Dosierungen zu benennen.
Mischkonsumwarnung	Der Mischkonsum mit Downern und Opioiden kann das Risiko einer lebensbedrohlichen Atemdepression erhöhen. Der gemeinsame Konsum mit Stimulanzien kann aufgrund eines gegenläufigen Effekts zu einer besonders hohen Belastung des Herz-Kreislauf-Systems führen und Herzrhythmusstörungen sowie Herzinfarkte auslösen. Riskante Konsumformen,

	wie das Überstülpen einer Plastiktüte, können zum Ersticken führen.
Sonstiges	Äther hatte im 19. und frühen 20. Jahrhundert einen hohen Stellenwert als Anästhetikum. Viele Operationen wurden mit Äther und Äthermischungen durchgeführt. Auch der Gebrauch als Rauschmittel war nicht unüblich. Eine gewisse mediale Aufmerksamkeit entstand um die Jahrtausendwende durch den Film »Fear and Loathing in Las Vegas«.

Ayahuasca

Synonyme, wichtige Formulierungen	Yagé, Hoasca-Tee
Wirkklasse	Halluzinogene
Erwünschte Wirkung	Euphorie, Intensivierung des Sehvermögens, Verlust des Zeitgefühls, intensive Halluzinationen bis hin zur gänzlichen Loslösung von der Realität, traumartiges Reisen, Verbundenheitsgefühl mit dem Universum, Anstoß zur tieferen Selbstreflexion, Selbsterkenntnis, Gefühl eines inneren Friedens, Gefühle von Empathie und Liebe, intensives spirituelles Erlebnis, Ich-Auflösung etc.
Unerwünschte Wirkung	Übelkeit, Brechreiz, Durchfall, Kopfschmerzen, Muskelkrämpfe, Schüttelfrost, motorische Schwierigkeiten, unangenehme visuelle Verzerrungen, Gefühl des Alleinseins, Angst, Paranoia, Überwältigung von Gefühlen, Konfrontation mit belastenden Erlebnissen, Erleben von Gefühlen, dem Tod nahe zu sein, etc. **Merke:** Das Erbrechen wird im Rahmen von Zeremonien nicht als »negativ« gewertet, sondern als Teil der inneren Reinigung.
Abhängigkeit und andere Langzeitnebenwirkung	Eine Entwicklung eines Abhängigkeitssyndroms wird in keinen klinischen Quellen abgebildet und darf als unwahrscheinlich betrachtet werden. In seltenen Fällen kann es bei Ayahuasca zu anhaltenden unerwünschten Wirkungen kommen wie das Verstärken bzw. Ausbilden angelegter psychischer Erkrankungen. Diese Effekte werden besonders in Verbindung mit Konsum außerhalb von ritualisierten Kontexten gebracht.
Nachweisbarkeit	Bei Ayahuasca kann die DMT-Komponente im Blut und Urin ca. 1 Tag lang nachgewiesen werden. Auf DMT wird jedoch typischerweise nicht in Drogen-Screenings geprüft.
Typische Streckmittel	Es sind keine typischen Streckmittel bekannt. Das Gebräu kann sich jedoch in seiner Zusammensetzung je nach Zweck, Zeremonie und Zubereiter:in unterscheiden.
Wirkdauer	Die Wirkung setzt nach ca. 20–60 Min. ein und kann 4–6 Std. andauern.
Darreichung und Dosierung	Ayahuasca ist die Bezeichnung für ein psychoaktives Gebräu, das vor allem im Rahmen von Zeremonien verteilt und oral konsumiert wird. Je nach Region und Zubereiter:in kann die Zusammensetzung stark variieren. Die Konstante sind die beta-Carboline der Ayahuasca-Liane. Ein weiterer Hauptwirkstoff, der in den meisten Zubereitungen enthalten ist, ist das pflanzliche DMT, welches durch die beta-Carboline potenziert bzw. aktiviert wird. Aufgrund der Tatsache, dass es sich bei Ayahuasca nicht um eine einheitliche Zubereitung handelt, ist eine Dosierungsangabe nicht möglich.

Mischkonsumwarnung	Der Mischkonsum mit vielen Drogen und Medikamenten (bspw. Antidepressiva) kann das Risiko für teilweise gefährliche Wechselwirkungen erhöhen. Auch einige Lebensmittel mit freien Aminen (vor allem manche Obstsorten und gereifte Käse-, Fisch-, Ei- und Wurstwaren) sollten kurz vor, während und kurz nach der Session tendenziell gemieden werden, auch wenn die wissenschaftliche Evidenz diesbezüglich eher gering ist. **Achtung:** Ayahuasca gehört zu den sog. MAO-Hemmern. Während viele Diätempfehlungen wahrscheinlich überzogen sind, ist es dennoch ratsam, keine gefährlichen Wechselwirkungen (die zumindest theoretisch möglich sind) zu riskieren.
Sonstiges	Ayahuasca wird auch als Synonym für die Ayahuasca-Liane genutzt, während die Ayahuasca-Zubereitung meist mehrere Pflanzen beinhaltet. Manche Ayahuasca-Zubereitungen beinhalten auch Datura-Arten (siehe Nachtschattendrogen). Der Grund dafür könnte entweder die psychoaktive oder die antiemetische (also dem Erbrechen entgegenwirkende) Wirkung sein. **Achtung:** »Pharmahuasca« beschreibt diverse Mischungen von DMT mit Arzneimitteln, die den Effekt von Ayahuaca nachahmen. Die Risiken, insbesondere bezüglich der MAO-Hemmung, können deutlich höher sein als bei traditionellem Ayahuasca.

Aztekensalbei

Synonyme, wichtige Formulierungen	Salvia, Wahrsagesalbei, Zaubersalbei, Ska-Maria-Pastora, *Salvia divinorum*
Wirkklasse	Halluzinogene
Erwünschte Wirkung	Visuelle, auditive und taktile Halluzinationen, unkontrolliertes Lachen, intensive spirituelle Erlebnisse, ein Gefühl von Einheit mit dem Universum, Begegnung mit Entitäten oder Reisen in andere Dimension, Visionen von Menschen und Orten, Veränderung der Umwelt ins Zweidimensionale, veränderte Zeitwahrnehmung, Synästhesien, Kontaktverlust zum eigenen Körper, bizarre Erlebnisse wie das Verwandeln in Gegenstände etc.
Unerwünschte Wirkung	Schwindel, Koordinationsprobleme, Schüttelfrost/Gänsehaut, Magen-Darm-Beschwerden, Müdigkeit, kurzzeitige Gedächtnisstörung, Angst, Paranoia, Dysphorie, Gefühl des Unbehagens, Verwirrung, Schweregefühl im Kopf etc. **Achtung:** Verletzungsgefahr aufgrund schnell anflutender Wirkung samt teilweise massiver Einschränkung der eigenen Koordination bei gleichzeitigem Eintreten eines »Fluchtverhaltens«.
Abhängigkeit und andere Langzeitnebenwirkung	Eine Entwicklung eines Abhängigkeitssyndroms wird in keinen klinischen Quellen abgebildet und darf als unwahrscheinlich betrachtet werden. Allerdings berichten Konsumierende in einer anonymen, webbasierten Umfrage, dass sie von Toleranzbildung, Craving und Entzugssymptomen (z.B. Unruhe, Reizbarkeit, Übelkeit, Erbrechen etc.) betroffen seien. Es liegen weder anekdotische noch klinische Informationen zu weiteren Langzeitnebenwirkungen vor. Häufig sind Konsumierende nach einer starken Wirkung nicht gewillt, den Konsum zu wiederholen.
Nachweisbarkeit	Theoretisch ist der Nachweis von fast allen Stoffen oder zumindest deren Metaboliten möglich. Dennoch werden die Wirkstoffe des Aztekensalbeis (Salvinorine) typischerweise nicht in Drogen-Screenings (bspw. Urintests) erfasst.
Typische Streckmittel	Das Auftreten von Streckmitteln bei Blattmaterial ist eher unwahrscheinlich. Bei Extrakten ist dies eher möglich, wenngleich Hinweise dazu fehlen.
Wirkdauer	Beim Rauchen gibt es einen fast sofortigen Wirkeintritt. Die Hauptwirkdauer liegt bei ca. 5–15 Min. Nachwirkende Effekte mögen bis zu 1 Std. anhalten. Beim Kauen von frischen Blättern oder bei der Anwendung von Tinkturen im Mundraum verzögert sich der Wirkeintritt auf 15–30 Min. und die Wirkdauer verlängert sich auf 1–2 Std.
Darreichung und Dosierung	Aztekensalbei kann in Form von frischen und getrockneten Blättern sowie Extrakten, Tinkturen etc. konsumiert werden.

	Beim Rauchen von Blattmaterial werden meist zwischen 0,25–1 g in Bongs oder anderen Pfeifen in kurzer Zeit geraucht. Bei Extrakten kann die erforderliche Dosis entsprechend niedriger sein. Beim Konsum über die Mundschleimhaut gibt es sehr unterschiedliche Angaben. Insbesondere bei Tinkturen ist es aufgrund unterschiedlichster Wirkstoffkonzentrationen schwierig, eine typische Dosierung anzugeben.
Mischkonsumwarnung	Der vorherige Konsum von Alkohol oder anderen Downern kann das Risiko einer beeinträchtigten Koordinationsfähigkeit verstärken. Daraus resultiert eine weiter erhöhte Verletzungsgefahr. Bei Stimulanzien, Empathogenen und Halluzinogenen können Angstzustände und grundsätzlich intensivere Erfahrungen zu psychischen Krisen führen.
Sonstiges	Erfahrungsberichte mit Aztekensalbei schwanken von keinerlei halluzinogenen Erfahrungen (wahrscheinlich aufgrund zu geringer Wirkstoffexposition) bis hin zu sehr intensiven, oft unangenehmen Erfahrungen.

Buprenorphin

Synonyme, wichtige Formulierungen	Subutex®, Bupensan®, Suboxone®, Buvidal® (alles Handelsnamen)
Wirkklasse	Opioide
Erwünschte Wirkung	Schmerzstillende Wirkung, angstlösende Wirkung, Unterdrückung von opioidbedingten Entzugserscheinungen, Klarheit etc.
	Merke: Buprenorphin verdrängt Heroin an den Rezeptoren, sodass es dort nicht mehr binden kann. Dies hat zur Folge, dass der euphorische Effekt beim Konsum ausbleibt und einen Beikonsum bei Substitutionsbehandlung weniger attraktiv macht.
Unerwünschte Wirkung	Kopfschmerzen, Übelkeit, Erbrechen, Verstopfung, Schwindel, Schwitzen, Juckreiz, Erschöpfung, Sehstörung, Mundtrockenheit, Schlaflosigkeit, Appetitlosigkeit, Verwirrtheit, Desorientierung, Krämpfe, Kontribution bei Atemdepression, verengte Pupillen etc.
	Merke: Buprenorphin hat den Vorteil, dass man einen relativ klaren Kopf behält. Menschen in Substitutionsbehandlung können dies zuerst als unangenehm empfinden. Darüber hinaus können Gefühle, die nun klarer spürbar sind, als stärker und störend wahrgenommen werden. Grundlegend sind die Nebenwirkungen weniger stark ausgeprägt als bei anderen Opioiden.
Abhängigkeit und andere Langzeitnebenwirkung	Sowohl das Abhängigkeitspotenzial als auch die Entzugserscheinungen von Buprenorphin werden im Vergleich zu anderen Substitutionsmedikamenten (z. B. Methadon) als weniger ausgeprägt beschrieben, treten aber nach dem Absetzen einer Dauermedikation dennoch auf. Nicht-vorgesehener nasaler und intravenöser Konsum, der zu einem schnellen Wirkeintritt führt, kann das Risiko einer Abhängigkeitsentwicklung erhöhen. Bei anhaltendem Konsum kann es zu weiteren Langzeitnebenwirkungen kommen wie verringerter Libido, chronischer Verstopfung, depressiver Verstimmung, geschwächtem Immunsystem und Gedächtnisstörungen.
Nachweisbarkeit	Buprenorphin kann im Urin 2–6 Tage lang nachgewiesen werden, je nach Dosierung und Frequenz. Grundsätzlich können einige Urintests Buprenorphin von anderen Opioiden unterscheiden, aber wie gut das gelingt, ist schwierig zu beurteilen. Die Nachweisbarkeit im Blut ist etwas kürzer.
Typische Streckmittel	Suboxone® ist eine Mischform aus Buprenorphin und Naloxon. Da der Opioid-Antagonist Naloxon kaum über den Magen-Darmtrakt aufgenommen wird, beeinflusst dieser die Wirkung beim vorgesehenen, oralen Konsum kaum. Bei einer anderweitigen Administration (z. B. intravenöser Injektion) verhindert das Naloxon euphorisierende, aber atemdepri-

	mierende Effekte. Dies macht den Missbrauch jener Tabletten unattraktiv und verhindert eine tödliche Überdosis.
Wirkdauer	Die Wirkung setzt, je nach Mageninhalt, bei oralem Konsum nach ca. 45–90 Min. ein und kann bis zu 72 Std. anhalten (wobei die Hauptwirkung meist nach 24 Std. vorbei ist).
Darreichung und Dosierung	Buprenorphin wird als sublinguale Tablette, als Pflaster und als Injektionslösung hergestellt. Die mittlere Tagesdosis bei der Verwendung als Analgetikum beträgt 0,3–0,9 mg intravenös/intermuskulär, 0,1–0,8 mg sublingual und 0,8–1,6 mg transdermal. Bei einer Substitutionsbehandlung werden die Dosierungen jedoch höher angesetzt und meist mit sublingualen Tabletten mit 2–4 mg pro Tag gestartet, bei einer maximalen Tagesdosis von 24 mg.
Mischkonsumwarnung	Der Mischkonsum mit dämpfenden Substanzen wie Alkohol, Benzodiazepinen, GHB oder anderen Opioiden sollte vermieden werden, da dies das Risiko einer Atemdepression erhöht. Vor allem der Konsum von Substanzen, die das Risiko von Erbrechen und Bewusstlosigkeit erhöhen können (z.B. Ketamin), sorgt für eine erhöhte Gefahr, zu ersticken oder zu stürzen. Der Mischkonsum mit Tramadol kann das Krampfanfallrisiko erhöhen. Der Mischkonsum mit Stimulanzien kann die Wirkung von Buprenorphin überdecken.
Sonstiges	Buprenorphin ist ein Partialagonist mit hoher Affinität. Dies erklärt den »Ceiling-Effekt«, also dass eine moderate Opioidwirkung nicht überschritten werden kann, auch bei sehr hohen Dosen. Dies schließt aber anderweitige Nebenwirkungen nicht aus.

Teil 3: Substanzen

 Butan

Synonyme, wichtige Formulierungen	Feuerzeuggas, n-Butan
Wirkklasse	Downer
Erwünschte Wirkung	Entspannung, Wärmegefühl am ganzen Körper, aphrodisierende Wirkung, Euphorie, reduziertes Schmerzempfinden, veränderte Wahrnehmung von Zeit und Raum, dissoziative Wirkung, visuelle und auditive Halluzinationen etc.
Unerwünschte Wirkung	Schwindel, Schläfrigkeit, Übelkeit, Erbrechen, Brummen in den Ohren, Kopfschmerzen, Bewusstlosigkeit, Erfrierungen bei Hautkontakt, Herzrhythmusstörung, Atemschwierigkeiten, Krampfanfälle, Sauerstoffmangel, Blutdruckanstieg, Unruhe, Schwitzen, Erregtheit, Verwirrtheit etc. **Achtung:** Butan kann zum Tod durch Herzstillstand oder Erstickung führen! Butan ist auch leicht entflammbar und bildet explosive Gasgemische. Dies sollte auch beachtet werden, wenn Butan in der Cannabisextraktion genutzt wird.
Abhängigkeit und andere Langzeitnebenwirkung	Die Entwicklung einer Abhängigkeit ist möglich. Diese scheint sich vor allem psychisch zu manifestieren. Risikofaktoren sind hierbei die leichte Verfügbarkeit, die niedrigen Kosten, schneller Wirkeintritt und kurze Wirkzeit. Bei anhaltendem Konsum kann es zu Langzeitnebenwirkungen wie Schäden an Leber, Niere, Milz, Herz und Hirn kommen.
Nachweisbarkeit	Butan ist flüchtig und kann somit nur für einen geringen Zeitraum nachgewiesen werden. In der Praxis ist daher ein Nachweis aufgrund der kurzen Nachweisbarkeitszeit und der Notwendigkeit von speziellen Tests unwahrscheinlich.
Typische Streckmittel	Es sind keine typischen Streckmittel bekannt, allerdings gibt es viele Mischungen, die auch andere Alkane (Propan, Isobutan etc.) enthalten. Auch das toxische Gas Butadien mag in manchen technischen Qualitäten enthalten sein. Dieser Stoff gilt als krebserregend.
Wirkdauer	Nach schnellem Wirkeintritt hält die Wirkung von Butan nur wenige Minuten an.
Darreichung und Dosierung	Butan ist ein Gas, das inhalativ konsumiert wird. Genaue Angaben über typische Dosierungen sind nicht möglich.
Mischkonsumwarnung	Beim vorherigen Konsum von Downern (inkl. Alkohol), Opioiden und Dissoziativa ist das Risiko für Beeinträchtigung und Atemlähmung erhöht. Grundsätzlich ist Butangas als Droge so gefährlich, dass man bei Mono- und Mischkonsum immer von einem unkalkulierbaren Risiko ausgehen muss.
Sonstiges	Butan ist ein Gas, das als Brennstoff verwendet wird. Es kommt z. B. in Feuerzeugen oder Campinggaskartuschen vor.

Auch findet Butan als Kältemittel Verwendung, z. B. in Kühlschränken.

Teil 3: Substanzen

 # Cannabis

Synonyme, wichtige Formulierungen	Marihuana, Gras, Haschisch, Hasch, Dope, Weed, Pot, Ganja, Wiesn
Wirkklasse	Cannabinoide
Erwünschte Wirkung	Gelöste Stimmung, Heiterkeit, Steigerung des Kommunikationsbedürfnisses, leichtere Kontaktaufnahme zu anderen, Entspannung, Beruhigung, Schmerzlinderung (vor allem bei neuropathischen Schmerzen), Intensivierung optischer/akustischer/taktiler Reize, Steigerung des Appetits, Steigerung der Kreativität, Müdigkeit, erleichtertes Einschlafen etc.
Unerwünschte Wirkung	Mundtrockenheit, Herzrasen, Kreislaufprobleme, Bluthochdruck, Reizüberflutung, unangenehme Gedankenschleifen, Hemmung der Kommunikation, Konzentrationsprobleme, Angst, Panik etc.
Abhängigkeit und andere Langzeitnebenwirkung	Bei anhaltendem und regelmäßigem Konsum kann es zu einer Toleranzbildung kommen, außerdem zu leichten Entzugserscheinungen (Schlaflosigkeit, Schwitzen, Nervosität etc.) beim Absetzen. In der Regel wird eine Abhängigkeitsentwicklung jedoch vor allem im sozialen und psychischen Bereich sichtbar – z.B. das Vernachlässigen von Zielen, Schwierigkeiten, Aktivitäten außerhalb des Konsums nachzugehen, und das Nutzen von Cannabis zur Emotionskontrolle. Als mögliche Langzeitnebenwirkung kann die kognitive Leistungsfähigkeit (Aufmerksamkeit, Konzentration und Lernfähigkeit) auch nach Aufgabe des Konsums bestehen bleiben, in der Regel sind diese Langzeitnebenwirkungen aber reversibel. **Merke:** Häufig wird Cannabis vermischt mit Tabak in Joint oder Pfeife (z.B. Bong) konsumiert. Da vor allem Tabak ein deutlich höheres Abhängigkeitspotenzial hat als Cannabis, gilt es zu prüfen, welche Abhängigkeit bei einem Veränderungswunsch im Konsum tatsächlich im Vordergrund steht.
Nachweisbarkeit	In vielen Drogentests wird das inaktive Stoffwechselprodukt THC-COOH nachgewiesen. Bei einmaligem Gebrauch ist THC-COOH ca. 3 Tage lang im Blut sowie im Urin nachweisbar. Bei gelegentlichem bzw. regelmäßigem Konsum verlängert sich der Nachweis bis zu mehreren Wochen oder gar Monaten. Aktives THC im Blut, das im Straßenverkehr relevant ist, ist bei einmaligem Konsum nach 12 Std. nicht mehr nachweisbar. Bei regelmäßigem Konsum verlängert sich die Nachweisbarkeit. **Achtung:** Cannabinoide lagern sich im Fettgewebe ein. Wenn eine Person sehr regelmäßig konsumiert oder nach längerem Konsum abnimmt, kann dies positive Drogentests zur Folge haben. Wichtig ist, dass genutzte Grenzwerte nicht unbedingt etwas über akute Beeinträchtigung aussagen. Auch Fahrer:innen mit zweistelligen ng/ml-Werten müssen nicht unbedingt beeinträchtigt sein.

Typische Streckmittel	Es kommt vor, dass Cannabis mit synthetischen Cannabinoiden gestreckt wird; optisch lassen sich solche Zusätze kaum feststellen. Meist wird dies durch eine ungewöhnlich starke Wirkung oder Analysen (z. B. Drug-Checking) bemerkt. Auch gibt es diverse Streckmittel wie Talkum, Zuckerlösung oder Haarspray, die Cannabis schwerer oder harziger erscheinen lassen. Daneben gibt es mikrobiologische Kontaminationen, bspw. Schimmelpilztoxine durch mangelhafte Trocknungsprozesse. Jene Zusätze und Kontaminationen erhöhen die mit Cannabis verbundenen Gesundheitsrisiken signifikant.
Wirkdauer	Wenn Cannabis geraucht/verdampft wird, setzt die Wirkung nach wenigen Minuten ein. Die Wirkung kann bis zu 6 Std. andauern, die Plateauphase beträgt dabei meist nur 1 Std. Bei oralem Konsum setzt die Wirkung nach 20–90 Min. ein, je nach Darreichungsform und Mageninhalt. Die Wirkungsdauer kann bis zu 8 Std. betragen, bei hohen Dosen oder verzögertem Wirkungseintritt bis zu 12 Std. **Achtung:** Bei oralem Konsum sollte man erst nachlegen, wenn 60 Min. (besser 90 Min.) vergangen sind. Unangenehme Überdosierung sind nicht selten.
Darreichung und Dosierung	Cannabis wird als getrocknete Blüten, Cannabisharz (optisch ein meist bräunlicher Klumpen) und Cannabisextrakte (bspw. honigfarbenes Harz) genutzt. Es kann in Joints, Pfeifen und Bongs geraucht, in Vaporizern verdampft und oral in Form von Keksen oder anderen sog. Edibles verzehrt werden. Da der Wirkstoffgehalt zwischen den verschiedenen Cannabisprodukten stark variiert, von CBD-Blüten ohne nennenswerten THC-Gehalt bis zu Cannabisextrakten mit > 90 % THC, ist es schwierig, Dosierungen anzugeben. Oral gelten 3–5 mg als Schwellenwert und ca. 20 mg als mittlere Dosis. Menschen mit hoher Toleranz konsumieren teilweise auch > 100 mg THC als Einzeldosis. Bei der Inhalation beginnen viele mit 2–3 kleinen Zügen am Joint oder 0,1 g im Vaporizer – bei einem Cannabis mit 20 % THC entspricht dies ungefähr 20 mg THC.
Mischkonsumwarnung	Der Mischkonsum mit Halluzinogenen und Dissoziativa kann das Risiko von Verwirrung und Angstzuständen erhöhen. Der Mischkonsum mit Alkohol kann Übelkeit, Schwindel, Seh- oder Gleichgewichtsstörung und Kreislaufproblemen fördern.
Sonstiges	Die bekanntesten Cannabinoide der Cannabispflanze sind THC und CBD. Hier ist maßgeblich THC für die psychoaktive Wirkung und somit für das Rauscherleben verantwortlich. Einige Isolate, aber auch Blüten, werden als Arzneimittel verschrieben, z. B. bei neuropathischen Schmerzen, spezifischen Formen der Epilepsie oder Appetitlosigkeit im Kontext von Chemotherapien.

Codein

Synonyme, wichtige Formulierungen	Lean, Purple Drank, Sizzurp, Hustensaft
Wirkklasse	Opioide
Erwünschte Wirkung	Euphorische Stimmung, schmerzstillende Wirkung, dämpfend, beruhigend, sedierend, Unterdrückung von ängstlichen Gefühlen, Unterdrückung des Hustenreizes etc.
Unerwünschte Wirkung	Übelkeit, Verstopfung, Kopfschmerzen, Juckreiz, Unterdrückung von Orgasmen, Kopfschmerzen, Ausschlag, Mundtrockenheit, Kurzatmigkeit, Müdigkeit, Verlangsamung von Gedanken, Stimmungsschwankung, verengte Pupillen etc. Bei sehr hohen Dosierungen kann es zu Sehstörungen und Halluzinationen kommen. **Merke:** Im medizinischen Kontext wird Codein für eine schmerzstillende Wirkung oft mit nicht-opioiden Schmerzmitteln verschrieben, meist in einer Darreichungsform. Diese kann bei Überdosierung zu schweren Vergiftungen führen.
Abhängigkeit und andere Langzeitnebenwirkung	Bei längerem und regelmäßigem Konsum kann sich eine Toleranz entwickeln, die Opioid-typische Entzugserscheinungen (siehe Tilidin) zur Folge hat. Codein weist eine Kreuztoleranz mit allen anderen Opioiden auf. Aufgrund des Verkaufs als Hustensaft wird Codein häufig als eher harmlos wahrgenommen. Dies kann zu einer Unterschätzung des Wirkpotenzials des Opioids führen. Als mögliche weitere Langzeitnebenwirkungen können eine verringerte Libido, Ruhelosigkeit, Gedächtnisstörungen und chronische Verstopfung auftreten.
Nachweisbarkeit	Codein kann im Urin 2–4 Tage lang nachgewiesen werden, im Blut wenige Stunden bis Tage, je nach Dosierung.
Typische Streckmittel	Arzneimittel enthalten typischerweise keine Streckmittel, d. h., das Produkt sollte nur die Stoffe enthalten, die im Beipackzettel vermerkt sind. Andere Wirkstoffe in Kombipräparaten wie z. B. Paracetamol können dann enthalten seine. Allerdings gibt es auch Arzneimittelfälschungen, insbesondere bei Arzneimitteln, die zum Missbrauch geeignet sich. Dort sind zahlreiche Streckmittel, aber auch Falsifikate (d. h. Formulierungen mit anderen Opioiden) möglich.
Wirkdauer	Die Wirkung bei oralem Konsum tritt nach ca. 30–45 Min. ein. Die Hauptwirkung entfaltet sich danach für 2–4 Std. Leichte Effekte mögen bis zu 8 Std. andauern.
Darreichung und Dosierung	Codein ist besonders bekannt in seiner Form als Hustensaft, allerdings gibt es auch diverse Tabletten, die Codein oder Mischungen mit Codein enthalten. Gemischt wird der Hustensaft mit diversen Limonaden (woher auch einige der Szene-Namen stammen). Bei oralem Konsum liegt die Schwellendosis bei 20 mg. Eine mittlere Dosis liegt bei 60–120 mg. Dosen über 200 mg kön-

	nen nicht mehr metabolisiert werden. Das bedeutet, dass die Effekte nicht intensiviert werden. Allerdings kann sich die Wirkung verlängern und das Risiko für unerwünschte Wirkungen verstärken.
Mischkonsumwarnung	Der Mischkonsum mit dämpfenden Substanzen wie Alkohol, Benzodiazepinen, GHB oder anderen Opioiden sollte vermieden werden, da dies das Risiko einer Atemdepression erhöht. Vor allem der Konsum von Substanzen, die das Risiko von Erbrechen und Bewusstlosigkeit steigern können (z. B. Lachgas, Ketamin, DXM), sorgt für eine erhöhte Gefahr, zu ersticken oder zu stürzen. Der Mischkonsum mit Tramadol kann das Krampfanfallrisiko erhöhen. **Achtung:** Man sollte darauf achten, dass manche Codein-Tabletten auch Ibuprofen, Paracetamol o. ä. enthalten und man bei der Einnahme mehrerer Tabletten unter Umständen toxische Dosen dieser Substanzen aufnimmt. Magenblutungen, Leberschäden etc. sind möglich.
Sonstiges	Codein ist eine Pro-Drug von Morphin. Menschen haben unterschiedliche, genetisch vorbestimmte enzymatische Kapazitäten. Ein Teil der Bevölkerung kann Codein sehr effizient in Morphin verstoffwechseln (d. h. starke Wirkung), bei einem anderen Teil der Bevölkerung geschieht das kaum (d. h. schwache Wirkung). Der Großteil der Bevölkerung hat eine mittlere Stoffwechselrate und erfährt dementsprechend eine moderate Wirkung.

Diazepam

Synonyme, wichtige Formulierungen	Valium® (Handelsname)
Wirkklasse	Downer
Erwünschte Wirkung	Angstlösend, beruhigend, Gefühl von emotionaler Ausgeglichenheit, Entspannung der Muskeln, entkrampfend, Sedierung etc. Ferner kann Diazepam auch intravenös in hohen Dosen für leichte Formen der Anästhesie eingesetzt werden. Als Schlafmittel wird Diazepam eher selten verwendet, da durch die langanhaltende Wirkung diese auch den Tag beeinflusst. Dafür wird Diazepam als Antiepileptikum eingesetzt.
Unerwünschte Wirkung	Schwindel, Kopfschmerzen, Magen-Darm-Beschwerden, Mundtrockenheit, verminderte Reaktionsfähigkeit, verwaschene Sprache, Lethargie, Einschränkung der kognitiven Leistung, Störung des Kurzzeitgedächtnisses, Erhöhung des Risikos für Atemdepression, Störung der motorischen Fähigkeiten, Probleme beim Wasserlassen, Blutdruckabfall, Inkontinenz, verlangsamter Puls mit Risiko eines Herzstillstands etc. Aufgrund der eher subtilen Wirkung kann es dazu kommen, dass sich Konsumierende als nüchtern einschätzen.
Abhängigkeit und andere Langzeitnebenwirkung	Der regelmäßige Konsum von Diazepam kann zu einer psychischen und physischen Abhängigkeitsentwicklung führen. Auch bildet sich rasch eine Toleranz, welche oft zur Dosissteigerung führt. Da sich der Konsum von Benzodiazepinen vor allem am Anfang gut zur unbemerkten Regulation von Befindlichkeiten eignet, besteht hierin ein Risiko für die Entwicklung einer Abhängigkeit. Der Entzug von Benzodiazepinen nach regelmäßigem Konsum kann sich langwierig und schwierig gestalten. Aufgrund des Risikos von Krampfanfällen besteht mitunter Lebensgefahr. Ärztliche Begleitung ist bei einer Abhängigkeit mit entsprechend hohem Konsum dringend erforderlich. Als Langzeitnebenwirkung kann es zur Beeinträchtigung der Gedächtnisleistung kommen.
Nachweisbarkeit	Diazepam kann nach einmaliger Einnahme bis zu ca. 3 Tagen im Urin nachgewiesen werden. Bei sehr regelmäßigem Konsum kann Diazepamkonsum sogar noch nach Wochen nachweisbar sein. Der Nachweis im Blut ist etwas kürzer. Die Halbwertszeit beträgt ca. 50 bzw. ca. 100 Std., je nachdem, ob man aktive Metaboliten (d. h. Abbauprodukte, die ebenfalls eine Wirkung haben) mitberücksichtigt.
Typische Streckmittel	Es sind keine typischen Streckmittel bekannt.
Wirkdauer	Die Wirkung tritt bei oralem Konsum nach ca. 20–40 Min. ein und hat einen Peak zwischen ca. 60 und 90 Min. Insgesamt

	kann die Wirkung bis zu 8 Std. anhalten und bis zu 36 Std. noch Nachwirkungen aufweisen.
Darreichung und Dosierung	Diazepam wird in der Medizin als Tablette, Zäpfchen oder Injektionslösung verabreicht. Die Schwellendosis liegt bei oralem Konsum bei ca. 2 mg und eine mittlere Dosis zwischen ca. 5–15 mg. Bei entsprechender Toleranz können die Dosierungen steigen.
Mischkonsumwarnung	Der Mischkonsum mit Downern wie Alkohol, anderen Benzodiazepinen, Opioiden, GHB, Barbituraten etc. sollte aufgrund eines deutlich erhöhten Risikos einer lebensbedrohlichen Atemdepression vermieden werden. Der Mischkonsum mit Dissoziativa kann das Risiko für Verstärkung einer Sedierung, Verlust der motorischen Kontrolle und Wahnvorstellungen verstärken. Ein gleichzeitiger Konsum von Stimulanzien kann zu Überdosierungen führen, da der Effekt durch Diazepam als geringer wahrgenommen wird. Nach der Wirkzeit der Stimulanzien können dann Symptome wie Beeinträchtigung, Enthemmung, Filmriss etc. auftreten.
Sonstiges	Die meisten Benzodiazepine leiten sich in ihrer chemischen Struktur vom Diazepam ab. 10 mg Diazepam gelten als Referenzdosis für den Vergleich der Potenz bei Benzodiazepinen. **Achtung:** Es gibt einen kleinen Anteil der Bevölkerung (ca. 0,5 %), bei dem Benzodiazepine nicht sedierend, sondern tendenziell stimulierend wirken.

DMT

Synonyme, wichtige Formulierungen	N,N-Dimethyltryptamin, Changa, auch Ayahuasca enthält meist DMT
Wirkklasse	Halluzinogene
Erwünschte Wirkung	Intensive akustische und visuelle Halluzinationen, geometrische visuelle Effekte, Verlust des Zeitgefühls, außerkörperliche Erfahrung, Gefühl, andere Dimension zu durchschreiten, tiefgreifende und spirituelle Erfahrung, Begegnungen mit Entitäten, Ich-Auflösung etc. DMT-Erfahrungen werden als lebhaft und farbenfroh beschrieben.
Unerwünschte Wirkung	Unangenehmer Geschmack bei der Inhalation, leicht erhöhter Blutdruck und Herzfrequenz, Übelkeit, Erbrechen, Überforderung mit der Erfahrung, Angst, Panik, Schwierigkeiten mit der Integration der Erfahrung etc. Der schnelle Wirkungseintritt birgt das Risiko von Verletzungen, da die Person stürzen und/oder die heiße Pfeife fallen lassen könnte.
Abhängigkeit und andere Langzeitnebenwirkung	Eine Entwicklung eines Abhängigkeitssyndroms wird in keinen klinischen oder anekdotischen Quellen abgebildet und darf als unwahrscheinlich betrachtet werden. Es liegen weder anekdotische noch klinische Informationen zu Langzeitnebenwirkungen vor.
Nachweisbarkeit	DMT kann in Blut und Urin ca. 1 Tag lang nachgewiesen werden. Auf DMT wird jedoch typischerweise nicht in Drogen-Screenings getestet.
Typische Streckmittel	Es sind keine typischen Streckmittel bekannt. Allerdings existieren hinsichtlich der Trägerstoffe unterschiedliche Formulierungen.
Wirkdauer	Der Wirkeintritt bei Inhalation setzt innerhalb 1 Min. ein, die Plateauphase dauert 2–8 Min. an. Ähnlich verhält es sich bei intravenösem Konsum.
Darreichung und Dosierung	DMT wird meist als von Pflanzen extrahierte Base (gelbliche Kristalle), Zubereitungen mit anderen Pflanzen zum Rauchen (bspw. Changa) oder in Form von E-Zigaretten verkauft. Bei Changa-Mischungen mit MAO-hemmenden Pflanzenbestandteilen soll sich die Wirkdauer auf ca. 20 Min. verlängern. Orale Formulierungen wie Ayahuasca sind ebenso im Gebrauch. Die Schwellendosis liegt beim Dampfen/Rauchen bei 2–5 mg, eine mittlere Dosis beträgt ca. 20 mg (nominal). Orale Dosierungen sind stark von den anderen pharmakologischen Bestandteilen abhängig, weshalb keine konkreten Angaben gemacht werden können.
Mischkonsumwarnung	Bei Mischkonsum mit Lithium oder Tramadol kann das Risiko eines Krampfanfalls erhöht werden. Der Beikonsum von Cannabis oder Stimulanzien wie Amphetamin, Kokain oder

	Methylphenidat kann das Risiko für Angst, Paranoia, Panikattacken und unangenehme Gedankenschleifen erhöhen.
Sonstiges	DMT ist eine ubiquitäre Substanz. Sie wurde bereits in zahlreichen Pflanzenarten nachgewiesen, teilweise in Spuren (z. B. Zitrusfrüchte), aber auch in Konzentrationen, die eine relativ einfache Extraktion ermöglichen (z. B. Mimosen). DMT wird im Körper sehr schnell abgebaut. Hieraus resultiert die kurze Wirkdauer bzw. die Kombination mit MAO-Hemmern (siehe Ayahuasca).

DXM

Synonyme, wichtige Formulierungen	Dextromethorphan, Dex, Robo, Hustensaft
Wirkklasse	Dissoziativa
Erwünschte Wirkung	Hustenstillende Wirkung, Stimmungsaufhellung, Euphorie, Intensivierung von physischen Reizen, Intensivierung der Farb- und Musikwahrnehmung, visuelle und auditive Halluzinationen, Loslösung des Geistes vom Körper etc. **Merke:** Die Wirkung ist stark dosisabhängig. Niedrige Dosen werden häufig mit der Wirkung von gering dosiertem Alkohol oder MDMA verglichen, während eine dissoziative Wirkung bei höheren Dosen auftritt.
Unerwünschte Wirkung	Müdigkeit, Schwindel, Übelkeit, Erbrechen, Magen-Darm-Beschwerden, Juckreiz, Fieber, Herzklopfen, Schwierigkeiten zu urinieren, Gefühl des Alleinseins, depressive Verstimmung etc.
Abhängigkeit und andere Langzeitnebenwirkung	Während bei der medizinischen Anwendung als Hustenstiller von keinem signifikanten Abhängigkeitspotenzial ausgegangen wird, kann es bei häufigem Konsum und höheren Dosierungen zu Toleranzbildung und Entzugserscheinungen kommen. Es besteht vermutlich eine Kreuztoleranz mit anderen Dissoziativa. Nutzende berichten nach regelmäßigem und hohem Konsum von Langzeitnebenwirkungen wie Störungen der kognitiven Leistung.
Nachweisbarkeit	DXM wird in herkömmlichen Drogen-Screenings nicht erfasst. Im Kontext einer forensischen Analytik sind aber DXM und Stoffwechselprodukte nachweisbar.
Typische Streckmittel	Es sind keine Informationen zu typischen Streckmitteln vorhanden. Allerdings gibt es viele DXM-haltige Arzneimittel, die mehrere Wirkstoffe beinhalten. Wenn die Dosis zu Rauschzwecken entsprechend erhöht wird, führt das schnell zu toxischen Dosen der anderen Wirkstoffe. Kombinationspräparate sollten daher unbedingt vermieden werden!
Wirkdauer	Die Wirkung tritt nach ca. 30–90 Min. ein und kann bis maximal 12 Std. anhalten. Ein Peak dauert ca. 3–6 Std.
Darreichung und Dosierung	DXM kommt in Form von Tabletten oder als Hustensaft vor. Während eine Einzeldosis hier nur 30 mg enthält, fängt die berauschende Wirkung bei ca. 100 mg an. Eine mittlere Dosis beträgt ca. 200–400 mg.
Mischkonsumwarnung	Der Mischkonsum mit MAO-Hemmern, MDMA, und SSRI kann das Risiko eines Serotoninsyndroms erhöhen. Der Mischkonsum mit Alkohol, GHB, Benzodiazepinen, Tramadol und Opioiden sollte vermieden werden, da dies das Risiko für Bewusstlosigkeit und Erbrechen erhöht, was in der Kombi-

	nation zu einer lebensgefährlichen Situation führen kann. Tramadol kann zusätzlich zu einem erhöhten Krampfanfallrisiko führen. **Achtung:** Unbeabsichtigter Mischkonsum durch Kombinationspräparate sollte unbedingt vermieden werden.
Sonstiges	DXM ist in Deutschland rezeptfrei erhältlich, z. B. als Hustenstiller. Im Jahr 2019 warnte die Arzneimittelkommission der Deutschen Apotheker (AMK) vor dem Missbrauch von DXM. Von der chemischen Struktur her ist DXM mit Opiaten (z. B. Morphin) verwandt, allerdings ist die Struktur so verändert, dass keine signifikante opioide Wirkung entfaltet wird.

Teil 3: Substanzen

 Ephedrin

Synonyme, wichtige Formulierungen	Meerträubel, Ephedra, Ma-Huang, Mormonentee, »Herbal Ecstasy«
Wirkklasse	Upper
Erwünschte Wirkung	Erhöhter Antrieb und Motivation, Leistungssteigerung, Stimulierung des Kreislaufs, manchmal leicht sexuell stimulierend etc.
	Merke: Ephedrin hat im Vergleich zu Amphetamin eine geringere ausgeprägte psychische Stimulation und vermittelt weniger Glücksgefühle.
Unerwünschte Wirkung	Herzrasen, Mundtrockenheit, Übelkeit, Pupillenerweiterung, Schwierigkeiten zu urinieren, erhöhter Harndrang, erhöhter Blutdruck, Appetitverlust, Gewichtsverlust, Unruhe, Nervosität, Schwitzen, Schlafstörung, Zittern, Herzrhythmusstörung, Atemnot, Angstgefühle etc.
Abhängigkeit und andere Langzeitnebenwirkung	Bei regelmäßigem Konsum kann es zu einer Toleranzentwicklung kommen. Es können Entzugserscheinungen entstehen, die sich vor allem psychisch zeigen in Form von Gereiztheit, Müdigkeit und erhöhtem Schlafbedürfnis. Langzeitnebenwirkungen bei regelmäßigem Konsum können in Form von Konzentrationsstörungen, Herzrhythmusstörungen, Leber- und Nierenschäden auftreten.
Nachweisbarkeit	Ephedrin ist im Blut ca. 1 Tag und im Urin bis zu 4 Tage lang nachweisbar. Der Konsum von Ephedrin kann bei Drogen-Screenings zu einem positiven Amphetamin-Ergebnis führen.
Typische Streckmittel	Es sind keine typischen Streckmittel bekannt. Ephedrin taucht jedoch in chemischen Analysen selbst als Beimischung (z. B. in Speed oder Kokain) auf. Aufgrund strikterer Regeln und vermehrter Kontrollen von Nahrungsergänzungsmitteln mit appetitzügelnder und »trainingsboostender« Wirkung tauchten vermehrt Formulierungen mit Koffein, Synephrin, Dimethylamylamin (DMAA) etc. auf.
Wirkdauer	Die Wirkung setzt nach ca. 20–90 Min. ein und kann bis zu 5 Std. andauern.
Darreichung und Dosierung	Ephedra kann oral als Tee oder Extrakte in Form von Kapseln eingenommen werden. In der Medizin wird vor allem das psychisch weniger aktive Strukturisomer Pseudoephedrin genutzt, bspw. bei Erkältungsmitteln. Pharmazeutisches Ephedrinhydrochlorid kann auch geschnupft oder injiziert werden. Eine Schwellendosis bei oralem Konsum liegt bei ca. 5–10 mg und eine mittlere, stimulierende Dosis bei ca. 15–30 mg.
Mischkonsumwarnung	Der Mischkonsum mit anderen Stimulanzien kann die unerwünschten Wirkungen deutlich verstärken und stellt eine besondere Belastung für das Herz-Kreislauf-System dar.

	Gleichzeitiger Konsum von Alkohol oder anderen Downern kann deren Wirkung vorübergehend abschwächen. Das kann zu einer starken Beeinträchtigung führen, wenn die Wirkung des Ephedrins nachlässt.
Sonstiges	Ephedra zählt zu den ältesten Heilpflanzen der Menschheitsgeschichte. Ephedra-Arten enthalten unter anderem die Alkaloide Ephedrin, Pseudoephedrin und Norephedrin.

Fentanyl

Synonyme, wichtige Formulierungen	Fenta, »China White«, (ynthetisches) Heroin, »Drop Dead«
Wirkklasse	Opioide
Erwünschte Wirkung	Leichte, euphorische Stimmung, Unterdrückung von Gefühlen der Angst, Schmerzlinderung, Beruhigung, Sedierung etc.
Unerwünschte Wirkung	Kopfschmerzen, Schwindel, Schwitzen, Schläfrigkeit, Übelkeit, Mundtrockenheit, Erbrechen, Ausschläge, Juckreiz, Reizmagen, Schwierigkeiten zu urinieren, vermehrtes Wasserlassen, verringerte Libido und Schwierigkeit, einen Orgasmus zu bekommen, Verstopfung, Appetitlosigkeit, Verwirrtheit, Nervosität, Angstzustände, Erregungszustände, Sehstörungen, verlangsamter Herzschlag (Bradykardie), Atemdepression etc. **Achtung:** Aufgrund der hohen Potenz von Fentanyl (auch gegenüber Heroin) besteht ein besonders hohes Risiko für eine lebensbedrohliche Überdosierung!
Abhängigkeit und andere Langzeitnebenwirkung	Bei regelmäßigem Gebrauch hat Fentanyl ein hohes psychisches und physisches Abhängigkeitspotenzial, begründet in einer zügigen Toleranzbildung und daraus folgenden starken Entzugserscheinungen und Craving. Entzugserscheinungen bei einem regelmäßigen Konsum können schon nach 2–4 Std. auftreten. Dies führt dazu, dass Menschen mit einer Fentanyl-Abhängigkeit einem stärkeren Druck ausgesetzt sind, früher nachzukonsumieren, als dies bei Heroin der Fall ist. Es besteht eine Kreuztoleranz mit allen anderen Opioiden. Als weitere mögliche Langzeitnebenwirkungen kann es zu einer chronischen Verstopfung, einem geschwächten Immunsystem und kognitiver Beeinträchtigung führen.
Nachweisbarkeit	Fentanyl kann im Urin bis zu 3 Tage und im Blut bis zu 2 Tage lang nachgewiesen werden.
Typische Streckmittel	Fentanyl wird entweder aus dem medizinischen Bereich beschafft (z. B. transdermale Pflaster) oder findet sich als Beimengung in vermeintlichem Heroin (was aktuell in Deutschland noch ein seltenes Phänomen ist). Bei Letzterem sind alle Stoffe als Streckmittel relevant, die auch bei Heroin und anderen Straßendrogen genutzt werden.
Wirkdauer	Bei transdermaler Anwendung (durch Pflaster) setzt die Wirkung zwischen 2–4 Std. ein, erreicht nach 12–24 Std. eine Plateauphase und hält dann bis zu 3 Tage an. Gesnieft oder oral setzt die Wirkung nach ca. 15–30 Min. ein und hält ca. 2–4 Std. an. Eine intravenöse Wirkung setzt binnen 1 Min. ein. Im Gegensatz zu Heroin hält die Wirkung aber nur wenige Stunden an, typischerweise 2–4 Std.
Darreichung und Dosierung	Fentanyl kann oral, sublingual, transdermal, intravenös und als Nasenspray verabreicht werden. Somit kommt es als Tablette, Lösung oder Pflaster im medizinischen Kontext vor. Im

nicht-medizinischen Kontext wird Fentanyl außerdem in typischen Heroindarreichungsformen (weißliches bis braunes Pulver, schwarze Paste etc.) angeboten. Auch wurde Fentanyl schon in diversen Schmerz- und Schlafmitteln auf dem amerikanischen Schwarzmarkt gefunden.

Die intravenöse Schwellendosis liegt bei ca. 5 µg und eine mittlere Dosis bei 25–50 µg. Toleranzausbildung und weniger effiziente Konsumformen können zu höheren Dosen führen.

Mischkonsumwarnung	Der Mischkonsum mit dämpfenden Substanzen wie Alkohol, Benzodiazepinen, GHB oder anderen Opioiden sollte vermieden werden, da dies das Risiko einer Atemdepression erhöht. Vor allem der Konsum von Substanzen, die das Risiko von Erbrechen und Bewusstlosigkeit erhöhen können (z. B. Ketamin), sorgt für eine erhöhte Gefahr zu ersticken oder zu stürzen. Der Mischkonsum mit Tramadol kann das Krampfanfallrisiko erhöhen. Der Mischkonsum mit Stimulanzien kann die Wirkung von Fentanyl kaschieren und das Herz-Kreislauf-System belasten.
Sonstiges	Fentanyl ist auf der einen Seite eine spezifische Substanz, auf der anderen Seite wird gerne (ähnlich wie bei Amphetaminen) von Fentanylen im Plural gesprochen. Hierzu zählt bspw. das Carfentanyl, welches ca. 10.000-mal potenter ist als Morphin, also nochmal deutlich potenter als Fentanyl selbst. Nitazene (auch Benzimidazole genannt) gehören allerdings nicht den Fentanylen, sondern einer anderen Opioidklasse an, auch wenn sie häufig mit Fentanyl in Verbindung gebracht werden. Gemeinsam haben beide ihre hohe Potenz und das Risiko für tödliche Überdosen.

Teil 3: Substanzen

 Fliegenpilz

Synonyme, wichtige Formulierungen	*Amanita muscaria*
Wirkklasse	Downer
Erwünschte Wirkung	Gefühl von Leichtigkeit, Euphorie, aphrodisierende Wirkung, leichte sensorische Veränderungen, Gefühl vom Stillstehen der Zeit, Schlaf- bzw. Dämmerzustände mit intensiven Träumen etc.
Unerwünschte Wirkung	Sprach- und Gleichgewichtsstörung, Schwindel, Übelkeit, Verwirrung, Unruhe, Angstgefühle, Muskelzuckungen/-krämpfe, starke Erregung, Mundtrockenheit, Erbrechen, erhöhter Speichelfluss, Durchfall, Aggression etc.
Abhängigkeit und andere Langzeitnebenwirkung	Es gibt keine klinischen Berichte, die für die Entwicklung einer Abhängigkeitserkrankung sprechen. Das hängt wohl damit zusammen, dass heutzutage jene Droge eher selten eingenommen wird. Theoretisch mag eine Abhängigkeitsentwicklung durchaus möglich sein.
Nachweisbarkeit	Theoretisch ist der Nachweis von fast allen Stoffen oder zumindest deren Metaboliten möglich. Dennoch werden die Wirkstoffe des Fliegenpilzes (und deren Metabolite) typischerweise nicht in Drogen-Screenings (bspw. Urintests) erfasst.
Typische Streckmittel	Streckmittel sind eher untypisch, da das Material meist selbst oder von Bekannten gesammelt wird.
Wirkdauer	Wirkeintritt nach oraler Aufnahme liegt zwischen 0,5–2 Std. Die Wirkdauer beträgt ca. 8 Std., allerdings laut manchen Quellen auch bei 10–24 Std., insbesondere bei höheren Dosen.
Darreichung und Dosierung	Der Fliegenpilz kann sowohl frisch zubereitet als auch getrocknet konsumiert werden, wobei initiales Trocknen die Regel ist. Manchmal werden Extrakte und Tinkturen hergestellt, diese werden dann oral (z. B. als Tee) konsumiert. Bezogen auf das getrocknete Pilzmaterial sind bei 1–5 g leichte bis mittlere Effekte und ab 10 g sehr intensive und nebenwirkungsreiche Effekte zu erwarten. Trocknung und Zubereitung haben neben Alter, Größe und Standort der Fruchtkörper ebenso Einfluss auf die Wirkstoffzusammensetzung, insbesondere durch die Decarboxylierung der Ibotensäure zu Muscimol, dem Hauptwirkstoff. **Achtung:** Bei Naturprodukten kann es eine große Wirkstoffvariabilität geben. Das vorsichtige Herantasten mit getrocknetem, homogenisiertem Material kann hier sinnvoll sein.
Mischkonsumwarnung	Der Mischkonsum mit psychoaktiven Substanzen, die ebenfalls auf das GABAerge System wirken (Alkohol, Benzodiazepine etc.), kann die Wirkung und das Risiko für gefährliche

	Nebenwirkungen deutlich steigern. Auch ist die Wechselwirkung mit Opioiden als eher riskant zu werten.
Sonstiges	Der Fliegenpilz war Pilz des Jahres 2022. Obwohl er heutzutage als Sinnbild eines Giftpilzes gilt, gibt es keinen dokumentierten Todesfall durch ihn.

Flurazepam

Synonyme, wichtige Formulierungen	Fluraz, Fluris
Wirkklasse	Downer
Erwünschte Wirkung	Sedierung, Erleichterung des Ein- und Durchschlafens, angstlösend, beruhigend, Gefühl von emotionaler Ausgeglichenheit, Entspannung der Muskeln, entkrampfend etc. Flurazepam wird in erster Linie als Hypnotikum (Schlafmittel) verschrieben.
Unerwünschte Wirkung	Schwindel, Kopfschmerzen, Müdigkeit, Allergie, Konzentrationsprobleme, Gedächtnisstörung, Koordinationsstörungen, Bewegungsstörungen, verminderte Libido, »Kater« aufgrund der langen Wirkzeit der Stoffwechselprodukte, Amnesie, Angst, Paranoia etc. Außerdem sind paradoxe Reaktionen wie Aggression, Unruhe und Gereiztheit möglich.
Abhängigkeit und andere Langzeitnebenwirkung	Der regelmäßige Konsum von Flurazepam kann zu einer psychischen und physischen Abhängigkeitsentwicklung führen. Auch bildet sich rasch eine Toleranz, welche oft zur Dosissteigerung führt. Da sich der Konsum von Benzodiazepinen vor allem am Anfang gut zur unbemerkten Regulation von Befindlichkeiten eignet, besteht hierin ein Risiko für die Entwicklung einer Abhängigkeit. Der Entzug von Benzodiazepinen nach regelmäßigem Konsum kann sich langwierig und schwierig gestalten. Aufgrund des Risikos von Krampfanfällen besteht mitunter Lebensgefahr. Ärztliche Begleitung ist bei einer Abhängigkeit mit entsprechend hohem Konsum dringend erforderlich. Als Langzeitnebenwirkung kann es zur Beeinträchtigung der Gedächtnisleistung kommen.
Nachweisbarkeit	Flurazepam selbst kann im Blut bis zu 2 Tage und im Urin bis zu 1 Woche lang nachgewiesen werden. Flurazepam hat eine Halbwertszeit von 40–50 Std. Diese lange Halbwertszeit ergibt sich aus dem aktiven Metaboliten. Dieser kann auch noch deutlich länger nachgewiesen werden als Flurazepam selbst. Bei regelmäßigem Konsum ist Flurazepam auch nach dem Absetzen bis zu mehrere Wochen lang nachweisbar.
Typische Streckmittel	Es sind keine typischen Streckmittel bekannt.
Wirkdauer	Der Wirkeintritt von Flurazepam geschieht innerhalb von 1 Std. Die direkte Wirkung dauert bis zu 8 Std. an. Allerdings kann eine leichte Wirkung aufgrund der aktiven Metabolite noch deutlich länger wahrgenommen werden und unter anderem zu Müdigkeit und Konzentrationsschwierigkeiten am nächsten Tag führen, wenn man Flurazepam zum Einschlafen nutzt.
Darreichung und Dosierung	Flurazepam wird in der Medizin als Tablette verabreicht. Eine mittlere Tagesdosis in der medizinischen Behandlung beträgt 15–30 mg.

Mischkonsumwarnung	Der Mischkonsum mit Downern wie Alkohol, anderen Benzodiazepinen, GHB, Barbituraten etc. oder Opioiden (z. B. Tilidin, Codein, Heroin etc.) sollte aufgrund eines deutlich erhöhten Risikos einer lebensbedrohlichen Atemdepression vermieden werden. Der Mischkonsum mit Dissoziativa kann das Risiko für Verstärkung einer Sedierung, Verlust der motorischen Kontrolle und Wahnvorstellungen erhöhen. Außerdem kann es zu einem plötzlichen Bewusstseinsverlust mit dem Risiko einer Atemdepression kommen. Ein gleichzeitiger Konsum von Stimulanzien kann zu Überdosierungen führen, da der Effekt als geringer wahrgenommen wird.
Sonstiges	**Achtung:** Es gibt einen kleinen Anteil der Bevölkerung (ca. 0,5 %), bei dem Benzodiazepine nicht sedierend, sondern tendenziell stimulierend wirken.

GHB

Synonyme, wichtige Formulierungen	Gamma-Hydroxybuttersäure, »Liquid Ecstasy«, K.-o.-Tropfen, Xyrem, GBL oder Gamma-Butyrolacton (GHB-Pro-Drug), BDO oder Butandiol (GHB-Pro-Drug)
Wirkklasse	Downer
Erwünschte Wirkung	Entspannung, Muskelrelaxation, Enthemmung, Euphorie, evtl. Antriebssteigerung und intensivere Wahrnehmung von Farben und Akustik etc.
Unerwünschte Wirkung	Schwindel, Übelkeit, Erbrechen, Aggression, Taubheitsgefühle, Orientierungslosigkeit, leichte Halluzinationen wie akustische Täuschungen. **Achtung:** Bei höheren Dosierungen sind auch tiefer Schlaf, Koma bis hin zur tödlichen Atemdepression möglich.
Abhängigkeit und andere Langzeitnebenwirkung	Es gibt eine relativ schnelle Toleranzentwicklung nach wenigen, aufeinanderfolgenden Einnahmen. Es kann zu schweren Entzugserscheinungen kommen wie Zittern, Schlaflosigkeit, Delir und Angstzuständen. Das physische Abhängigkeitspotenzial wird mit Alkohol verglichen. Auch ist von einer Kreuztoleranz mit Alkohol auszugehen. Bei anhaltendem Konsum kann es zur Entwicklung von Craving und anderen Abhängigkeitssymptomen kommen. Es gibt Anzeichen dafür, dass chronischer GHB-Konsum zu anhaltenden Gedächtnisstörungen führen kann.
Nachweisbarkeit	GHB und die meisten GHB-Analoga werden schnell im Körper abgebaut, deshalb können sie nur durch aufwendige und zeitnahe Verfahren nachgewiesen werden. Der Nachweis im Blut ist bis zu 6 Std. und im Urin bis zu 12 Std. möglich (bei den Pro-Drugs GBL und BDL wahrscheinlich minimal länger). **Wichtig:** In Getränken, auf Textilien etc. lassen sich die Substanzen lange feststellen. Wenn es einen Verdacht auf »gespikte« Getränke gibt, dann kann man diesem auch mittels solcher Proben nachgehen.
Typische Streckmittel	GBL und BDO werden oft als GHB verkauft, obwohl es sich um andere Substanzen handelt. Sie sind zwar Pro-Drugs (d.h., sie wandeln sich im Körper zu GHB um), die unterschiedliche Dichte bzw. das Molekulargewicht machen aber eine andere Dosierung erforderlich.
Wirkdauer	Der Wirkeintritt beginnt nach ca. 15 Min. Die Wirkdauer beträgt etwa 1–6 Std.
Darreichung und Dosierung	GHB und seine Analoga werden in der Regel als flüssige Lösung in Getränken konsumiert. Seltener sieht man Salze, die ebenso in Getränken konsumiert werden. Beim oralen Konsum liegt eine leichte Dosis bei 0,5–1 g, eine reguläre bei 1–2,5 g und eine hohe bei 2,5–4 g. Gerade bei der hohen Dosis sind komatöse und nebenwirkungsreiche Zustände sehr wahrscheinlich. Bei GBL und BDO muss auf-

	grund des niedrigeren Molekulargewichts (und der damit relativ höheren Potenz) entsprechend niedriger angesetzt werden.

Achtung: Wer volumetrisch Dosieren möchte (also bspw. mittels Spritze eine Menge abmessen), sollte sich mit den unterschiedlichen gewichtsspezifischen Potenzen und den jeweiligen Dichten auseinandersetzen:
GHB: MW = 104,11 g/mol; ρ = 1,20 g/ml
GBL: MW = 86,09 g/mol; ρ = 1,13 g/ml
BDO: MW = 90,12 g/mol; ρ = 1,02 g/ml |
| Mischkonsumwarnung | Der Mischkonsum mit Opioiden und psychoaktiven Substanzen, die ebenfalls auf das GABAnerge System wirken (Alkohol, Benzodiazepine etc.), kann die Wirkung und das Risiko für gefährliche Nebenwirkungen deutlich steigern und lebensgefährliche Zustände wie Atemdepression, Bewusstlosigkeit etc. hervorrufen. Der Mischkonsum mit Poppers kann eine blutdrucksenkende und atemdepressive Wirkung haben, die das Risiko einer Bewusstlosigkeit erhöht. Der Mischkonsum mit Stimulanzien wie Amphetamin und Kokain kann die Wirkung von GHB unterdrücken und das Risiko gefährlicher Überdosierungen erhöhen. |
| Sonstiges | Jenseits des Partydrogenkonsums haben jene Drogen auch eine gewisse Beliebtheit in der Welt der Bodybuilder. Auch werden jene Substanzen als K.-o.-Tropfen missbraucht oder, wenngleich auch selten, als Medikament (Xyrem) verschrieben.

Achtung: Um sich vor »gespikten« Getränken zu schützen, gibt es im Drogeriehandel sog. K.-o.-Tropfen-Schutzarmbänder. Diese Armbänder testen allerdings nur auf GHB. Da jedoch deutlich häufiger GHB-Analoga als GHB selbst im Umlauf sind, bieten diese Armbänder keinen wirklichen Schutz. |

Hawaiianische Holzrose

Synonyme, wichtige Formulierungen	Elefantenwinde, Holzrose, »Hawaiian Baby Woodrose«, *Argyreia nervosa*
Wirkklasse	Halluzinogene
Erwünschte Wirkung	Visuelle Halluzinationen (mit offenen und geschlossenen Augen) in Form von Mustern und farbenintensiven Visionen, euphorischer Zustand, Entspannung, Kribbeln im ganzen Körper, aphrodisierende Wirkung, Gefühl einer Verbundenheit mit der Welt etc. Einige Erfahrungsberichte beschreiben darüber hinaus auditive Halluzinationen.
Unerwünschte Wirkung	Übelkeit, Erbrechen, Erschöpfung, Magenbeschwerden, Verstopfung, Schwindel, Verwirrtheit, Orientierungslosigkeit, Gefühle von Angst, Panik, Paranoia etc. Es ist nicht auszuschließen, dass die Wirkstoffe der Hawaiianischen Holzrose zum Schwangerschaftsabbruch führen können.
Abhängigkeit und andere Langzeitnebenwirkung	Eine Entwicklung eines Abhängigkeitssyndroms wird in keinen klinischen oder anekdotischen Quellen abgebildet und darf als unwahrscheinlich betrachtet werden. Es liegen weder anekdotische noch klinische Informationen zu Langzeitnebenwirkungen vor.
Nachweisbarkeit	Der Hauptwirkstoff Ergin (oder Lysergsäureamid bzw. LSA) kann zwar in Blut- und Urinproben nachgewiesen werden, wird jedoch typischerweise nicht in Drogen-Screenings geprüft.
Typische Streckmittel	Es sind keine typischen Streckmittel bekannt. Da die Samen nicht für den menschlichen Verzehr verkauft werden, ist nicht auszuschließen, dass diese chemisch (z. B. mit Fungiziden) behandelt sind.
Wirkdauer	Die Wirkung tritt innerhalb von 40 Min. ein und kann bis zu 8 Std. andauern. Die Plateauphase beträgt dabei bis zu 6 Std.
Darreichung und Dosierung	Für eine psychedelische Wirkung werden in der Regel die gemahlenen Samen oder ein wässriger Auszug oral eingenommen. Eine mittlere Dosis beträgt dabei 5–8 Samen.
Mischkonsumwarnung	Der Mischkonsum von Lithium und LSA-haltigen Samen sollte vermieden werden, da dies das Risiko für Psychosen und Krampfanfälle erhöhen kann.
Sonstiges	Die Samen der Hawaiianischen Holzrose enthalten ca. 0,3 % Mutterkornalkaloide wie Agroclavin, Chanoclavin-I und -II, Lysergen etc. Der Hauptwirkstoff der Hawaiianischen Holzrose ist jedoch vermutlich das Lysergsäureamid (LSA), welches auch als Ergin bezeichnet wird. Diese Substanz ähnelt in seiner chemischen Struktur und seiner pharmakologischen Wirkung dem Lysergsäurediethylamid (LSD).

Neben der Hawaiianischen Holzrose gibt es noch weitere Windengewächse mit einem ähnlichen Wirkstoffprofil (z. B. Ololiuqui und Himmelblaue Prunkwinde), allerdings scheint dort der Wirkstoffgehalt niedriger zu sein.

Heroin

Synonyme, wichtige Formulierungen	Schore, H (englische Aussprache), Hero, Diamorphin und Diaphin® (beides Handelsnamen), Diacetylmorphin
Wirkklasse	Opioide
Erwünschte Wirkung	Starke euphorische Gefühle (vor allem am Anfang), Gelassenheit, Dämpfung von Emotionen, Gleichgültigkeit, Auflösung von Angstgefühlen, schmerzlindernde Wirkung etc.
Unerwünschte Wirkung	Schwindel, Verengung der Pupillen, Übelkeit und Erbrechen, Verstopfung, Dysphorie, Kopfschmerzen, Juckreiz, Schwierigkeiten zu urinieren, Schlaflosigkeit, Müdigkeit, Appetitlosigkeit, Veränderung der kognitiven und sensorischen Leistungsfähigkeit, Geschmacksveränderung, Unterdrückung von Orgasmen, verringerte Libido, Verwirrtheit, Albträume, Halluzinationen, Atemdepression etc.
Abhängigkeit und andere Langzeitnebenwirkung	Heroin überwindet die Blut-Hirn-Schranke deutlich schneller als Morphin. Die schnellere Wirkung sowie die höhere Potenz führen zu einer vergleichsweise schnelleren Abhängigkeitsentwicklung. Es kann zu starken opioidtypischen Entzugserscheinungen kommen. Diese setzen ca. 8–12 Std. nach der letzten Einnahme ein und beinhalten starkes Schwitzen, Kälteschauer, laufende Nase, Niesen, tränende Augen, Erbrechen, Durchfall, Depressionen, starke Unruhe, Gereiztheit, Aggressionen etc. und bedingen ein starkes Verlangen nach erneutem Konsum der Substanz (Craving). Als weitere mögliche Langzeitnebenwirkungen kann es zu einer chronischen Verstopfung, einem geschwächten Immunsystem, schwächerem Knochenwachstum und kognitiver Beeinträchtigung führen. Außerdem können durch nichtsterilen, intravenösen Konsum (z. B. durch das Teilen von Spritzen) Infektionserkrankungen wie Hepatitis C und HIV/AIDS auftreten.
Nachweisbarkeit	Heroin kann im Blut bis zu 24 Std. und im Urin 3–7 Tage lang nachgewiesen werden. In Haarproben ist Heroin je nach Haarlänge und Konsum mehrere Monate nachweisbar. Die meisten Test-Systeme weisen dabei das Stoffwechselprodukt 6-Monoacetylmorphin (6-MAM) nach.
Typische Streckmittel	Meist wird Heroin mit Substanzen gestreckt, die keine besondere Wirkung haben, wie Koffein, Paracetamol, Milchpulver, Ascorbinsäure etc. Um eine Wirkung nachzuahmen, können auch Benzodiazepine oder andere Opioide enthalten sein. Zu einer besonders gefährlichen Streckung kann es durch die Beimischung von günstigeren und stärkeren synthetischen Opioiden wie Fentanyl kommen. Hier besteht eine hohe Gefahr für Überdosierung!
Wirkdauer	Geraucht setzt die Wirkung von Heroin nach einigen Sekunden ein und kann bis zu 5 Std. anhalten, mit einer Plateauphase von bis zu 30 Min. Auch bei nasalem Konsum setzt die

	Wirkung nach einigen Sekunden ein und kann bis zu 7 Std. anhalten, mit einer Plateauphase von bis zu 90 Min. (evtl. jedoch auch deutlich kürzer). Bei intravenösem Konsum kommt es zu einem fast sofortigen Wirkeintritt, die Wirkung kann bis zu 5 Std. anhalten mit einer Plateauphase von 1–4 Std. Während die orale Aufnahme mit schlechter Bioverfügbarkeit einhergeht, ist der rektale Konsum (sog. Boofing) eine nicht selten genutzte Alternative. Details über den Wirkungseintritt und die Wirkdauer sind dabei grob mit dem intranasalen Konsum vergleichbar.
Darreichung und Dosierung	Heroin wird meist als Pulver verkauft, das in seiner Farbe zwischen weiß und braun variieren kann. Seltener ist das sog. »Black Tar Heroin«, welches manchmal als schwarze Paste oder teilweise als dunkler Feststoff auftritt. Ein pharmazeutisch aufgereinigtes Salz ist hingegen meist strahlend weiß. Aufgrund von Streckmitteln und/oder Opiattoleranz mögen die folgenden Zahlen gering wirken, dennoch liegt eine typische Heroin-Dosis beim Schnupfen bei 5–40 mg, bei intravenösem Gebrauch bei 5–10 mg und beim Rauchen bei 15–25 mg. Mit steigender Toleranz werden zum Teil wesentlich höhere Dosierungen nötig, um die gewünschten Effekte zu erzielen.
Mischkonsumwarnung	Der Mischkonsum mit dämpfenden Substanzen wie Alkohol, Benzodiazepinen, GHB und anderen Opioiden sollte vermieden werden, da dies das Risiko einer Atemdepression erhöht. Vor allem der Konsum von Substanzen, die das Risiko von Erbrechen und Bewusstlosigkeit steigern können (wie Lachgas, Ketamin), sorgt für eine erhöhte Erstickungsgefahr! Der Mischkonsum mit Tramadol kann das Krampfanfallrisiko erhöhen. Der gleichzeitige Gebrauch von DXM kann das Risiko einer Depression des Zentralnervensystems sowie kardiale und respiratorische Probleme und Überdosierungen erhöhen, da er die Toleranz gegenüber Opioiden reduziert. Der Mischkonsum mit Stimulanzien belastet zusätzlich das Herz-Kreislauf-System und erhöht das Risiko für Krampfanfälle.
Sonstiges	Obgleich das damalige Medikament Heroin in Deutschland entwickelt und als Erkältungs- und Schmerzmittel für Jung und Alt eingesetzt wurde, wird Heroin heutzutage, zumindest in Deutschland, nicht mehr als Analgetikum verschrieben. Allerdings wird die Substanz im Rahmen der Substitutionstherapie in einigen Fällen an Menschen mit Heroinabhängigkeit abgegeben. Eine solche Verschreibung kann den Gesundheitszustand signifikant verbessern und eine Abkehr von Beschaffung, Kriminalität, verunreinigtem Heroin etc. ermöglichen.

HHC

Synonyme, wichtige Formulierungen	Hexahydrocannabinol
Wirkklasse	Cannabinoide
Erwünschte Wirkung	Gelöste Stimmung, Heiterkeit, Steigerung des Kommunikationsbedürfnisses, leichtere Kontaktaufnahme zu anderen, Entspannung, Beruhigung, Schmerzlinderung (vor allem bei neuropathischen Schmerzen), Intensivierung von optischen/akustischen/taktilen Reizen, Steigerung des Appetits, Steigerung der Kreativität, Müdigkeit, erleichtertes Einschlafen etc.
Unerwünschte Wirkung	Mundtrockenheit, Herzrasen, Kreislaufprobleme, Bluthochdruck, Reizüberflutung, unangenehme Gedankenschleifen, Hemmung der Kommunikation, Konzentrationsprobleme, Angst, Panik etc.
Abhängigkeit und andere Langzeitnebenwirkung	Bei anhaltendem und regelmäßigem Konsum kann es zu einer Toleranzbildung kommen sowie zu leichten Entzugserscheinungen (Schlaflosigkeit, Schwitzen, Nervosität etc.) beim Absetzen. Die Wirkungen und Nebenwirkungen ähneln denen von Cannabis bzw. THC. Allerdings birgt das Fehlen konkreter Daten zu Langzeitnebenwirkungen zusätzliche Risiken.
Nachweisbarkeit	HHC kann im Blut und Urin nachgewiesen werden. Die Stoffwechselprodukte von HHC gleichen denen von THC, somit kann es zu positiven Testergebnissen bei herkömmlichen Cannabis-Tests kommen.
Typische Streckmittel	HHC ist ein Gemisch aus den zwei Stereoisomeren 9S-HHC und 9R-HHC, bei dem hauptsächlich letzteres für die Wirkung verantwortlich ist. Zusätzlich kann es aber durch den Syntheseprozess und/oder mangelhafte Aufreinigung zu weiteren Beiprodukten und Verunreinigungen kommen. Diese Aspekte erhöhen das Risiko, welches von HHC-Produkten ausgeht.
Wirkdauer	Es kann erwartet werden, dass die Wirkung von HHC beim Rauchen und Dampfen schnell eintritt, ähnlich wie bei Cannabis bis zu 6 Std. andauert und eine Plateauphase von 1 Std. hat. Bei oralem Konsum ist der Wirkungseintritt deutlich langsamer (bis zu 90 Min.) und die Wirkung kann mehrere Stunden andauern.
Darreichung und Dosierung	HHC wird mittels Lösungsmitteln auf Cannabisprodukte gesprüht oder auf andere Weise zugesetzt. Grundsätzlich gibt es bei HHC fast alle Produkttypen, die es auch bei Cannabis gibt, d.h. Haschisch, E-Zigaretten, Edibles etc. Grundsätzlich ist die Dosierung ähnlich wie bei Cannabis bzw. THC. Während HHC durch die Isomerie etwas weniger potent als THC ist, wird dies in vielen Produkten durch entsprechend hohe Konzentrationen kompensiert.

Mischkonsumwarnung	Der Mischkonsum mit Halluzinogenen und Dissoziativa kann das Risiko für Verwirrung und Angstzustände erhöhen. Der Mischkonsum mit Alkohol kann zu Übelkeit, Schwindel, Sehstörung, Kreislaufproblemen und Gleichgewichtsstörungen führen.
Sonstiges	Ob HHC natürlich in Pflanzen vorkommt, darüber streiten Wissenschaftler:innen. Wichtig ist zu wissen, dass das HHC, welches als Genuss-/Rauschmittel verkauft wird, praktisch immer durch Synthese hergestellt wird und somit als (semi-)synthetisches Cannabinoid bezeichnet werden kann.

Iboga

Synonyme, wichtige Formulierungen	*Tabernanthe iboga*
Wirkklasse	Halluzinogene
Erwünschte Wirkung	Stimulation bei geringen Dosen, milde auditive und visuelle Halluzinationen, starke Visionen mit biografischem Kontext, z. B. in Form von Kontaktaufbau mit verstorbenen Familienmitgliedern, signifikanten Lebensereignissen etc.
Unerwünschte Wirkung	Übelkeit, Erbrechen, Schwindel, Kopfschmerzen, Nasenbluten, Desorientierung, Störung der Bewegungskoordination (Ataxie), Krampfanfälle, kardiovaskuläre Probleme wie Herzrhythmusstörungen, Überforderung durch verstörende Halluzinationen etc. **Achtung:** Es wurden schon Todesfälle als direktes Resultat des Iboga-Konsums festgestellt. Es wird angenommen, dass diese aus von schon vorher vorhandenen Herzfehlern resultierten.
Abhängigkeit und andere Langzeitnebenwirkung	Iboga weist ein geringes Abhängigkeitspotenzial auf. Es gibt jedoch Forschungsansätze für den Nutzen von Iboga bei der Überwindung von Abhängigkeitserkrankungen. Es besteht ein kardiovaskuläres Risiko, was insbesondere bei Vorerkrankungen zu schwerwiegenden Problemen, bspw. Herzrhythmusstörungen, führen kann.
Nachweisbarkeit	Ibogaine kann im Blut bis zu 48 Std. und im Urin bis zu 72 Std. nachgewiesen werden, wird jedoch typischerweise nicht in Drogen-Screenings geprüft.
Typische Streckmittel	Es sind keine typischen Streckmittel bekannt.
Wirkdauer	Bei oralem Konsum setzt die Wirkung innerhalb von 1 Std. ein. Die Wirkdauer wird unter anderem in drei Phasen beschrieben. Die erste Phase dauert dabei bis zu 8 Std. an und weist eine intensive emotionale und kognitive Gefühlswahrnehmung auf. In der zweiten Phase nehmen die Effekte innerhalb der nächsten 20 Std. immer weiter ab. In der letzten Phase dauert es bis zu 3 Tage, bis sich die Menschen wieder in ihren gewohnten Bewusstseinszustand zurückfinden.
Darreichung und Dosierung	Es können die Wurzel, die Wurzelrinde sowie die Blätter der Pflanze konsumiert werden, um eine psychoaktive Wirkung zu erzeugen. Für das getrocknete Wurzelpulver wird eine Dosierung von etwa 6–10 g als ausreichend für signifikante Effekte beschrieben, wobei teilweise auch höhere Dosen (> 20 g) genommen werden. Bei dem Hauptwirkstoff Ibogain sorgen 2–10 mg/kg Körpergewicht für eine Stimulation und 15–22 mg/kg Körpergewicht für psychedelische Effekte.
Mischkonsumwarnung	Medikamente mit Wirkungen auf das Herz-Kreislauf-System erhöhen das Risiko für Herzrhythmusstörungen. Bei hohen Dosen besteht hier Lebensgefahr!

Sonstiges	Der Hauptwirkstoff des tropischen Iboga-Baums ist das Ibogain. Genutzt wird der Baum bspw. von den Bwiti, einer zentralafrikanischen Religionsgemeinschaft.

Kambo

Synonyme, wichtige Formulierungen	Sapo, Froschgift
Wirkklasse	Opioide
Erwünschte Wirkung	Gefühl der Wärme, Auflösung von Angstgefühlen, schmerzstillende Wirkung, Euphorie etc. In Erfahrungsberichten wird nach der akuten Wirkung von erhöhter Energie und positiven Gefühlen berichtet. **Merke:** Das Erbrechen (siehe unerwünschte Wirkung) wird im Rahmen des Kambo-Rituals als Reinigung angesehen und kann somit auch als Teil der erwünschten Wirkungen gesehen werden.
Unerwünschte Wirkung	Herzklopfen, Schwindel, Übelkeit, Durchfall, erhöhter Blutdruck, Erröten, Erbrechen, Schwellungen im Gesicht, Kreislaufprobleme, Krampfanfall, Verwirrung, Panik etc. **Achtung:** Es gab schon Todesfälle, die mit Kambo-Konsum einhergingen. Diese resultierten wahrscheinlich daraus, dass Kambo herzwirksame Stoffe enthält, die bei Menschen mit Herzfehlern zu schweren, mitunter tödlichen Nebenwirkungen führen können.
Abhängigkeit und andere Langzeitnebenwirkung	Zwar geht von den Opioidpeptiden des Kambos ein theoretisches Risiko für Toleranz, Abhängigkeit, Entzugssymptomatik etc. aus, der kulturelle Gebrauch und die Nebenwirkungen scheinen aber hier präventiv entgegenzuwirken. Langfristig kann es bei häufigem und intensivem Konsum zu Leber-, Nieren- und Pankreasschäden kommen.
Nachweisbarkeit	Ein Nachweis mag kurzfristig mit viel Aufwand möglich sein, aber Peptide werden typischerweise im Drogenkontext nicht bestimmt.
Typische Streckmittel	Es sind keine typischen Streckmittel bekannt.
Wirkdauer	Der Effekt tritt zügig innerhalb weniger Minuten ein und hält dann ca. 30–40 Min. an. Eine energetische Nachwirkung wird von einigen Konsumierenden beschrieben.
Darreichung und Dosierung	Kambo ist ein Froschsekret des Riesenmakifrosches (*Phyllomedusa bicolor*). Für die traditionelle Verabreichung werden mit einem glühenden Holzstab kleine Punkte auf die Haut gebrannt, jene Hautstellen abgeschabt und das (frische oder rekonstituierte) Sekret aufgetragen. Obgleich es sich um einen kleinen Nischenmarkt handelt, gibt es auch bei Kambo einen Handel, meist in Form von getrocknetem Sekret auf einem Stück Holz. Dieses Material wird mit Wasser oder Speichel innerhalb eines Kambo-Rituals rekonstituiert.

Mischkonsumwarnung	Aufgrund der starken körperlichen Reaktion nach dem Kambo-Konsum wird von Mischkonsum abgeraten und innerhalb der Zeremonien auch nicht praktiziert. Wegen der Opioidpeptide ist besondere Vorsicht bei anderen dämpfenden Substanzen wie Benzodiazepinen, Alkohol, GHB, Pregabalin und anderen Opioiden aufgrund eines höheren Risikos für Atemdepression geboten. Aber auch Stimulanzien im System könnten die kardiovaskulären Nebenwirkungen verstärken, mit evtl. fatalen Konsequenzen.
Sonstiges	In Kambo sind mehrere Peptide enthalten, die für die Wirkung verantwortlich sind, z. B. die Opioidpeptide Dermorphin und Deltorphin. Im Kontext einer Überdosierung ist die gründliche, äußerliche Reinigung der Applikationsstelle(n) sinnvoll, da dadurch eine weitere Aufnahme der Wirkstoffe verhindert wird.

♡ Kanna

Synonyme, wichtige Formulierungen	Kougoed, Channa, *Mesembryanthemum tortuosum*, *Sceletium tortuosum*
Wirkklasse	Empathogene
Erwünschte Wirkung	Stimmungsaufhellend, stimulierend, angstlindernd, leichte Euphorie, schmerzstillend, sedierend, Sensibilisierung der Sinne, gesteigerte Konzentration, gesteigertes Kontaktverhalten etc.
Unerwünschte Wirkung	Schwindel, Kopfschmerzen, leichte Übelkeit, Unruhe, trockener Mund, Durchfall etc.
Abhängigkeit und andere Langzeitnebenwirkung	Kanna weist ein geringes Risiko einer psychischen Abhängigkeitsentwicklung auf. Es liegen weder anekdotische noch klinische Informationen zu Langzeitnebenwirkungen vor. Dadurch, dass potente Konzentrate ein eher aktuelles Phänomen sind, lässt sich augenblicklich nicht sagen, inwiefern diese zusätzliche Risiken gegenüber dem traditionellen Naturprodukt bergen.
Nachweisbarkeit	Kanna wird typischerweise nicht in Drogen-Screenings erfasst, könnte aber durch spezielle Analysen nachgewiesen werden.
Typische Streckmittel	Es sind keine typischen Streckmittel bekannt. Extrakte zum Sniefen können Salz bildende Säuren und Trägerstoffe (z. B. Maltose) beinhalten.
Wirkdauer	Beim Rauchen gibt es einen fast sofortigen Wirkeintritt. Die Wirkung kann bis zu 2 Std. anhalten. Oral setzt die Wirkung innerhalb 1 Std. ein und kann bis zu 6 Std. anhalten. Sublingual kommt es innerhalb von 15 Min. zum Wirkeintritt, die Wirkung kann bis zu 3 Std. anhalten; gsnieft setzt die Wirkung innerhalb von 5 Min. ein und hält bis zu 1,5 Std. an.
Darreichung und Dosierung	Kanna wird nach einer Art Fermentierungsprozess getrocknet. Traditionell wird Kanna gekaut, geraucht oder geschnupft. Es kann allerdings auch im Vaporizer gedampft, als Tee getrunken oder sublingual konsumiert werden. Für den Konsum werden in Online-Shops in der Regel Kanna-Extrakte oder Kanna-Pulver angeboten. Die Dosierung ändert sich je nach Produkt und Konsumart. Bei Kanna-Extrakt liegt eine mittlere Dosis meist bei ca. 50–200 mg.
Mischkonsumwarnung	Es ist nicht viel über Mischkonsum bekannt, außer dass das Material traditionell gern zusammen mit Cannabis konsumiert wird. Aufgrund der serotonergen Wirkung liegt das größte Risiko wohl bei Mischkonsum mit MAO-Hemmern und Ecstasy/MDMA.
Sonstiges	Kanna ist eine sukkulente, ausdauernde Pflanze, die weißgelbe Blüten ausbildet. Sie ist vor allem in Südafrika verbreitet. Die Wirkung von Kanna wird maßgeblich den Alkaloiden

Mesembrin, Mesembrenin, Mesembrenol und Tortuosamin zugeordnet, worunter das Mesembrin als am besten erforscht gilt. Dieser Wirkstoff gilt als starker Serotonin-Wiederaufnahme- und schwacher Phosphodiesterase-4-Hemmer.

 # Kath

Synonyme, wichtige Formulierungen	*Catha edulis*, Miraa
Wirkklasse	Upper
Erwünschte Wirkung	Steigerung der Energie, erhöhte Wachheit und gesteigerte Leistungsfähigkeit, Heiterkeit, gesteigertes Selbstbewusstsein etc.
Unerwünschte Wirkung	Gewöhnungsbedürftiger Geschmack, geweitete Pupillen, erhöhter Blutdruck, erhöhte Herzfrequenz, Schlaflosigkeit, Appetitlosigkeit, Aggressivität etc.
Abhängigkeit und andere Langzeitnebenwirkung	Bei regelmäßigem Konsum kann es sowohl zu einer Toleranzentwicklung als auch zu Craving kommen. Langer und chronischer Konsum kann neben einer psychischen Abhängigkeit zu Langzeitnebenwirkungen wie Magenproblemen, Nervosität, Gewichtsverlust, Paranoia und Depression führen. Das Risikopotenzial einer Abhängigkeitsentwicklung ist unter anderem vom Zugang und dem kulturellen Gebrauch geprägt. Da Kath in Deutschland nur eine untergeordnete Rolle spielt, ist das Risikopotenzial hierzulande eher gering.
Nachweisbarkeit	Der Hauptwirkstoff Cathinon ist sowohl im Urin als auch im Blut nachweisbar. In Schnelltests können Cathinone im Urin bis zu 3 Tage nachgewiesen werden, im Blut ca. 1 Tag lang. Aufgrund von Nebenalkaloiden und Metaboliten vom »Ephedra-Typ« kann es evtl. auch nach mehreren Tagen noch zu Falsch-Positiv-Resultaten zu kommen, z. B. bei einem Amphetamin-Schnelltest.
Typische Streckmittel	Es sind keine typischen Streckmittel bekannt, da die Droge hauptsächlich als frisches Blattwerk konsumiert wird.
Wirkdauer	Durch Kauen der Blätter setzt die Wirkung nach ca. 10 Min. ein und kann bis ca. 2 Std. andauern. Für einen signifikanten Effekt müssen oft mehrere Portionen hintereinander konsumiert werden.
Darreichung und Dosierung	Die frischen Blätter und jungen Zweige des Kathstrauchs werden typischerweise gekaut, außerdem kann aus den Blättern ein Tee gebraut werden. Der Wirkstoffgehalt kann bei frischen Blättern stark schwanken. Eine lange Lagerung kann zum Abbau der Kath-Alkaloide in schwächere Alkaloide des »Ephedra-Typs« führen, bspw. Cathinon in Norpseudoephedrin (auch Cathin genannt).
Mischkonsumwarnung	Der Mischkonsum mit anderen Uppern (z. B. Amphetamin, Kokain etc.) kann die unerwünschten Wirkungen verstärken und das Herz-Kreislauf-System zusätzlich belasten. Der Konsum gemeinsam mit MAO-Hemmern oder Serotonin-Wiederaufnahmehemmern (z. B. einige Antidepressiva) kann das Risiko eines Serotoninsyndroms deutlich erhöhen. Die Kombination mit Downern und Opioiden kann zu Überdosierun-

	gen führen, da die Wirkung erst beim Nachlassen der stimulierenden Wirkung auffällt.
Sonstiges	In Ostafrika ist Kath als stimulierende Alltagsdroge in Gebrauch. Die Wirkstoffe des Kaths dienten als Inspiration für viele neuartige Cathinone (siehe synthetische Cathinone). Allerdings werden sämtliche dieser neuartigen Cathinone vollsynthetisch hergestellt. Dies ist interessant, da Drogen wie bspw. Heroin und Kokain fast immer einen pflanzlichen Ursprung haben.

Kava-Kava

Synonyme, wichtige Formulierungen	Kava, *Piper methysticum*, Rauschpfeffer
Wirkklasse	Downer
Erwünschte Wirkung	Leichte Stimulation, euphorisierende Wirkung, Beruhigung, Zufriedenheitsgefühl, Muskelentspannung, krampflösend, angstlindernd, Schläfrigkeit, evtl. Verbesserung der Schlafqualität etc.
Unerwünschte Wirkung	Gesteigerter Appetit, Ermattung, Übelkeit, Schwindel, Schwierigkeiten beim Gehen, lokalanästhetische Wirkung im Mund, Juckreiz etc.
Abhängigkeit und andere Langzeitnebenwirkung	Über eine Abhängigkeitsentwicklung bezüglich Kava-Kava ist nur wenig bekannt. Zwar wird von regelmäßigem Konsum berichtet, der auf polynesischen Inseln verbreitet ist, dieser wird jedoch nicht mit einer Abhängigkeit in Verbindung gebracht. Bei chronischem Konsum in hohen Dosen kann es zu toxischen Wirkungen wie Hautausschlag, Leberschäden (inkl. Gelbsucht), Haarausfall etc. kommen.
Nachweisbarkeit	Zwar können Kavalactone im Blut und im Urin nachgewiesen werden, allerdings wird dies in den herkömmlichen Tests nicht mituntersucht.
Typische Streckmittel	Es sind keine typischen Streckmittel bekannt.
Wirkdauer	Die Wirkung setzt bei oralem Konsum nach ca. 20–60 Min. ein und kann für mehrere Stunden andauern. Da es, ähnlich wie bei Alkohol, einen kontinuierlichen Konsum gibt, kann die gesamte Wirkdauer entsprechend lange sein.
Darreichung und Dosierung	Kava-Kava wird traditionell als Getränk zubereitet. In westlichen Ländern gibt es außerdem Kava-Kava als Tee, Extrakt, Tablette oder Tinktur. Eine traditionelle Dosis entspricht 10 g der getrockneten, gemahlenen Wurzel auf 100–150 ml Wasser. Anscheinend lösen sich die Kavalactone nicht vollständig aus dem Wurzelmaterial, weshalb eine Exposition von 100–150 ml wohl nur selten 100 mg überschreitet (obgleich das Wurzelmaterial mit ca. 10 % deutlich mehr Kavalactone enthält). Grundsätzlich liegt eine Dosis bei 50–250 mg Kavalactonen.
Mischkonsumwarnung	Über mögliche Interaktionen zwischen Kava-Kava und anderen Substanzen ist wenig bekannt. Es wird davon ausgegangen, dass Wirkungen von anderen Downern (Alkohol, Benzodiazepinen etc.) verstärkt oder verlängert werden können. Aufgrund einer MAO-Hemmung, eines Abbaus von Glutathion und weiterer Interaktionen mit der Leber ist von Drogen- und Medikamentenkombinationen grundsätzlich abzuraten.

Sonstiges	Kava-Kava ist eine Pflanze, von der zahlreiche Unterarten existieren. Der Konsum hat vor allem auf den Inseln Polynesiens eine lange Tradition. Dort finden sich auch Bars, in denen Kava-Kava anstatt Alkohol ausgeschenkt wird. Inzwischen gibt es diese auch in den USA.

Ketamin

Synonyme, wichtige Formulierungen	Keta, K (englische Aussprache), Pferdebetäubungsmittel, Ketanest® (Handelsname)
Wirkklasse	Dissoziativa
Erwünschte Wirkung	Euphorie, erhöhte Energie, angenehmes Körpergefühl, Intensivierung der Farb- und Musikwahrnehmung, Gefühl von Ruhe, visuelle und auditive Halluzinationen, schmerzstillende Wirkung, vermindertes Schmerzempfinden, antidepressive Wirkung, spirituelle Erlebnisse, Loslösung des Geistes vom Körper, intensiviertes Träumen, Ich-Auflösung (K-Hole) etc. **Merke:** Die Wirkung ist stark dosisabhängig. Niedrige Dosierungen werden häufig mit der Wirkung von Alkohol verglichen, während die dissoziative Wirkung bei höheren Dosierungen zu Tage tritt. Das K-Hole wird von manchem angestrebt; für andere ist es eine unerwünschte Wirkung (Überdosierung).
Unerwünschte Wirkung	Übelkeit, Erbrechen, Schwindel, Kopfschmerzen, Bauchschmerzen, Einschränkung der motorischen Fähigkeiten, Unbeweglichkeit, unangenehme Träume, Überforderung, Wahrnehmungsstörung, erhöhter Blutdruck, steigende Herzfrequenz, Verwirrung, Angst, Paranoia, Atemdepression, Egozentrismus, Hilflosigkeit, Bewusstlosigkeit etc.
Abhängigkeit und andere Langzeitnebenwirkung	Bei häufigem Konsum kann sich eine Toleranz bilden, die nach Absetzen Entzugserscheinungen und Craving nach sich ziehen kann. Bei chronischem Konsum kann es zu Problemen mit Niere und Blase kommen. Dies kann zu häufigem oder gestörtem Wasserlassen, Inkontinenz, Schmerzen und Blut im Urin etc. führen. Es wird vermutet, dass chronischer Konsum anhaltende Störungen der kognitiven Fähigkeiten verursachen kann, sodass das Gedächtnis, das Lernen und die Wahrnehmung beeinträchtigt sind.
Nachweisbarkeit	Ketamin ist im Urin bis zu 4 Tage lang nachweisbar, bei sehr regelmäßigem Konsum entsprechend länger (evtl. mehrere Wochen). Im Blut ist Ketamin nur wenige Stunden bis ca. 1 Tag lang nachweisbar. Ketamin ist nicht Bestandteil typischer Drogenschnelltests.
Typische Streckmittel	In Proben wurden für weiße Pulver typische Streckmittel gefunden, allerdings auch strukturähnliche NPS, wie z.B. 2-FDCK. Umgekehrt gibt es immer wieder Berichte von Verwechslungen, wobei Kund:innen dachten, Speed oder Kokain zu erwerben/konsumieren.
Wirkdauer	Geschnupft setzt die Wirkung innerhalb von 5–15 Min. ein und kann zwischen 45 Min. und 2 Std. andauern. Der Peak beträgt dabei 15–45 Min. Oral setzt die Wirkung nach etwa 10–20 Min. ein und kann eine Plateauphase von bis zu 90 Min. haben, allerdings ist oraler Konsum aufgrund der geringen Bioverfügbarkeit eher

	untypisch. Intramuskulär appliziert kommt es zu einer Wirkung nach 1–5 Min., welche wiederum bis zu 60 Min. andauert.
Darreichung und Dosierung	Ketamin kommt als weißes, kristallines Pulver vor. Manchmal sind auf dem Schwarzmarkt auch Fläschchen/Ampullen erhältlich, wie sie in der (Veterinär-)Medizin verwendet werden. Diese werden dann mit verschiedensten Techniken vom Wasser befreit, um ein Pulver zu erhalten. Geschnupft liegt die Schwellendosis bei ca. 5 mg und eine mittlere Dosis beträgt ca. 30–75 mg. Geschluckt hat Ketamin eine Schwellendosis von ca. 50 mg. Eine mittlere Dosis liegt hier bei 75–300 mg. Bei intramuskulärem Konsum liegt die Schwellendosis bei etwa 5 mg und eine mittlere Dosis zwischen 25–50 mg.
Mischkonsumwarnung	Der Mischkonsum mit Alkohol, GHB/GBL, Benzodiazepinen, Tramadol und Opioiden sollte vermieden werden, da dies das Risiko für Bewusstlosigkeit und Erbrechen erhöht, was in der Kombination zu einer lebensgefährlichen Situation führen kann. Tramadol kann zusätzlich zu einem gesteigerten Krampfanfallrisiko führen.
Sonstiges	Ketamin bildet zwei Stereoisomere (sog. Enantiomere) mit unterschiedlicher Pharmakologie aus. Während der Ausdruck Ketamin normalerweise das Racemat, also eine Mischung aus gleichen Anteilen beider Enantiomere, meint, gibt es immer mehr Anwendungen in Medizin und Wissenschaft, die ein isoliertes Enantiomer (meist das (S-)Ketamin oder Esketamin) nutzen.

Koffein

Synonyme, wichtige Formulierungen	Kaffee, Tee, Guarana, Mate, Kola (alles traditionelle Darreichungsformen)
Wirkklasse	Upper
Erwünschte Wirkung	Erhöhung der kognitiven und physischen Leistungsfähigkeit, erhöhte Wachsamkeit, höhere Konzentrationsfähigkeit, Reduktion von Müdigkeit etc.
Unerwünschte Wirkung	Kopfschmerzen, Magenprobleme, Übelkeit, Schlafstörung, Nervosität, Paranoia, erhöhter Herzschlag, Dysphorie etc. Schwere Nebenwirkungen wie z.B. das Triggern von psychotischen Episoden oder akute Krampfanfälle können bei entsprechend hohen Dosen vorkommen.
Abhängigkeit und andere Langzeitnebenwirkung	Bei regelmäßigem Konsum kann es zu einer Toleranzentwicklung kommen. Außerdem können Entzugserscheinungen in Form von Kopfschmerzen, Gereiztheit und Müdigkeit auftreten. Die Möglichkeit einer vornehmlich psychischen Abhängigkeit besteht zwar, jedoch entfällt diese Diagnose mit dem Inkrafttreten der ICD-11. Dem Entzugssyndrom wird jedoch klinische Relevanz beigemessen, sodass es als Diagnose bestehen bleibt. Langanhaltender, hoher Konsum kann zudem zu Herz-Kreislauf-Erkrankungen führen.
Nachweisbarkeit	Koffein kann im Urin bis zu 2 Tage lang nachgewiesen werden. Im Blut ist Koffein nur wenige Stunden nachweisbar.
Typische Streckmittel	Da Koffein legal verfügbar ist, sind keine Streckmittel zu erwarten. Allerdings wird Koffein auf dem Schwarzmarkt genutzt, z.B. zum Strecken von Speed, Kokain und Heroin.
Wirkdauer	Die Wirkung setzt bei oralem Gebrauch nach ca. 15–30 Min. ein und kann bis zu 6 Std. anhalten, je nach Empfindlichkeit und Gewöhnung.
Darreichung und Dosierung	Koffein kann in Form von Tabletten, Kapseln, traditionellen Heiß- und Kaltgetränken (z.B. Kaffee oder Eistee), Energy-Drinks und in kleineren Mengen durch kakaohaltige Lebensmittel zu sich genommen werden. Es gibt einige Koffeinprodukte auf dem Markt, die speziell zum Schnupfen vorgesehen sind. Die Europäische Behörde für Lebensmittelsicherheit (EFSA) sieht eine Einzeldosis von bis zu 200 mg (oder 3 mg/kg Körpergewicht) und einen Tageskonsum von 400 mg (oder 5,7 mg/kg Körpergewicht) als risikoarm bei gesunden Erwachsenen. Der Konsum von Koffein bei Jugendlichen wird von der EFSA auch bei 3 mg/kg Körpergewicht als unbedenklich eingeschätzt.
Mischkonsumwarnung	Der Konsum mit anderen Stimulanzien (Kokain, Amphetamin, Methylphenidat, Modafinil etc.) kann unerwünschte Wirkungen verstärken bzw. hervorrufen.

Sonstiges	Viele Menschen konsumieren Koffein durch unterschiedlichste Produkte. Ein Becher Filterkaffe (200 ml) hat mit 90 mg (abgesehen von Arzneimitteln) den höchsten Koffeingehalt. Ein Energy-Drink (250 ml) beinhaltet in der Regel genauso viel Koffein wie ein Espresso (60 ml), und zwar ca. 80 mg. Eine Tasse Schwarztee (220 ml) enthält ca. 50 mg, eine Dose Cola (330 ml) ca. 30 mg und eine Tafel Schokolade (100 g) ca. 40 mg. Diese Werte sind als Orientierung zu verstehen und können je nach Land, Produkt etc. abweichen.

Kokain

Synonyme, wichtige Formulierungen	Kokainhydrochlorid, Koks, Koka, Charlie, Schnee, Crack, Stein, Free-Base
Wirkklasse	Upper
Erwünschte Wirkung	Euphorie, erhöhtes Selbstbewusstsein, ein Gefühl von Wachheit und Klarheit, erhöhte Libido, erhöhte Energie, gesteigerte Geselligkeit etc.
Unerwünschte Wirkung	Kopfschmerzen, Schwindel, Muskelzuckungen, Zittern, erhöhter Herzschlag, Brustschmerzen, Übelkeit, Schwitzen, Hitzewallungen, Atemprobleme, Nasenbluten, Gefühl von Angst, Paranoia, Halluzinationen, aggressives Verhalten, Panikattacken etc.
Abhängigkeit und andere Langzeitnebenwirkung	Regelmäßiger Konsum kann zu Toleranzbildung, starkem Craving und (vornehmlich psychischen bzw. psychosomatischen) Entzugserscheinungen führen. Entzugserscheinungen sind hier Depressionen, Stimmungsschwankungen, Angstzustände, Müdigkeit, Schlafstörung, Reizbarkeit, Kopfschmerzen, Zittern, Muskelschmerzen, Konzentrationsprobleme etc. In schweren Fällen kann es zu Wahnvorstellungen, dem Gefühl von Insekten unter der Haut und anderweitigen Psychosen kommen. Bei anhaltendem Konsum können Langzeitschäden wie eine Schädigung der Nasenschleimhaut mit Risiko des Verlustes des Geruchs- und Geschmackssinns, Herz-Kreislauf-Schäden, Zahnschäden, Schlafstörungen, aggressives Verhalten und Paranoia auftreten. Da Kokain eine verhältnismäßig teure Substanz mit kurzer Wirkung ist, sollten auch die finanzielle Belastung und damit verbundene mögliche soziale Schäden bedacht werden.
Nachweisbarkeit	Kokain kann im Blut bis zu 1 Tag lang und im Urin bis zu 5 Std. erkannt werden. Das Abbauprodukt von Kokain kann allerdings bis zu 4 Tage lang nachgewiesen werden. Bei Dauerkonsum über einen längeren Zeitraum kann Kokainkonsum im Urin bis zu 3 Wochen nachgewiesen werden.
Typische Streckmittel	Typische Streckmittel bei Kokain sind Lokalanästhetika wie Lidocain oder Benzocain, die die betäubende Wirkung des Kokains nachahmen. Levamisol, ein Entwurmungsmittel in der Veterinärmedizin, wird Kokain beigemischt, um die Wirkung zu verstärken, da hier der psychostimulierende Metabolit Aminorex entsteht. Stimulanzien wie Koffein oder Amphetamin werden ebenfalls zum Strecken genutzt; als Füllstoffe dienen Kreatin, Talkum sowie diverse Zucker und Stärken. Ein Verschneiden der Droge ist entlang der Handelskette aufgrund der hohen Gewinnmarge nicht unüblich, der Kokaingehalt ist in den letzten Jahren jedoch steigend und es gelangt vermehrt relativ reines Kokain an die Endverbraucher:innen.
Wirkdauer	Bei nasalem Konsum setzt die Wirkung innerhalb von 5 Min. ein und kann bis zu 2 Std. andauern. Die Plateauphase beträgt

	dabei oft nur 10–20 Min. Beim Rauchen von Crack setzt die Wirkung in wenigen Sekunden ein und hält bis zu 15 Min. an, mit einer noch kürzeren Plateauphase von 2–10 Min. Hier entsteht schnell der Wunsch, erneut zu dosieren.
Darreichung und Dosierung	Die wohl bekanntesten Konsumformen von Kokain sind Kokainhydrochlorid, Crack und Freebase. Kokainhydrochlorid ist das weiße, kristalline Pulver, das meistens nasal konsumiert wird – intravenöser Konsum ist aufgrund der Wasserlöslichkeit auch möglich. Nasal liegt die Schwellendosis bei ca. 5 mg und eine mittlere Dosis bei 30–60 mg. Crack wird aus Kokainhydrochlorid hergestellt, indem es mit Natriumhydrogencarbonat (Backpulver) und Wasser gemischt und erhitzt wird, bis sich »Steine« bilden. Der Name Crack kommt von dem Geräusch, das beim Erhitzen entsteht. Crack kann im Gegensatz zu Kokainhydrochlorid geraucht werden. Ähnlich ist auch die Herstellung sog. »Freebase«, die ebenso dem inhalativen Konsum dient. In Südamerika gibt es noch weitere Produkte, z. B. leicht kokainhaltige Tees und Bonbons sowie eigene Varianten von Crack/Freebase wie die Kokapaste, kurz: Paco.
Mischkonsumwarnung	Der Mischkonsum von Alkohol und Kokain ist wohl am meisten verbreitet. Durch die gleichzeitige Metabolisierung der zwei Substanzen entsteht Cocaethylen. Dies ähnelt den Eigenschaften von Kokain, wirkt jedoch stärker und länger. Der Mischkonsum erhöht das Risiko für kardiovaskuläre Probleme wie Herzinfarkte deutlich. Der Konsum mit Tramadol erhöht das Risiko für Krampfanfälle. Der gemeinsame Konsum mit MAO-Hemmern kann eine gefährliche Blutdrucksteigerung verursachen. Die Kombination mit Downern und Opioiden kann zu Überdosierungen führen, da die Wirkung erst beim Nachlassen der stimulierenden Wirkung auffällt.
Sonstiges	Der Konsum kokainhaltiger Produkte hat eine lange Tradition, vermutlich wurde der Kokastrauch schon 2500 v. Chr. angebaut. Die Blätter, die gekaut werden, sind in den Andenregionen wichtig, da sie Nährstoffe liefern, leicht anregen und den Appetit zügeln. Insbesondere in hohen Bergregionen und Hochebenen mit entsprechend geringem Sauerstoffanteil in der Luft ist die Tradition des Kauens von Kokablättern ist bis heute erhalten und zu diesem Zweck auch weiterhin erlaubt. Es gibt Hinweise darauf, dass Peffersprayexposition (Wirkstoff: Capsaicin) die letalen Risiken von Kokain signifikant erhöht.

Kratom

Synonyme, wichtige Formulierungen	*Mitragyna speciosa*
Wirkklasse	Opioide
Erwünschte Wirkung	Euphorische Stimmung, Gefühl von wohliger Wärme im Körper, schmerzstillende Wirkung, sedierende Wirkung etc. Bei niedriger Dosierung kommt eher eine stimulierende Wirkung zum Tragen, während bei hoher Dosierung eine sedierende Wirkung eintritt.
Unerwünschte Wirkung	Bitterer Geschmack, Verstopfung, Schwindel, Übelkeit, Leberprobleme, Appetitlosigkeit, Schläfrigkeit etc.
Abhängigkeit und andere Langzeitnebenwirkung	Bei gelegentlichem oder niedrig dosiertem Gebrauch gibt es nur ein geringes Abhängigkeitspotenzial. Bei hohen, regelmäßigen Dosen über lange Zeit kann eine Abhängigkeit ähnlich anderen moderat potenten Opioiden entstehen. Regelmäßiger Gebrauch kann zu einer Toleranzentwicklung führen.
Nachweisbarkeit	Zwar ist es möglich, die Alkaloide in Kratom im Körper nachzuweisen, allerdings kommen solche Tests in der Regel nur im forensischen oder medizinischen Kontext (bspw. nach einem Unfall oder einer Überdosis) zur Anwendung.
Typische Streckmittel	Kratom kann Spuren von Schwermetallen aufweisen. Kratom und Kratomextrakte können Bestandteil von »Legal Highs« sein. Ein besonders gefährliches Produkt enthielt neben Kratom das Opioid O-DSMT.
Wirkdauer	Die Wirkung setzt nach ca. 15–45 Min. ein und hat eine Plateauphase von ca. 1–2 Std. Nachwirkungen sind danach noch ca. 3–4 Std. zu spüren.
Darreichung und Dosierung	Traditionell werden Kratomblätter gekaut oder als Tee zubereitet. Um Kratomblätter haltbar für Lagerung und Verkauf zu machen, werden sie getrocknet und zu Pulver gemahlen. Da Kratom sehr bitter schmeckt, wird dieses Material in Getränken, Gelatine-Kapseln oder mithilfe anderer Techniken konsumiert. Die Schwellendosis liegt bei etwa 1 g, eine mittlere Dosis zwischen 2–4 g. Es ist dabei zu beachten, dass Kratomsorten/-chargen sich in ihrer Potenz unterscheiden können.
Mischkonsumwarnung	Der Mischkonsum mit dämpfenden Substanzen wie Benzodiazepinen, Alkohol, GHB, Pregabalin und anderen Opioiden sollte aufgrund eines erhöhten Risikos einer Atemdepression vermieden werden. Auch der Mischkonsum mit Ketamin, DXM, Antihistaminika, Antidepressiva (vor allem MAO-Hemmern) und Stimulanzien (inkl. Modafinil) kann unterschiedliche Komplikationen hervorrufen, z. B. Bewusstlosigkeit, Leberschäden, Atembeschwerden oder Krampfanfälle.

Sonstiges	Die Kratompflanze, die in Südostasien beheimatet ist, ist botanisch in derselben Familie wie Kaffee (bspw. Rubiaceae oder Rötegewächse) einzuordnen. Kratom ist als pflanzliches Präparat (z. B. als Pigment), jedoch nicht als Nahrungsergänzungsmittel erhältlich. Dennoch gibt es Anbieter im Internet, die den Gebrauch von Kratom als Nahrungsergänzungs- oder Arzneimittel nahelegen.

Lachgas

Synonyme, wichtige Formulierungen	Distickstoffmonoxid, N$_2$O, Sahnekapseln
Wirkklasse	Dissoziativa
Erwünschte Wirkung	Gehobene Stimmung, Euphorie, Lachen, schmerzstillende Wirkung, traumähnliche Wirkung, Ausblenden von externen Stimuli, Klangverzerrung, Halluzinationen etc.
Unerwünschte Wirkung	Bewusstlosigkeit, Druck auf dem Ohr, Schwindel, Übelkeit, Kopfschmerzen, Schwierigkeiten Balance zu halten bzw. zu stehen, Erbrechen etc. Weitere unerwünschte Wirkungen können dadurch entstehen, dass während des Konsums nicht auf die Sauerstoffzufuhr geachtet wird. In der Medizin wird Lachgas mit Sauerstoff verabreicht. Auch wenn die Sessions im Freizeitgebrauch meist kürzer sind als in der Medizin, sollte man auf die Frischluftzufuhr achten, also z. B. den Ballon absetzen und tief durchatmen. **Achtung:** Auf Masken sollte aufgrund der Erstickungsgefahr verzichtet werden! Außerdem ist das Gas sehr kalt und sollte niemals direkt aus Kartuschen/Flaschen konsumiert werden, da es zu Vereisungen kommen kann.
Abhängigkeit und andere Langzeitnebenwirkung	Eine physische Abhängigkeit ist nicht bekannt. Allerdings setzt nach dem kurzen Rausch nicht selten ein Craving ein, also der Wunsch des Weiterkonsumierens. Bei regelmäßigem Konsum kann es zu Vitamin-B12-Mangel kommen. Dies kann auf Dauer zu Nervenschäden führen, die sich anfänglich durch Kribbeln und Taubheit in den Zehen oder Fingern zeigen und ohne eine entsprechende Behandlung zu schweren, langanhaltenden Nervenschäden führen können.
Nachweisbarkeit	Das Gas ist ca. 1 Std. nach Einnahme nicht mehr nachweisbar. Lachgas wird allerdings auch in herkömmlichen Drogen-Screenings nicht erfasst.
Typische Streckmittel	Es sind keine Informationen zu typischen Streckmitteln bekannt. Bei industriell erzeugten Gasen ist dies auch eher unwahrscheinlich.
Wirkdauer	Die Wirkung setzt nach wenigen Sekunden ein und hält max. 5 Min. an. Erfahrungsberichten zur Folge kann die vorherige Einnahme mancher Drogen (z. B. Cannabis) die Wirkung subjektiv verlängern und verstärken.
Darreichung und Dosierung	Lachgas ist in Sahnekapseln oder größeren Kartuschen im Einzelhandel erhältlich. Im Medizinhandel gibt es auch größere Gasflaschen. Das darin enthaltene Gas wird in der Regel in Ballons gefüllt und inhaliert. Eine Einzeldosis entspricht dabei ca. 5–10 g. Höhere Dosen können zu einer vorrübergehenden Bewusstlosigkeit führen.

Mischkonsumwarnung	Der Mischkonsum mit Psychedelika und anderen Dissoziativa kann zu einer schnellen Potenzierung der Wirkung und zum »Ego-Tod« führen. Der Mischkonsum mit Downern wie GHB, Opioiden, Benzodiazepinen kann das Risiko für Übelkeit, Erbrechen und Bewusstlosigkeit erhöhen.
Sonstiges	Lachgas wurde schon vor 200 Jahren entdeckt und wird seit 150 Jahren in der Medizin und als Freizeitdroge eingesetzt. Es zählt zu den am wenigsten toxischen Anästhetika. Es wird unter anderem in der Zahnmedizin und bei der Entbindung eingesetzt.

LSD (inkl. Pro-Drugs)

Synonyme, wichtige Formulierungen	Acid, Alice, Trip, Pappen, Pro-Drugs: 1P-LSD, 1cP-LSD, 1D-LSD, 1V-LSD, 1S-LSD etc.
Wirkklasse	Halluzinogene
Erwünschte Wirkung	Euphorie, visuelle und auditive Halluzinationen, Intensivierung von Farben, assoziatives und kreatives Denken, auditive Sensitivierung und Musikgenuss, Gefühl von Verbundenheit, spirituelle Erfahrungen etc.
	Merke: Wie bei allen Halluzinogenen sind erwünschte und unerwünschte Wirkung sehr von Set und Setting abhängig!
Unerwünschte Wirkung	Leichter Anstieg von Blutdruck/Herzschlag und Körpertemperatur, Anspannung, Überforderung mit dem Trip, Verwirrtheit, Konfrontation mit unangenehmen Gefühlen und Erlebnissen, Flashbacks, Angst, Paranoia etc.
Abhängigkeit und andere Langzeitnebenwirkung	Bei Konsum von LSD kommt es zu einer schnellen Toleranzbildung bis zum Ausbleiben der typischen Effekte. Im Gegensatz zu anderen Wirkklassen ist dies jedoch ein protektiver Faktor bezüglich einer Abhängigkeitsentwicklung, da eine längere Konsumpause benötigt wird, um wieder einen Effekt zu erzeugen. Das Risiko, eine Abhängigkeitserkrankung zu entwickeln, ist als gering einzuschätzen. LSD zählt als physisch sichere Substanz, mit körperlichen Langzeitnebenwirkungen ist nicht zu rechnen. Es kann jedoch zu einer persistierenden Wahrnehmungsstörung kommen, also visuellen Verzerrungen, die nach dem Konsum anhalten.
Nachweisbarkeit	LSD kann bis zu 12 Std. im Blut und bis zu 3 Tage lang im Urin nachgewiesen werden. Aufgrund der geringen Konzentration im Körper gelingt ein Nachweis nur mit speziellen Labormethoden.
Typische Streckmittel	Auf LSD-Filzen wurden in Drug-Checking-Services schon 25x-NBOMe und 2,5-Dimethoxy-4-Chloroamphetamine (DOC) nachgewiesen. Auch werden öfter Derivate (1x-LSD) als LSD verkauft.
Wirkdauer	Der Effekt setzt innerhalb von 60 Min. ein und kann bis zu 12 Std. anhalten. Die Plateauphase hält dabei 3–6 Std. lang an.
Darreichung und Dosierung	LSD wird in der Regel auf Filze geträufelt und sublingual eingenommen. Pro-Drugs wie 1V-LSD, 1cP-LSD etc., die teilweise online erworben werden können, werden auch in Tablettenform oder als Drops zur Verfügung gestellt. Die Schwellendosis bei LSD liegt bei ca. 10–20 μg und eine mittlere Dosis zwischen 50–150 μg. Bisweilen werden durch erfahrene Konsumierende auch extrem hohe Dosen eingenommen.
Mischkonsumwarnung	Der Mischkonsum von Lithium und LSD sollte vermieden werden, da dies das Risiko für Psychosen und Krampfanfälle

	erhöhen kann. Cannabis kann die Wirkung bisweilen extrem verstärken.
Sonstiges	Aktuell kommen fast jährlich neue LSD-Derivate auf den Markt, die aufgrund von chemischen Veränderungen das BtMG/NPSG umgehen. Diese Derivate sind meistens zeitlich so kurz relevant, dass nur wenig dazu geforscht wird. Die Wirkung wird in der Regel als sehr ähnlich bis gleich in Vergleich zu LSD wahrgenommen.

♡ MDA und Derivate (ausgenommen MDMA)

Synonyme, wichtige Formulierungen	MDA, Eve (MDE, MDEA), MMDA, MBDB etc.
Wirkklasse	Empathogene
Erwünschte Wirkung	Auch wenn MDA und Derivate häufig mit MDMA zusammengefasst werden, haben diese durchaus unterschiedliche Wirkkomponenten. MDA wirkt z. B. weniger empathogen, sondern eher stimulierend, kühler und mit einer leichten halluzinogenen Komponente. Die Wirkung von MDEA wird als allgemein milder und weniger stimulierend beschrieben. Außerdem hat es eine entspannendere Wirkung als MDMA. Auch MMDA ist weniger stimulierend, hat jedoch halluzinogene Eigenschaften.
Unerwünschte Wirkung	Übelkeit, Erbrechen, Mundtrockenheit, Schwitzen, Kopfschmerzen, Zittern, Konzentrationsstörung, Störung des Kurzzeitgedächtnisses, erhöhte Körpertemperatur, Verkrampfung der Kiefermuskulatur, optische Wahrnehmungsstörung, Juckreiz, Angst, Paranoia etc. An den Tagen danach kann es zu depressiven Verstimmungen und Angstgefühlen kommen.
Abhängigkeit und andere Langzeitnebenwirkung	Der regelmäßige Konsum kann wie bei MDMA zu einer psychischen Abhängigkeit führen. MDA kann bei anhaltendem Konsum die Leber schädigen. Ähnlich wie bei MDMA kann es zu einer herabgesetzten Gedächtnisleistung, Herz-Kreislaufproblemen, Angsterkrankung und Depression kommen.
Nachweisbarkeit	Alle Substanzen können im Blut bis zu 24 Std. und im Urin bis zu 4 Tage lang nachgewiesen werden.
Typische Streckmittel	MDA und Derivate finden sich heutzutage nur noch gelegentlich in Ecstasy-Pillen wieder.
Wirkdauer	Die Wirkung bei MDA tritt innerhalb von 1,5 Std. ein und kann bis zu 8 Std. anhalten. Die Wirkung von MDEA tritt innerhalb von 45 Min. ein und kann bis zu 4 Std. anhalten.
Darreichung und Dosierung	MDA und seine Derivate können sowohl in Ecstasy-Pillen enthalten sein oder auch als Pulver zur Verfügung gestellt werden. Eine mittlere Dosis von MDA liegt zwischen 60–125 mg und von MDEA zwischen 120–180 mg.
Mischkonsumwarnung	MDA und seine Derivate sollten nicht gemeinsam mit MAO-Hemmern, DXM, Serotonin-Wiederaufnahmehemmern (SSRI), 5-HTP oder serotoninfreisetzenden Substanzen wie Methamphetamin konsumiert werden, da dies zu einem Serotoninsyndrom führen kann. Der Mischkonsum mit 25x-NBOMe und 25x-NBOH kann das Herz besonders belasten und zu erhöhtem Blutdruck, Krampfanfällen und Herzversagen führen.

Sonstiges	Neben den genannten Substanzen gibt es eine Vielzahl an strukturell ähnlichen synthetischen Substanzen, von denen die meisten eher halluzinogene Wirkung besitzen.

Teil 3: Substanzen

♡ MDMA

Synonyme, wichtige Formulierungen	Adam, Emma, Molly, Ecstasy, XTC
Wirkklasse	Empathogene
Erwünschte Wirkung	Erhöhung der Empathie, Euphorie, erhöhte Kommunikationsbereitschaft, gemindertes Schmerzempfinden, emotionale Offenheit, erhöhter Musikgenuss, Gefühle von Liebe, Sensitivierung der Sinne, Gefühl von sozialer Gemeinschaft, Verbundenheitsgefühl etc.
	Merke: MDMA wird aktuell wieder in der Psychotherapie erforscht und erprobt. Dadurch, dass MDMA die Angst vor schmerzhaften Erinnerungen verringern kann, wird eine emotionale Offenheit gefördert, die einen Verarbeitungsprozess unterstützen kann.
Unerwünschte Wirkung	Übelkeit, Erbrechen, Mundtrockenheit, Schwitzen, Kopfschmerzen, Zittern, Konzentrationsstörung, Störung des Kurzzeitgedächtnisses, erhöhte Körpertemperatur, Verkrampfung der Kiefermuskulatur, optische Wahrnehmungsstörung, Juckreiz, Angst, Paranoia etc. An den Tagen danach kann es zu depressiven Verstimmungen und Angstgefühlen kommen.
Abhängigkeit und andere Langzeitnebenwirkung	Der regelmäßige Konsum von MDMA kann zu einer psychischen Abhängigkeit führen. Da MDMA jedoch unangenehme Katersymptome mit sich bringt und eine vergleichbare Wirkung erst nach mehrwöchiger Konsumpause erreicht werden kann, ist eine Abhängigkeitsentwicklung eher selten. Mögliche Langzeitnebenwirkungen von MDMA können eine herabgesetzte Gedächtnisleistung, Angsterkrankungen und Depressionen sein. Außerdem wirkt MDMA kardiotoxisch und kann zu Herz-Kreislaufproblemen führen.
Nachweisbarkeit	MDMA ist im Blut bis zu 24 Std. und im Urin bis zu 4 Tage lang nachweisbar.
Typische Streckmittel	Vor allem Ecstasy-Pillen können häufig andere Substanzen neben oder anstatt MDMA enthalten z.B. 2C-B, 4-FA, m-CPP, Amphetamin, Koffein, MDA etc.
Wirkdauer	Die Wirkung setzt innerhalb von 45 Min. ein und kann bis zu 6 Std. anhalten. Die Plateauphase kann dabei bis zu 3 Std. anhalten.
Darreichung und Dosierung	MDMA ist in Form von Kristallen oder Pulver verfügbar. Die am meisten verbreitete Darreichungsform sind wohl Ecstasy-Tabletten. Diese enthalten in der Regel als Hauptwirkstoff MDMA. Die Dosierung von MDMA wird häufig bei ca. 1,1–1,7 mg/kg Körpergewicht angegeben. Die persönliche Dosis richtet sich jedoch nicht nur nach Körpergewicht und Geschlecht, sondern auch nach der persönlichen Sensibilität.

	Achtung: Eine Ecstasy-Pille ist nicht als eine Konsumeinheit zu betrachten! Der MDMA-Gehalt kann in vielen Pillen die persönliche Dosis deutlich überschreiten!
Mischkonsumwarnung	MDMA sollte nicht gemeinsam mit MAO-Hemmern, DXM, Serotonin-Wiederaufnahmehemmern (SSRI), 5-HTP oder serotoninfreisetzenden Substanzen wie Methamphetamin konsumiert werden, da dies zu einem Serotoninsyndrom führen kann.
Sonstiges	Ecstasy-Pillen haben unterschiedliche Farben, Formen und Prägungen. Durch Drug-Checking-Ergebnisse können dadurch Verunreinigungen der verschiedenen Pillen eingeschätzt werden. Allerdings ist dieser Transfer mit äußerster Vorsicht zu genießen, da auch Pillen mit gleicher Farbe, Form und Prägung komplett unterschiedlich zusammengesetzt sein können. Der Wirkstoff MDMA wird in jüngerer Vergangenheit wieder hinsichtlich seines therapeutischen Potenzials untersucht.

Meskalin-Kakteen

Synonyme, wichtige Formulierungen	Knöpfe, Buttons, Peyote, San Pedro
Wirkklasse	Halluzinogene
Erwünschte Wirkung	Euphorie, visuelle und auditive Halluzinationen, Erhöhung der Empathie, Motivationssteigerung, Gefühl von Verbundenheit, Verbesserung der Analysefähigkeit, Verbesserung des Geruchssinns, kreatives Denken, erhöhter Musikgenuss, Sensitivierung von taktilen Reizen, Zeitverzerrung, mystische und spirituelle Erfahrungen etc.
Unerwünschte Wirkung	Ekliger Geschmack, Übelkeit, Erbrechen, Schwindel, erhöhter Speichelfluss, Appetitlosigkeit, allergische Reaktionen, Gedankenkreisen, häufiges Wasserlassen, erhöhte Herzfrequenz, Pupillenerweiterung, Überforderung mit dem Trip, Angstgefühle etc.
Abhängigkeit und andere Langzeitnebenwirkung	Bei Konsum von Meskalin kann es zu einer schnellen Toleranzbildung kommen. Im Gegensatz zu anderen Wirkklassen ist dies jedoch ein protektiver Faktor bezüglich einer Abhängigkeitsentwicklung, da eine längere Konsumpause benötigt wird, um wieder einen Effekt zu erzeugen. Das Risiko, eine Abhängigkeitserkrankung zu entwickeln, ist als gering einzuschätzen. Es sind keine weiteren Langzeitnebenwirkungen bekannt.
Nachweisbarkeit	Meskalin kann bis zu 3 Tage lang im Urin nachgewiesen werden, wird jedoch typischerweise nicht in Drogen-Screenings geprüft.
Typische Streckmittel	Meskalin wurde schon als Methylon verkauft. Methylon gehört zu der Substanzgruppe der Cathinone. Da reines Meskalin eher selten auf den Markt kommt, wurden auch hier aufgrund des hohen Preises schon diverse Substanzen als solches verkauft. Aufgrund der hohen Dosis sollte der unbeabsichtigte Konsum anderer Substanzen möglichst ausgeschlossen werden.
Wirkdauer	Bei oralem Konsum setzt die Wirkung von Meskalin-Hydrochlorid innerhalb von 1 Std. ein und kann bis zu 14 Std. andauern. Die Plateauphase liegt dabei bei ca. 6 Std. Die Wirkung von Pflanzenmaterial setzt teilweise erst nach 2 Std. ein.
Darreichung und Dosierung	Meskalin auf dem Schwarzmarkt wird entweder aus den Kakteen extrahiert oder synthetisch hergestellt und dann als Sulfat oder Hydrochlorid zur Verfügung gestellt. Die Schwellendosis von Meskalin-Hydrochlorid liegt bei ca. 50 mg. Eine mittlere Dosis bei oralem Konsum liegt zwischen 200–300 mg. 178 mg Meskalin-HCl entsprechen ungefähr 200 mg Meskalin-Sulfat. Auch können die verschiedenen Meskalin-Kakteen direkt oral konsumiert werden. Hierfür können entweder frische oder getrocknete Kakteen/Kaktusstücke oral eingenommen wer-

	den. Bei getrocknetem Material sind Suspensionen aus dem Pulver oder Auszüge möglich. Die Meskalinkonzentration unterscheidet sich jedoch von Kaktus zu Kaktus und je nach Anbaubedingungen, Alter und Jahreszeit erheblich, die Dosierung muss dementsprechend angepasst werden.
Mischkonsumwarnung	Der Mischkonsum mit Lithium oder Tramadol kann ein Risiko für Krampfanfälle erhöhen. Wechselwirkungen mit MAO-Hemmern und Stimulanzien sind wahrscheinlich. Die Gefahr für Wechselwirkungen muss aufgrund der recht hohen Dosierung und diverser Nebenalkaloide als riskanter als bei anderen Psychedelika gewertet werden.
Sonstiges	Meskalin konnte schon in über 40 Kakteen nachgewiesen werden. Die bekanntesten sind wohl der Peyotekaktus, der St.-Andreas-Kaktus und der Peruanische Fackelkaktus. Dies liegt vor allem daran, dass in den meisten Kakteen nur Spuren von Meskalin gefunden wurden. Da Meskalin nicht sehr potent ist, eignen sich somit die meisten Kakteen nicht für einen psychedelischen Effekt.

Methadon

Synonyme, wichtige Formulierungen	Meta, L-Polamidon® und Levo-Methasan® (beides Handelsnamen für Levomethadon, dem linksdrehenden Enantiomer)
Wirkklasse	Opioide
Erwünschte Wirkung	Schmerzstillende Wirkung, sedierende Wirkung, angstlösende Wirkung, Unterdrückung von opioidbedingter Entzugssymptomatik etc. **Merke:** Methadon und Levomethadon löst vor allem beim oralen Konsum keine nennenswerte, euphorische Stimmung aus. Es wird oft dahingehend beschrieben, dass der »Kick« fehlt.
Unerwünschte Wirkung	Übelkeit, Erbrechen, Schwitzen, Schwindel, Kopfschmerzen, Mundtrockenheit, Atembeschwerden, Verkleinerung der Pupillen, niedriger Blutdruck, Magen-Darm-Beschwerden, Verstopfung, Juckreiz, Appetitlosigkeit, Libidoverlust, Schwierigkeiten zu urinieren, Angststörung, Depression, Halluzinationen etc. **Merke:** Aufgrund der höheren Potenz ist das Risiko einer Überdosierung und Atemdepression bei Levomethadon höher als bei Methadon.
Abhängigkeit und andere Langzeitnebenwirkung	Regelmäßiger Konsum kann zu einer physischen und psychischen Abhängigkeitsentwicklung führen. Es kommt zu opioidtypischer Toleranzentwicklung und beim Absetzen zu Entzugserscheinungen. Aufgrund der langen Halbwertszeit von Methadon ist bei regelmäßigem Konsum ein körperlicher Entzug in der Regel deutlich langwieriger (mehrere Wochen), verglichen mit bspw. Heroin. Mögliche Langzeitnebenwirkungen können eine verringerte Libido, Apathie, Gedächtnisstörungen, Abnahme der Knochendichte etc. sein.
Nachweisbarkeit	Methadon und Levomethadon können bis zu 3 Tage im Blut und im Urin 2–5 Tage lang nachgewiesen werden.
Typische Streckmittel	Methadon und Levomethadon werden in der Regel nicht gestreckt, allerdings befinden sie sich oft in pharmazeutischen Formulierungen, die den intravenösen Missbrauch erschweren, z. B. durch hohe Viskosität (Zähflüssigkeit).
Wirkdauer	Bei oralem Konsum setzt die Wirkung bei beiden Substanzen nach ca. 20–90 Min. ein und kann einen Peak von bis zu 8 Std. haben. Effekte können sich auch noch bis zu 24 Std. später zeigen.
Darreichung und Dosierung	Methadon wird entweder als Tablette oder als trinkbare Formulierung bzw. Konzentrat abgegeben. Eine Schwellendosis liegt bei ca. 1 mg und eine mittlere Dosis zwischen 5–15 mg. In der Substitutionsbehandlung wird die Dosierung auf die Person abgestimmt. Diese wird dann langsam gestei-

	gert, soll jedoch eine Dosis von 150 mg pro Tag nicht überschreiten. Levomethadon ist ca. doppelt so potent wie das normale Methadon-Racemat (also eine Mischung aus Levo- und Dextromethadon). Eine mittlere Dosis Levomethadon liegt deshalb bei ca. 2,5–7,5 mg.
Mischkonsumwarnung	Der Mischkonsum mit dämpfenden Substanzen wie Alkohol, Benzodiazepinen, GHB und anderen Opioiden sollte vermieden werden, da dies das Risiko einer Atemdepression steigert. Vor allem der Konsum von Substanzen, die das Risiko von Erbrechen und Bewusstlosigkeit erhöhen können (z. B. Lachgas, Ketamin), sorgt für eine erhöhte Erstickungsgefahr. Der Mischkonsum mit Tramadol kann das Krampfanfallrisiko erhöhen. Der Mischkonsum mit Stimulanzien belastet zusätzlich das Herz-Kreislauf-System.
Sonstiges	Methadon und Levomethadon werden häufig in der Substitutionstherapie bei Opioiden genutzt.

Teil 3: Substanzen

 # Methamphetamin

Synonyme, wichtige Formulierungen	»Crystal Meth«, Tina, Pervitin (historisch relevanter Handelsname)
Wirkklasse	Upper
Erwünschte Wirkung	Stark aufputschende Wirkung, Euphorie, Enthemmung, gesteigerte Motivation, Erhöhung der Risikobereitschaft, Steigerung des Selbstbewusstseins, Steigerung der sexuellen Lust, Unterdrückung von Hunger, Durst, Schmerz und Müdigkeit etc.
Unerwünschte Wirkung	Mundtrockenheit, Herzrasen, Schwindel, Kopfschmerzen, Übelkeit, Erbrechen, Schweißausbrüche, Zittern, Überhitzung des Körpers, Appetitlosigkeit, Aufkratzen/Quetschen der Haut, Atemnot, Realitätsverlust, Angst, Paranoia etc. Nachwirkungen des Konsums können mehrere Tage bis Wochen anhalten und treten in Form von depressiven Verstimmungen, Erschöpfung, Reboundschlaf, aber auch Schlaf- und Kreislaufstörungen, Ängsten, paranoiden Zuständen etc. auf.
Abhängigkeit und andere Langzeitnebenwirkung	Aufgrund der intensiven Wirkung und des schnellen Wirkungseintritts bei den verbreiteten Konsumarten kann eine schnelle Abhängigkeitsentwicklung auftreten. Nach dem Konsum kommt es zu einem langen Gefühl der Niedergeschlagenheit, was den erneuten Konsum befördern kann. Es kommt zu einer zügigen Toleranzbildung mit maßgeblich psychischen Entzugserscheinungen, die sich jedoch auch deutlich psychosomatisch zeigen können. Anhaltender Konsum kann zu zahlreichen Langzeitschäden in Form von hohem Gewichtsverlust, Zersetzung der Nasenscheidenwand (bei nasalem Konsum), Zähneknirschen, Nieren- und Leberschäden, chronischer Hautentzündung (»Crystal-Akne«), Magenbeschwerden, Herzrhythmusstörungen, Depression, Schlafstörungen, Panikattacken, Gedächtnis- und Aufmerksamkeitsstörungen etc. führen. Auch das Triggern von Psychosen ist durch intensiven Methamphetaminkonsum möglich.
Nachweisbarkeit	Methamphetamin ist im Speichel bis zu 72 Std., im Urin 2–7 Tage und im Blut bis zu 24 Std. lang nachweisbar. Da Amphetamin ein Metabolit von Methamphetamin ist, können Drogentests auch mehrfach positiv reagieren.
Typische Streckmittel	Grundsätzlich ist Methamphetamin seltener und weniger stark gestreckt als bspw. Speed (siehe Amphetamin). Dennoch sind Streckmittel oder Falsifikate möglich, die diverse Cathinone (siehe synthetische Cathinone), Isopropylbenzylamin o. ä. enthalten. Aufgrund der günstigen Herstellung wird Methamphetamin gelegentlich anderen Straßendrogen (z. B. Speed oder Kokain) beigefügt.
Wirkdauer	Geraucht und intravenös setzt die Wirkung nach wenigen Sekunden ein, sie kann geraucht bis zu 3 Std. und intravenös

	bis zu 8 Std. anhalten. Gesnieft kommt es zu einem Wirkeintritt innerhalb von 10 Min., die Wirkung kann bis zu 7 Std. anhalten, ebenfalls mit einer Plateauphase von bis zu 3 Std. Bei oralem Konsum setzt die Wirkung innerhalb von 60 Min. ein und kann bis zu 12 Std. anhalten. Die Plateauphase beträgt dann bis zu 5 Std.
Darreichung und Dosierung	Methamphetamin ist in der Regel in Form von Kristallen oder Pulver erhältlich. Die orale Schwellendosis liegt bei ca. 5 mg. Eine mittlere Dosis liegt oral bei 10–25 mg, geraucht bei 10–20 mg und intravenös sowie gesnieft bei 10–30 mg.
Mischkonsumwarnung	Der Mischkonsum mit MAO-Hemmern kann zu einer hypertensiven Krise (also einem systolischen Blutdruck über 180 mmHg) führen. Der Mischkonsum mit anderen Stimulanzien, Opioiden (insbesondere Tramadol) erhöht das Risiko für Krampfanfälle.
Sonstiges	Methamphetamin ist in Deutschland vor allem im Osten populär. Dies liegt unter anderem an der »traditionellen« Herstellung in Tschechien. Bundesweit ist Methamphetamin außerdem in der ChemSex-Szene verbreitet. ChemSex bezeichnet den gezielten Einsatz von psychoaktiven Substanzen (Chemicals) für die Steigerung der sexuellen Lust und Ausdauer.

Teil 3: Substanzen

 Methylphenidat

Synonyme, wichtige Formulierungen	Ritalin®, Medikinet®, Concerta® (alles Handelsnamen)
Wirkklasse	Upper
Erwünschte Wirkung	Steigerung der Wachheit, Verbesserung der kognitiven Leistungsfähigkeit, Verbesserung der Impulssteuerung, verminderte Hyperaktivität, erhöhte Konzentrationsfähigkeit etc.
	Merke: Die verbesserte Impulssteuerung und Konzentrationsfähigkeit sowie verminderte Hyperaktivität treten maßgeblich bei Menschen mit ADHS auf. Bei Menschen ohne ADHS steht die stimulierende Wirkung im Vordergrund.
Unerwünschte Wirkung	Kopfschmerzen, Schlaflosigkeit, Schwindel, Nervosität, Konzentrationsmangel, Magenbeschwerden, Übelkeit, Schwitzen, Tremor, Appetitlosigkeit, Mundtrockenheit, schneller Herzschlag, erhöhter Blutdruck, Hypertonie, Hautausschlag, Juckreiz, Angst, innere Unruhe, Affektlabilität, Aggression, Gewichtsverlust, Anorexie, Depression, Schlafstörung etc.
Abhängigkeit und andere Langzeitnebenwirkung	Bei Methylphenidat besteht ein gewisses psychisches Abhängigkeitspotenzial. Bei der medikamentösen Gabe wird das Abhängigkeitspotenzial mit Retardtabletten abgemildert; dies kann jedoch durch Zerstoßen der Tablette umgangen werden. Da Methylphenidat außerhalb einer Verschreibung ein Risiko des funktionalen, alltäglichen Gebrauchs (z. B. Leistungssteigerung) mit sich bringt, kann dies auch eine psychische Abhängigkeit befördern. Bei Kindern werden Langzeitsymptome wie verringerte Gewichtszunahme und Wachstumsverzögerung beobachtet. Weitere mögliche Langzeitnebenwirkungen können kardiovaskuläre Probleme, aber auch Depressionen und Angststörung sein. Es gibt außerdem Hinweise auf die Auslösung von Psychosen.
Nachweisbarkeit	Methylphenidat kann im Blut bis zu 6 Std. und im Urin bis zu 2 Tage lang nachgewiesen werden.
Typische Streckmittel	Methylphenidat ist in der Regel selten verunreinigt, da die Tabletten aus dem offiziellen Markt in den Schwarzmarkt gelangen.
Wirkdauer	Bei oralem Konsum setzt die Wirkung innerhalb von 30 Min. ein und kann bis zu 4 Std. anhalten. Bei der retardierten Form kann die Wirkung bis zu 12 Std. andauern. Bei nasalem Konsum kommt es zu einem Wirkeintritt innerhalb von 20 Min., die Wirkung kann ebenfalls bis zu 4 Std. anhalten mit einer Plateauphase von bis zu 45 Min.
Darreichung und Dosierung	Methylphenidat ist in Tablettenform, sowohl retardiert als auch nicht-retardiert, verfügbar. Darüber hinaus gibt es Hartkapseln.

	Eine medizinische mittlere Tagesdosis beträgt 10–20 mg. Die maximale Tagesdosis bei Erwachsenen liegt bei 80 mg und bei Kindern bei 60 mg. Im Freizeitkonsum wird Methylphenidat außerdem nasal konsumiert. Eine mittlere Dosis beträgt hierbei zwischen 15–30 mg.
Mischkonsumwarnung	Der Mischkonsum mit MAO-Hemmern kann zu einer hypertensiven Krise führen (Blutdruck über 180). Der Mischkonsum mit Tramadol erhöht das Risiko für Krampfanfälle.
Sonstiges	Methylphenidat ist neben der Behandlung von ADHS auch für die Therapie von Narkolepsie zugelassen.

Morphin

Synonyme, wichtige Formulierungen	Morphium
Wirkklasse	Opioide
Erwünschte Wirkung	Euphorie, Entspannung, schmerzlindernde Wirkung, sedierende Wirkung, Dämpfung von Emotionen, Unterdrückung des Hustenreizes, beruhigende Wirkung, angstlösende Wirkung etc.
	Merke: Die Wirkung bei Opioiden ähnelt sich sehr. Um die Wirkung der einzelnen Substanzen einzuschätzen, ist es wichtig, sich an der Potenz der einzelnen Opioide zu orientieren. Morphin wird hierzu als Orientierung genutzt (siehe Sonstiges).
Unerwünschte Wirkung	Schwindel, Verengung der Pupillen, Übelkeit und Erbrechen, Verstopfung, Dysphorie, Kopfschmerzen, Juckreiz, Schwierigkeiten zu urinieren, Schlaflosigkeit, Müdigkeit, Appetitlosigkeit, Veränderung der kognitiven und sensorischen Leistungsfähigkeit, Geschmacksveränderung, Unterdrückung von Orgasmen, verringerte Libido, Verwirrtheit, Albträume, Halluzinationen, Atemdepression etc.
Abhängigkeit und andere Langzeitnebenwirkung	Bei regelmäßigem Konsum kann sich eine Toleranz entwickeln, die Opioid-typische Entzugserscheinungen (siehe Tilidin) zur Folge hat. Morphin hat eine Kreuztoleranz zu allen anderen Opioiden. Als mögliche weitere Langzeitnebenwirkungen können eine verringerte Libido, Ruhelosigkeit, Gedächtnisstörungen und chronische Verstopfung auftreten.
Nachweisbarkeit	Morphin kann im Urin 2–4 Tage lang nachgewiesen werden, im Blut jedoch nur wenige Stunden.
Typische Streckmittel	Morphin, das auf dem Schwarzmarkt verfügbar gemacht wird, kann gestreckt sein. Hier ist es z. B. möglich, dass nichtverschreibungspflichtige Schmerzmittel wie Paracetamol oder Ibuprofen beigemischt werden. Auch der Zusatz von Lokalanästhetika wie Lidocain oder Benzocain ist möglich. Zu einer besonders gefährlichen Streckung kann es durch die Beimischung von günstigeren und stärkeren Opioiden wie Fentanyl kommen. Hier besteht eine hohe Gefahr der Überdosierung!
Wirkdauer	Die Wirkung bei oralem Konsum tritt nach etwa 10–30 Min. ein und kann bis zu 6 Std. anhalten. Die Plateauphase beträgt dabei 2–3 Std. Bei intravenösem Konsum tritt die Wirkung fast sofort ein.
Darreichung und Dosierung	Morphin wird als Tablette, Kapsel, Lösung zum Einnehmen, Zäpfchen, Pflaster, Lösung zur subkutanen Infusion und Injektionslösung medizinisch verwendet. Die Schwellendosis beträgt bei oralem Konsum ca. 10 mg. Eine mittlere Dosis entspricht 15–20 mg.

	Morphin kann in einer retardierten Form auch als Substitutionsmittel verwendet werden.
Mischkonsumwarnung	Der Mischkonsum mit dämpfenden Substanzen wie Alkohol, Benzodiazepinen, GHB und anderen Opioiden sollte vermieden werden, da dies das Risiko einer Atemdepression erhöht. Vor allem der Konsum von Substanzen, die das Risiko von Erbrechen und Bewusstlosigkeit steigern können (wie Lachgas, Ketamin), sorgt für eine erhöhte Erstickungsgefahr! Der Mischkonsum mit Tramadol kann das Krampfanfallrisiko erhöhen. Der gleichzeitige Gebrauch von DXM kann das Risiko einer Depression des Zentralnervensystems sowie kardiale und respiratorische Probleme und Überdosierungen erhöhen, da er die Toleranz gegenüber Opioiden reduziert. Der Mischkonsum mit Stimulanzien belastet zusätzlich das Herz-Kreislauf-System.
Sonstiges	Die Wirkstärke von anderen Opioiden wird immer an Morphin gemessen. Morphin bildet dabei den Faktor 1. Tilidin ist bei oralem Konsum mit dem Faktor 0,1–0,2 weniger potent als Morphin und Oxycodon mit dem Faktor 1,5 potenter als Morphin. Außerdem kann Morphin (wie auch andere Opioide) in der Schwangerschaft die Plazentaschranke überwinden. Obgleich keine Fehlbildungen bekannt sind, kann das Neugeborene dennoch Entzugssymptomatiken aufweisen.

Muskatnuss

Synonyme, wichtige Formulierungen	*Myristica fragrans*
Wirkklasse	Halluzinogene
Erwünschte Wirkung	Stimulation, Konzentrationssteigerung, Gefühl von Verbundenheit mit anderen, Empathie, euphorische Stimmung, leichte visuelle und auditive Halluzinationen, taktile Sensitivierung, Lachen, Geschmacksintensivierung, Sedierung, Muskelentspannung etc.
Unerwünschte Wirkung	Übelkeit, Schwindel, Mundtrockenheit, Kopfschmerzen, Schwierigkeiten beim Urinieren, Blutdrucksenkung, Dehydration, rote und blutunterlaufene Augen, Erweiterung der Pupillen, Verwirrtheit, Verlangsamung des Denkens, Störung der Konzentration, Depersonalisierung, Intensivierung von Gefühlen, Angst, Panik, starke Überforderung (besonders auch durch die Länge des Trips), Amnesie, Psychose etc.
Abhängigkeit und andere Langzeitnebenwirkung	Der Wunsch eines erneuten Konsums kann bei Muskatnuss laut anekdotischer Daten eher abnehmen. Eine Entwicklung einer Abhängigkeitserkrankung gilt als eher unwahrscheinlich.
Nachweisbarkeit	Zwar ist es möglich, anhand von Stoffwechselprodukten den Konsum von Muskatnuss nachzuweisen, er wird jedoch typischerweise nicht in Drogen-Screenings geprüft.
Typische Streckmittel	Es sind keine typischen Streckmittel bekannt.
Wirkdauer	Die Wirkung tritt nach etwa 2–7 Std. ein und kann bis zu 24 Std. anhalten. In seltenen Fällen wurde von Nachwirkungen von bis zu 72 Std. berichtet.
Darreichung und Dosierung	Muskat kann entweder als Nuss oder in Form von Muskatnusspulver und Muskatöl eingenommen werden. Muskatöl wird dabei sublingual konsumiert, während das Pulver oder die Nuss oral konsumiert werden. Eine mittlere Dosis entspricht dabei 15–20 g Muskatnuss oder Samenpulver. Bei ätherischem Muskatöl reichen schon wenige Tropfen für eine psychoaktive Wirkung.
Mischkonsumwarnung	Aufgrund bekannter (z. B. MAO-Hemmung) und unbekannter Wirkmechanismen und der zahlreichen Nebenwirkungen gibt es grundsätzlich ein hohes Risiko für gefährliche Wechselwirkungen bei Mischkonsum.
Sonstiges	Botanisch gesehen ist die Muskatnuss keine Nuss, sondern der Samen einer Frucht. Auch die Samenhülle (»Macis«) wird als Gewürz vertrieben. Die halluzinogenen/deliranten Effekte der Muskatnuss werden primär Myristicin zugesprochen. Darüber hinaus enthält die Muskatnuss aber noch weitere Phenylpropanoide, wie z. B. Safrol und Elemicin. Die Hypothese, dass Myristicin, Safrol und Elemicin im menschlichen Körper zu den psychedelischen Amphetaminen 3-Methoxy-

4,5-Methylenedioxyamphetamin (MMDA), 3,4-Methylendioxyamphetamin (MDA) und 3,4,5-Trimethoxyamphetamin (TMA) umgewandelt werden, gilt heutzutage als widerlegt.

Nachtschattendrogen

Synonyme, wichtige Formulierungen	Engelstrompete, Stechapfel, Tollkirsche, Alraune, Bilsenkraut
Wirkklasse	Halluzinogene
Erwünschte Wirkung	Euphorie, Wahrnehmungsveränderung, Halluzinationen, antiemetisch (Übelkeit unterdrückend) etc. In geringen Dosen können Nachtschattendrogen auch eine beruhigende und schmerzstillende Wirkung haben.
Unerwünschte Wirkung	Schwindel, Sehstörung bis Sehverlust während des Rausches, Mundtrockenheit, Atemprobleme, Erweiterung der Pupillen, Verwirrtheit, Fieber, Angst, Panik, Delirium, erhöhte Körpertemperatur, Herz-Kreislauf-Probleme, Amnesie, Realitätsverlust etc. **Achtung:** Es wurden schon einige Tode in Verbindung mit dem Konsum von Nachtschattendrogen gebracht!
Abhängigkeit und andere Langzeitnebenwirkung	Es liegen keine Hinweise auf physische und psychische Abhängigkeitsentwicklungen vor. Anekdotische Quellen zeigen, dass viele Menschen nach einer Triperfahrung häufig kein Bedürfnis haben, diese zu wiederholen. Es liegen keine Daten zu Langzeitnebenwirkungen vor.
Nachweisbarkeit	Zwar ist es möglich, die verschiedenen Alkaloide von Nachtschattendrogen nachzuweisen, dies wird jedoch typischerweise nicht in Drogen-Screenings geprüft.
Typische Streckmittel	Es sind keine typischen Streckmittel bekannt.
Wirkdauer	Die Wirkung setzt je nach Substanz und Dosierung innerhalb von 30–60 Min. ein und kann bis zu 5 Std. oder manchmal sogar mehrere Tage lang anhalten.
Darreichung und Dosierung	Pflanzen werden frisch oder getrocknet gegessen, als Tee getrunken oder auch geraucht. Es ist nicht möglich, bei Nachtschattendrogen eine sinnvolle Einschätzung von Dosierungen vorzunehmen. Dies liegt daran, dass der Wirkstoffgehalt stark variieren kann.
Mischkonsumwarnung	Aufgrund der anticholinergischen Wirkung können insbesondere Stimulanzien Nebenwirkungen verstärken. Es gibt grundsätzlich ein hohes Risiko für gefährliche Wechselwirkungen. Niedrigere Dosierungen im Kontext von Ayahuasca-Zubereitungen oder stechapfelhaltigen Räuchermischungen sind teilweise weniger riskant.
Sonstiges	Die wichtigsten Wirkstoffe sind die Alkaloide Scopolamin, Hyoscyamin und Atropin. Diese finden, teilweise in abgeänderter Form, Anwendung in Medizin und Wissenschaft, z. B. Atropin in der Notfallmedizin, um den Herzschlag anzuregen, und Butylscopolamin in Medikamenten, um Magen- und Darmkrämpfen entgegenzuwirken. In Südamerika gibt es auch Fälle, bei denen Scopolamin bei Raub- und Diebstahl-

delikten eingesetzt wurde. Dabei wird das Material angeblich dem Opfer ins Gesicht geblasen. Aufgrund dieser Anwendung spricht man auch von »Devil's Breath«.

Nikotin

Synonyme, wichtige Formulierungen	Zigaretten, Snus, Nikotinbeutel, Kau- und Schnupftabak, Rapé, Bauerntabak, E-Liquid
Wirkklasse	Upper
Erwünschte Wirkung	Steigerung der Aufmerksamkeit und der Konzentration, Verbesserung des Erinnerungsvermögens, Dämpfung von unangenehmen Gefühlen, Minderung der Schmerzempfindlichkeit, Unterdrückung des Appetits, Entspannung der Muskulatur etc.
Unerwünschte Wirkung	Hohe Nikotindosen können zu Kopfschmerzen, Übelkeit, Erbrechen, kaltem Schweiß, Zittern, Herzrasen und Krämpfen führen. Viele der unerwünschten Wirkungen entstehen jedoch vor allem aufgrund des Verbrennungsprozesses von Tabak. Hier kann es zu Herz- und Kreislaufstörungen, erhöhter Infektanfälligkeit, Potenzproblemen, verminderter Fruchtbarkeit, Wundheilungsstörung etc. kommen.
Abhängigkeit und andere Langzeitnebenwirkung	Da Nikotin schnell im Gehirn anflutet (dies wird durch das Rauchen sogar noch beschleunigt), sorgt dies für ein erhöhtes Abhängigkeitsrisiko. Zusätzlich sorgen die hohe gesellschaftliche Akzeptanz, die Möglichkeit, das Rauchen ungestört in den Alltag einzubinden, und die teils positiven Zuschreibung des Rauchens für ein erhöhtes Risiko. Zu den Langzeitnebenwirkungen gehören chronische Bronchitis, Lungenemphysem, verschiedene Arten von Krebs, erhöhtes Schlaganfallrisiko, COPD, vorzeitige Hautalterung und Faltenbildung etc.
Nachweisbarkeit	Um die Nachweisbarkeit von Nikotin im Blut und Urin zu erhöhen, wird das Abbauprodukt Cotinin untersucht. Im Blut kann dies bis zu 3 Tage und im Urin bis zu 4 Tage lang nachgewiesen werden, bei starken Raucher:innen bis zu 2 Wochen lang.
Typische Streckmittel	In E-Liquids wurden synthetische Cannabinoide beigemischt und als »C-Liquid« oder »CBD« verkauft. Dies ist jedoch nur auf dem Schwarzmarkt der Fall!
Wirkdauer	Beim Rauchen setzt die Wirkung nach wenigen Sekunden ein und hält bis zu 30 Min. an mit einer Plateauphase von 5 Min. Bei oralem Konsum setzt die Wirkung innerhalb von 15 Min. ein, hält bis zu 2 Std. an und hat eine Plateauphase von bis zu 20 Min.
Darreichung und Dosierung	Nikotin wird zum Rauchen in Form von Tabak in Verbrennungszigaretten, von losem Tabak zum selbst Drehen oder Rauchen einer Pfeife zur Verfügung gestellt. Außerdem gibt es Kau- und Schnupftabak. Nikotin kann in E-Zigaretten als Liquid gedampft werden. Für den oralen Konsum werden Kautabakbeutel, Tabakbeutel (Snus) und Nikotinbeutel (ohne Tabak) verwendet.

	Für die Raucherentwöhnung gibt es zudem Nikotin in Pflastern und Kaugummis. Geraucht liegt die mittlere Dosis zwischen 0,6–1,5 mg, oral zwischen 1–4 mg und nasal (Nasenspray) zwischen 0,8–1 mg.
Mischkonsumwarnung	Bei Nikotin ist keine besondere Mischkonsumwarnung auszusprechen. Der hierzulande übliche Gebrauch mit Cannabisprodukten kann jedoch aufgrund des hohen Abhängigkeitspotenzials kritisch betrachtet werden.
Sonstiges	Das regelmäßige Rauchen von Tabak ist das größte vermeidbare Gesundheitsrisiko. Beim Konsum von E-Zigaretten wird von einer geringeren Schadstoffexposition ausgegangen.

O-DSMT

Synonyme, wichtige Formulierungen	Desmetramadol, O-Desmethyltramadol
Wirkklasse	Opioide
Erwünschte Wirkung	Euphorie, schmerzlindernde Wirkung, angstlösende Wirkung, Unterdrückung des Hustenreizes, Muskelentspannung, Sedierung etc.
	Merke: O-DSMT hat im Gegensatz zu Tramadol keine Wirkung auf Serotonin, sondern nur auf Noradrenalin.
Unerwünschte Wirkung	Schwindel, Verengung der Pupillen, Übelkeit und Erbrechen, Verstopfung, Kopfschmerzen, Juckreiz, Schwierigkeiten zu urinieren, Müdigkeit, Appetitlosigkeit, Unterdrückung von Orgasmen, Atemdepression etc. O-DSMT ist eine psychoaktive Substanz, die noch wenig erforscht ist. Aufgrund einer fehlenden Datenlage können unerwünschte Wirkungen nur begrenzt eingeschätzt werden.
Abhängigkeit und andere Langzeitnebenwirkung	Bei regelmäßigem Konsum kann sich eine Toleranz entwickeln, die Opioid-typische Entzugserscheinungen (siehe Tilidin) zur Folge hat. O-DSMT hat eine Kreuztoleranz mit allen anderen Opioiden. Als mögliche weitere Langzeitnebenwirkung können – wie auch bei anderen Opioiden – eine verringerte Libido, Ruhelosigkeit, Gedächtnisstörungen und chronische Verstopfung auftreten.
Nachweisbarkeit	Es liegen nur wenige Informationen über die Nachweisbarkeit von O-DSMT vor. Es scheinen jedoch ähnliche Sachverhalte zu gelten wie bei Tramadol, d.h., ein zuverlässiger Nachweis erfordert Laboranalytik.
Typische Streckmittel	Es sind keine typischen Streckmittel bekannt. Allerdings wurden im Jahr 2009 O-DSMT Tabletten verkauft, die mit Kratom überzogen waren. Diese Tabletten wurden mit mehreren Todesfällen in Verbindung gebracht. Ein erhöhtes Risiko könnte sich aus diesem Mischkonsum ergeben haben.
Wirkdauer	Die Wirkung tritt bei oralem und sublingualem Konsum nach ca. 15–60 Min. ein und kann bis zu 10 Std. anhalten. Die Plateauphase kann dabei bis zu 5 Std. andauern.
Darreichung und Dosierung	O-DSMT wird in der Regel als Tabletten, aber auch als Pulver verkauft und kann sowohl oral als auch nasal, rektal und sublingual konsumiert werden. Die Schwellendosis bei oralem und sublingualem Konsum beträgt ca. 5 mg und eine mittlere Dosis zwischen 25–50 mg.
Mischkonsumwarnung	Neben dem für Opioide typischen, risikoerhöhenden Mischkonsum (siehe Tilidin) ist bei O-DSMT (ähnlich wie bei Tramadol) das Risiko durch Mischkonsum mit verschiedenen

	Antidepressiva und Kokain, MDMA und Amphetamin zu beachten! Hier kann es zu einem Serotoninsyndrom kommen.
Sonstiges	O-DSMT wurde im Jahr 2009 als Research Chemical unter dem Handelsnamen »Krypton« bekannt. Es handelt sich hierbei um den aktiven Metaboliten von Tramadol und ist ca. 2–4-mal so potent.

Opium

Synonyme, wichtige Formulierungen	Schlafmohn, »Poppy Tea«, Laudanum, Chandu (Rauchopium)
Wirkklasse	Opioide
Erwünschte Wirkung	Euphorie, Entspannung, traumartige Zustände, schmerzlindernd, sedierend, Unterdrückung des Hustenreizes, beruhigend, angstlösend etc.
Unerwünschte Wirkung	Schwindel, Verengung der Pupillen, Übelkeit und Erbrechen, Verstopfung, Dysphorie, Kopfschmerzen, Juckreiz, Schwierigkeiten zu urinieren, Schlaflosigkeit, Müdigkeit, Appetitlosigkeit, Unterdrückung von Orgasmen, verringerte Libido, Veränderung der kognitiven und sensorischen Leistungsfähigkeit, Geschmacksveränderung, Verwirrtheit, Albträume, Halluzinationen etc.
Abhängigkeit und andere Langzeitnebenwirkung	Bei regelmäßigem Konsum kann sich eine Toleranz entwickeln, die Opioid-typische Entzugserscheinungen (siehe Tilidin) zur Folge hat. Es kann zu einer physischen und psychischen Abhängigkeitsentwicklung kommen. Es besteht eine Kreuztoleranz zu allen anderen Opioiden. Als mögliche weitere Langzeitnebenwirkungen können eine verringerte Libido, Ruhelosigkeit, Gedächtnisstörungen und chronische Verstopfung auftreten.
Nachweisbarkeit	Bei Opium können Alkaloide wie Morphin oder Codein nachgewiesen werden. Im Urin ist dies zwischen 2–4 Tage lang und im Blut wenige Stunden lang möglich.
Typische Streckmittel	Es sind keine typischen Streckmittel für Opium bekannt. Allerdings sind in der Vergangenheit diverse Falsifikate, meist Pflanzenharze, aufgetreten. Es ist nicht auszuschließen, dass diese mit günstigeren Opioiden versetzt und verkauft werden. Grundsätzlich handelt es sich aber um ein Nischenprodukt, bei welchem die Konsumierenden gut die Qualität einer Ware einschätzen können.
Wirkdauer	Die Wirkung von Opium wird durch den Hauptwirkstoff Morphin dominiert. Bei oralem Konsum tritt nach etwa 10–30 Min. eine Wirkung ein, welche bis zu 6 Std. anhalten kann. Die Plateauphase beträgt dabei 2–3 Std. Durch den verbreiteten inhalativen Konsum von Opium tritt eine Wirkung rascher ein. Sofern der inhalative Konsum nicht fortgesetzt wird, hält die Wirkung aber deutlich kürzer an als bei oralem Konsum.
Darreichung und Dosierung	Opium kann geraucht oder als Tinktur genutzt werden. Opium enthält ca. 10 % Morphin und weitere Opiumalkaloide wie Codein, Thebain und Papaverin. Beim »Rauchen« wird typischerweise nicht das Material angezündet, sondern mittels glühender Kohle oder Öllampen verdampft und mit einer Opiumpfeife oder anderen Gerätschaften inhaliert. Im medizinischen Bereich wird eine Opiumtinktur sehr selten bei schweren Durchfällen eingesetzt.

Mischkonsumwarnung	Der Mischkonsum mit dämpfenden Substanzen wie Alkohol, Benzodiazepinen, GHB und anderen Opioiden sollte vermieden werden, da dies das Risiko einer Atemdepression erhöht. Vor allem der Konsum von Substanzen, die das Risiko von Erbrechen und Bewusstlosigkeit steigern können (wie z. B. Lachgas, Ketamin etc.), sorgt für eine erhöhte Erstickungsgefahr! Der Mischkonsum mit Tramadol kann das Krampfanfallrisiko erhöhen. Der gleichzeitige Gebrauch von DXM kann das Risiko einer Depression des Zentralnervensystems sowie kardialer und respiratorischer Probleme und Überdosierungen erhöhen, da er die Toleranz gegenüber Opioiden reduziert. Der Mischkonsum mit Stimulanzien belastet zusätzlich das Herz-Kreislauf-System.
Sonstiges	Opium ist der getrocknete Milchsaft einer unreifen Samenkapsel des Schlafmohns (*Papaver somniferum*). Dieser Milchsaft enthält vielzählige Alkaloide, das Wichtigste ist hierbei Morphin. Andere sind z. B. Noscapin, Codein, Papaverin, Thebain und Narcein. Die Konzentration der Alkaloide kann allerdings stark schwanken. Der Konsum von Opium spielt in Deutschland keine Rolle, es wird maßgeblich in Ländern konsumiert, in denen Opium auch hergestellt wird, z. B. in Afghanistan und dem Iran. Im professionellen Kontext der Suchtbehandlung begegnet man entsprechend dem Opiumkonsum in der Arbeit mit Menschen, die aus diesen Ländern ausgewandert oder geflüchtet sind.

Oxycodon

Synonyme, wichtige Formulierungen	OxyContin® (Handelsname), Oxys, Eukodal (historisch relevanter Handelsname)
Wirkklasse	Opioide
Erwünschte Wirkung	Euphorie, Entspannung, schmerzlindernde Wirkung, sedierende Wirkung, Dämpfung von Emotionen, Dämpfung des Hustenreizes, beruhigende Wirkung, angstlösende Wirkung etc.
Unerwünschte Wirkung	Schwindel, verengte Pupillen, trockener Mund, Übelkeit und Erbrechen, Verstopfung, Dysphorie, Kopfschmerzen, Juckreiz, vermehrter Harndrang, Schlaflosigkeit, Müdigkeit, Appetitlosigkeit, Veränderung der kognitiven Leistungsfähigkeit, Geschmacksveränderung, Unterdrückung von Orgasmen, verringerte Libido, Verwirrtheit, Nervosität, Antriebsarmut, Albträume, Halluzinationen, Atemdepression etc.
Abhängigkeit und andere Langzeitnebenwirkung	Bei regelmäßigem Konsum kann sich eine Toleranz entwickeln, die Opioid-typische Entzugserscheinungen (siehe Tilidin) zur Folge hat. Es kann zu einer physischen und psychischen Abhängigkeitsentwicklung kommen. Oxycodon hat eine Kreuztoleranz zu allen anderen Opioiden. Als mögliche weitere Langzeitnebenwirkungen können eine verringerte Libido, Ruhelosigkeit und Gedächtnisstörungen und chronische Verstopfung auftreten.
Nachweisbarkeit	Oxycodon kann im Blut nur wenige Stunden und im Urin bis zu 3 Tage lang nachgewiesen werden.
Typische Streckmittel	Insbesondere auf dem amerikanischen Markt gibt es Falsifikate (Fake-Oxys), die mit Fentanyl versetzt sind.
Wirkdauer	Bei oralem Konsum setzt die Wirkung nach ca. 10–40 Min. ein und kann bis zu 6 Std. anhalten. Die Plateauphase beträgt ca. 2–4 Std. Bei nasalem Konsum setzt die Wirkung bereits nach 1–5 Min. ein und kann bis zu 5 Std. anhalten.
Darreichung und Dosierung	Oxycodon ist als Kapsel, Schmelztablette, Retardtablette, Lösung und Injektionslösung erhältlich. Bei oralem Konsum beträgt die Schwellendosis ca. 1 mg und eine mittlere Dosis 5–10 mg ohne aufgebaute Toleranz. Sollte die Person eine Toleranz auf Opioide aufgebaut haben, kann die Dosierung höher ausfallen. Bei nasalem Konsum ist die Dosierung niedriger.
Mischkonsumwarnung	Der Mischkonsum mit dämpfenden Substanzen wie Alkohol, Benzodiazepinen, GHB und anderen Opioiden sollte vermieden werden, da dies das Risiko einer Atemdepression erhöht. Vor allem der Konsum von Substanzen, die das Risiko von Erbrechen und Bewusstlosigkeit steigern können (Lachgas, Ketamin etc.), sorgt für eine erhöhte Erstickungsgefahr! Der Mischkonsum mit Tramadol kann das Krampfanfallrisiko erhöhen.

	Der gleichzeitige Gebrauch von DXM kann das Risiko einer Depression des Zentralnervensystems sowie kardiale und respiratorische Probleme und Überdosierungen erhöhen, da er die Toleranz gegenüber Opioiden reduziert. Der Mischkonsum mit Stimulanzien belastet zusätzlich das Herz-Kreislauf-System.
Sonstiges	Oxycodon ist verglichen mit Morphin etwas stärker. Die leichtfertige Verschreibung von Oxycodon wird mit dem Aufkommen der Opioid-Krise in den USA in Verbindung gebracht.

Teil 3: Substanzen

 PCP

Synonyme, wichtige Formulierungen	Phencyclidin, »Angel Dust«
Wirkklasse	Dissoziativa
Erwünschte Wirkung	Stimulierende Wirkung, Euphorie, Enthemmung, Steigerung des Hungergefühls, Gefühl von Ruhe, erhöhte Empfindlichkeit für äußere Reize, erhöhte Libido, Steigerung der Kreativität, Veränderung der Wahrnehmung der Zeit, schmerzstillende Wirkung, geringes Schmerzempfinden, physisches Wohlbefinden, visuelle Halluzinationen (mit geschlossenen und offenen Augen), auditive Halluzinationen, Realitätsverschiebung, Loslösung des Geistes vom Körper, Ich-Auflösung etc.
Unerwünschte Wirkung	Schwindel, Übelkeit, Erbrechen, Schwitzen, sinkende Herzfrequenz, niedriger Blutdruck, Einschränkung der motorischen Fähigkeiten, unkontrollierte Augenbewegung, Schwierigkeiten beim Denken, verwaschene Sprache, Verwirrtheit, Reizbarkeit, Aggressionen, Angst, Paranoia, Aggressionen, zeitlich begrenzte Amnesie, Krampfanfälle, Koma, psychotische Episoden etc.
Abhängigkeit und andere Langzeitnebenwirkung	Bei häufigem Konsum kann sich eine Toleranz bilden, die nach Absetzen Entzugserscheinungen und Craving nach sich zieht. Eine psychische Abhängigkeitsentwicklung ist möglich. Als Langzeitnebenwirkungen kann es zu Amnesie, desorganisierten Denkstrukturen, Muskelfaserzerfall und Depression kommen. Besonders bei PCP ist das hohe Psychoserisiko, das nach Absetzen noch mehrere Wochen anhalten kann.
Nachweisbarkeit	PCP kann im Blut bis zu 3 Tage und im Urin bis zu 7 Tage lang nachgewiesen werden. Bei regelmäßigem Konsum kann es bis zu 30 Tage lang nachgewiesen werden.
Typische Streckmittel	Es sind keine Informationen zu typischen Streckmitteln vorhanden.
Wirkdauer	Geraucht setzt die Wirkung nach ca. 2–20 Min. ein und kann bis zu 6 Std. mit einer Plateauphase von bis zu 3 Std. anhalten. Oral setzt die Wirkung nach ca. 30–90 Min. ein und kann bis zu 8 Std. mit einer Plateauphase von bis zu 3 Std. anhalten. Gesnieft setzt die Wirkung nach 3–30 Min. ein und kann bis zu 6 Std. mit einer Plateauphase von bis zu 3 Std. anhalten.
Darreichung und Dosierung	PCP gibt es als Pille, weißes Pulver oder als Lösung. Es kann somit oral, nasal, intravenös oder intramuskulär konsumiert werden. Die Lösung kann außerdem geraucht werden. Dies geschieht in der Regel dadurch, dass eine Zigarette in die Lösung »gedippt« wird oder Trägerstoffe wie z. B. Cannabis damit besprüht werden. Die Schwellendosis bei oralem, nasalem und gerauchtem Konsum beträgt ca. 1 mg. Bei oralem Konsum beträgt eine mittlere Dosis ca. 5–10 mg und beim Rauchen ca. 4–8 mg.

Mischkonsumwarnung	Der Mischkonsum mit Alkohol, GHB/GBL, Benzodiazepinen, Tramadol und Opioiden sollte vermieden werden, da dies das Risiko für Bewusstlosigkeit und Erbrechen erhöht, was in der Kombination zu einer lebensgefährlichen Situation führen kann. Tramadol kann zusätzlich zu einem erhöhten Krampfanfallrisiko führen.
Sonstiges	Im Gegensatz zu seinen Derivaten kommt PCP selbst aufgrund seiner Aufführung im BtMG eher selten vor. PCP war eine zufällige Entdeckung bei der Entwicklung von Arzneimitteln und hat anschließend seinen Weg auf den Schwarzmarkt gefunden.

Pflanzliche Beruhigungsmittel

Synonyme, wichtige Formulierungen	Mulungu, Giftlattich, Blauer Lotus, Hopfen, Baldrian, Lavendel, Schlafbeere etc. (Cannabis, Kava-Kava etc. haben eigene Einträge)
Wirkklasse	Downer
Erwünschte Wirkung	Grundlegend haben die erwähnten pflanzlichen Beruhigungsmittel eine schlaffördernde, beruhigende und angstlösende Wirkung. Dem Lactucarium (getrockneten Milchsaft) des Giftlattichs wird außerdem eine milde schmerzlindernde und hustendämpfende Wirkung nachgesagt. Blauer Lotus scheint eine leichte psychedelische Komponente zu haben und mag zu einer leichten Veränderung der Farbwahrnehmung und der auditiven Wahrnehmung führen.
Unerwünschte Wirkung	Es kann zu leichten Kopfschmerzen, Magenschmerzen, Schwindel und Unruhe kommen, bei hohen Dosierungen auch zu Übelkeit und Benommenheit. Blauer Lotus kann zudem Muskelzittern auslösen. Bei entsprechend hohen Dosierungen sind auch gravierende Nebenwirkungen und Gesundheitsschäden, bspw. Leberschäden, möglich.
Abhängigkeit und andere Langzeitnebenwirkung	Das Risiko einer Abhängigkeitsentwicklung bei genannten Beruhigungsmitteln ist als gering einzuschätzen. Dies ergibt sich aus der subtilen Wirkung, dem meist langsamen Wirkungseintritt und einer fehlenden Berauschungskultur. Die Datenlage bezüglich Langzeitnebenwirkungen ist recht heterogen. Niedrig dosiert scheinen viele pflanzliche Beruhigungsmittel ein gutes Sicherheitsprofil zu besitzen.
Nachweisbarkeit	Zwar können viele Wirkstoffe von pflanzlichen Beruhigungsmitteln theoretisch in Blut und Urin nachgewiesen werden, allerdings sind herkömmliche Schnelltests und Laborprotokolle nicht darauf ausgelegt. Es ist kaum etwas über Kreuzreaktivitäten bei Schnelltests bekannt, allerdings lassen sich diese, insbesondere bei hohen Dosierungen, nicht gänzlich ausschließen.
Typische Streckmittel	Es sind keine typischen Streckmittel bekannt, da in der Regel das Pflanzenmaterial direkt konsumiert wird oder die Beruhigungsmittel auf dem legalen Markt vertrieben werden. Tinkturen werden allerdings Ethanol beigemischt.
Wirkdauer	Die Wirkung tritt je nach Substanz und Konsumart nach 20–60 Min. ein und hält ca. 1 Std. bis mehrere Stunden lang an.
Darreichung und Dosierung	Pflanzliche Beruhigungsmittel werden häufig in Form von Pflanzenmaterial (bspw. für Tees), Tinkturen oder Extrakt enthaltenden Kapseln bereitgestellt und oral eingenommen. Beim getrockneten Milchsaft des Giftlattichs oder beim Extrakt des Blauen Lotus gibt es außerdem die Möglichkeit des Rauchens; hier ist ein schnellerer Wirkeintritt zu erwarten. Die Dosierung unterscheidet sich je nach Pflanze/Extrakt erheblich.

Mischkonsumwarnung	Es könnte sein, dass andere dämpfende Substanzen (Alkohol, Benzodiazepine, Opioide) in ihrer Wirkung potenziert oder verlängert werden.
Sonstiges	Während viele pflanzliche Beruhigungsmittel relativ sicher in typischen Dosierungen sind, sind hohe Dosierungen bei vielen dieser Drogen kaum erforscht, insbesondere was den regelmäßigen Konsum angeht. Es ist nicht auszuschließen, dass als relativ sicher wahrgenommene Pflanzen bei hoher und regelmäßiger Exposition gesundheitliche Schäden (bspw. Leberschäden) nach sich ziehen.

Phenibut

Synonyme, wichtige Formulierungen	PhGABA, Phenigamma, Fenibut
Wirkklasse	Downer
Erwünschte Wirkung	Entspannung, euphorische Stimmung, stimulierend bei geringen Dosen, Förderung der geistigen Leistungsfähigkeit, erhöhte Motivation, Auflösen von Angstgefühlen, Erleichterung der sozialen Interaktion, Schmerzlinderung, erhöhte Libido, Abmilderung von Entzugserscheinungen, Muskelentspannung, Sedierung bei hohen Dosen etc.
Unerwünschte Wirkung	Müdigkeit, Schwindel, Magenkrämpfe, Übelkeit, Durchfall, Kopfschmerzen, Angst, Insomnie, kardiovaskuläre Probleme wie erhöhter Herzschlag, Bluthochdruck und Herzstolpern, Halluzinationen, Starrezustand, Atemdepression etc. Unerwünschte Wirkungen wie Insomnie, kardiovaskuläre Probleme und Halluzinationen scheinen dosisabhängig aufzutreten, bspw. ab einer Tagesdosis von 2 g.
Abhängigkeit und andere Langzeitnebenwirkung	Regelmäßiger Konsum kann zu einer schnellen Toleranzbildung (ca. 2 Wochen) führen. Bei abruptem Absetzen kann es zu psychischen und psychosomatischen Entzugssymptomen wie Schlaflosigkeit, psychomotorischer Unruhe, Wahnvorstellungen, Psychosen, desorganisierten Denkmustern, Halluzinationen, Angst, Depression, Müdigkeit, Schwindel, Krampfanfällen, vermindertem Appetit, Übelkeit, Erbrechen und Herzklopfen kommen. Somit ist eine psychische Abhängigkeitsentwicklung möglich. Aufgrund der Möglichkeit, Phenibut als Nahrungsergänzungsmittel zu erwerben, kann es zu einer individuellen Fehleinschätzung des Risikoprofils der Substanz kommen. Allerdings sorgt der langsame Wirkeintritt für ein moderates psychisches Abhängigkeitspotenzial.
Nachweisbarkeit	Phenibut kann zwar in Blut und Urin nachgewiesen werden, wird jedoch nicht in den herkömmlichen Drogen-Screenings erfasst.
Typische Streckmittel	Phenibut als Nahrungsergänzungsmittel zeigte in Testungen einen Reinheitsgrad zwischen 40–98 % auf.
Wirkdauer	Die Wirkung setzt bei oralem Konsum nach ca. 1,5–3 Std. ein und kann bis zu 15 Std. anhalten. Die Plateauphase beträgt dabei ca. 3–4 Std. **Achtung:** Der lange Wirkeintritt kann dazu führen, dass Konsumierende nachdosieren, da angenommen wird, dass die Dosis zu schwach sei. Dadurch kann es zu Überdosierungen kommen!
Darreichung und Dosierung	Phenibut gibt es als Pulver, Kristalle oder Kapsel und wird in der Regel oral konsumiert.

	Die Schwellendosis liegt bei ca. 0,25 g und eine mittlere Dosis im Freizeitkonsum zwischen 1–2 g. Die empfohlene therapeutische Dosis liegt allerdings bei 0,25–0,75 g.
Mischkonsumwarnung	Der Mischkonsum mit psychoaktiven Substanzen, die ebenfalls auf das GABAerge System wirken (Alkohol, Benzodiazepine, Opioide etc.), kann die Wirkung und das Risiko für gefährliche Nebenwirkungen wie Atemdepression und Bewusstlosigkeit steigern.
Sonstiges	Phenibut wurde in Russland erfunden und wird dort und in einigen osteuropäischen Ländern als verschreibungspflichtiges Medikament für Indikationen wie Depressionen, Migräne, Insomnie oder Posttraumatische Belastungsstörungen eingesetzt. In vielen anderen westlichen Ländern kann Phenibut als Nahrungsergänzungsmittel erworben werden und wird zur Selbstmedikation genutzt. Aufgrund der Erwartung einer besseren Regenerationszeit ist Phenibut auch in der Fitnessszene relevant.

Poppers

Synonyme, wichtige Formulierungen	»Jungle Juice«, Raumerfrischer, Namen der einzelnen Alkylnitrite (z. B. Amylnitrit, Isopropylnitrit, Isobutylnitrit, Cyclohexylnitrit etc.)
Wirkklasse	Downer
Erwünschte Wirkung	Schnell anflutende Muskelentspannung, kurzfristige Schmerzunempfindlichkeit, Luststeigerung, Sensibilisierung des Tastsinns, Gefühl von Intimität, Intensivierung von akustischen und visuellen Reizen etc. **Merke:** Poppers ist eine beliebte Substanz, um Sexualpraktiken wie Analverkehr zu erleichtern.
Unerwünschte Wirkung	Schwächegefühl, Schwindel, Kopfschmerzen, Übelkeit, Sehstörung (gelber Fleck im Sichtfeld), niedriger Blutdruck, Konzentrationsschwäche etc. Bei Überdosen kann es zu einem Kreislaufkollaps, Ohnmacht, Sauerstoffmangel und daraus resultierenden Hirnschäden kommen. Durch die Konsumart des Schnüffelns kann es zu Verätzungen der Schleimhäute, Schädigung der Atemwege, Nieren und Leber kommen.
Abhängigkeit und andere Langzeitnebenwirkung	Poppers weist nur eine geringe Toleranzbildung mit einem niedrigen Abhängigkeitspotenzial auf. Es kann jedoch bei einer Dauereinnahme in Verbindung zu sexuellen Praktiken dazu kommen, dass man ohne Poppers Sex weniger genießen kann. Bei einem hohen und andauernden Gebrauch kann es zu Langzeitnebenwirkungen wie Konzentrationsproblemen, Herzrhythmusstörungen, Nervenschäden, Gehirnschäden, Leber- und Nierenfunktionsstörungen kommen.
Nachweisbarkeit	Es scheint aktuell nicht möglich zu sein, Alkylnitrit im Blut oder Urin nachzuweisen.
Typische Streckmittel	Viele Poppers enthalten mehrere Alkylnitrite und können mit weiteren Abbauprodukten verunreinigt sein.
Wirkdauer	Die Wirkung setzt nach dem Schnüffeln fast sofort ein und hält für wenige Minuten an.
Darreichung und Dosierung	Poppers werden als Flüssigkeit in kleinen Fläschchen gehandelt, deren Dampf inhaliert wird. Eine Dosierung ist aufgrund der Konsumform der Inhalation schwer anzugeben. **Achtung:** Poppers dürfen auf keinen Fall getrunken werden! Lebensgefahr!
Mischkonsumwarnung	Der Mischkonsum mit Potenzmitteln wie Viagra oder Cialis kann zu starkem Blutdruckabfall und Herz-Kreislauf-Versagen führen. Der Mischkonsum von Poppers und Medikamenten für niedrigen Blutdruck, Epilepsie, Herz-Kreislauf-Erkrankungen,

	Atemwegserkrankungen und Angina Pectoris kann ebenfalls zu einem starken Blutdruckabfall führen. Der Mischkonsum mit GHB, GBL und BDO kann eine stark blutdrucksenkende und atemdepressive Wirkung hervorrufen und auch der Mischkonsum mit anderen Downern erhöht das Risiko für Bewusstlosigkeit, Atemstillstand und Koma.
Sonstiges	Bei Poppers handelt es sich um die Stoffgruppe der Alkylnitrite. In Poppers sind hauptsächlich Amylnitrit, Isopropylnitrit und Cyclohecylnitrit vertreten. Früher wurde die Substanzgruppe medizinisch bei gewissen Erkrankungen des Herzens angewendet und die Wirkklasse gilt daher als hinsichtlich der Toxizität gut untersucht. Oft wird die Substanz mit dem Konsum durch homosexuelle Männer in Verbindung gebracht, dies ist aber nur bedingt zutreffend.

Pregabalin

Synonyme, wichtige Formulierungen	Lyrica® (Handelsname)
Wirkklasse	Downer
Erwünschte Wirkung	Entspannung, leicht euphorische Stimmung, Dämpfung von Emotionen, Schmerzlinderung, Abmilderung von Entzugserscheinungen, Verbesserung der Schlafqualität etc.
Unerwünschte Wirkung	Schwindel, Müdigkeit, Benommenheit, Magen-Darm-Beschwerden, Gewichtszunahme, gesteigerter Appetit, Schlafstörung, Erbrechen, Verwirrtheit, Koordinationsstörung, Reizbarkeit, gesteigerter Appetit, Kopfschmerzen, verringerte Libido, erektile Dysfunktion, nachlassende Aufmerksamkeit etc.
Abhängigkeit und andere Langzeitnebenwirkung	Regelmäßiger Konsum kann zu einer Toleranzbildung führen. Bei abruptem Absetzen kann es zu Entzugssymptomen wie Schlafstörungen, Kopfschmerzen, Übelkeit, Diarrhoe bis hin zu epileptischen Anfällen und Delir kommen. Entsprechend kann sowohl eine physische als auch psychische Abhängigkeit entstehen.
Nachweisbarkeit	Je nach Dosis kann Pregabalin bis zu 4 Tage lang im Urin durch spezifische Tests nachgewiesen werden. Bei regelmäßigem Konsum kann mit einer längeren Nachweisbarkeit gerechnet werden.
Typische Streckmittel	Es sind keine typischen Streckmittel bekannt.
Wirkdauer	Der Wirkung setzt bei oralem Konsum nach ca. 30–45 Min. ein und dauert insgesamt bis zu 17 Std. an. Die Plateauphase dauert dabei bis zu 6 Std. an.
Darreichung und Dosierung	Pregabalin ist als Kapsel oder als Lösung erhältlich. Eine mittlere Dosis liegt dabei bei 50–100 mg.
Mischkonsumwarnung	Der Mischkonsum mit psychoaktiven Substanzen, die auf das GABAerge System wirken (Alkohol, Benzodiazepine etc.), aber auch mit Opioiden kann die Wirkung und das Risiko für gefährliche Nebenwirkungen deutlich steigern. In England gab es durch diese Kombination einige Todesfälle.
Sonstiges	Pregabalin ist die Weiterentwicklung von Gabapentin. Beide Substanzen, die zur Gruppe der Gabapentinoide gehören, unterscheiden sich nur in Nuancen. Gabapentin und Pregabalin sind als Medikamente für fokale (anteilige) epileptische Anfälle zugelassen. Pregabalin wird jedoch darüber hinaus auch zur Behandlung von neuropathischen Schmerzen und generalisierter Angststörung eingesetzt. Pregabalin ist potenter als Gabapentin. Gabapentin wird außerdem in der Tiermedizin eingesetzt. Pregabalin wird trotz der Gefahren gerne mit Opioiden und/ oder anderen Downern zusammen konsumiert, um deren Wirkung zu verstärken. Zudem wird es von Opioid-/Downer-

Konsumierenden gelegentlich gegen Entzugssymptomatiken eingesetzt.

Teil 3: Substanzen

 ## Psilocybin-Pilze

Synonyme, wichtige Formulierungen	Psilos, »Magic Mushrooms«, Zauberpilze, Trüffel
Wirkklasse	Halluzinogene
Erwünschte Wirkung	Gesteigerte Stimmung, Euphorie, Steigerung der Wahrnehmung von aktuellen Gefühlen, Kribbeln auf der Haut, Wahrnehmungsveränderung der Umgebung und des eigenen Bewusstseins, Halluzinationen, traumähnliche Zustände, Derealisation mit der Umwelt, spirituelle und mystische Erfahrung etc.
Unerwünschte Wirkung	Schwindel, Schwächegefühl, Übelkeit, Magenprobleme, Erbrechen, Kopfschmerzen, verzerrte Zeitwahrnehmung, Angst, Panik etc. Psilocybin hat nachweislich eine sehr geringe physische Toxizität.
Abhängigkeit und andere Langzeitnebenwirkung	Es liegen keine Hinweise auf physische und psychische Abhängigkeitsentwicklung vor. Langzeitnebenwirkungen sind keine bekannt. Allerdings können Symptome von vorhandenen psychischen Erkrankungen wie Schizophrenie oder Psychosen verschlimmert werden.
Nachweisbarkeit	Psilocybin ist im Blut nur wenige Stunden lang, im Urin jedoch bis zu 4 Tage lang nachweisbar.
Typische Streckmittel	Es sind keine typischen Streckmittel bekannt.
Wirkdauer	Bei oralem Konsum tritt die Wirkung nach 30–75 Min. ein und kann 4–6 Std. anhalten. Die Plateauphase hält dabei ca. 2 Std. an.
Darreichung und Dosierung	Psilocybinhaltige Pilze können sowohl frisch als auch getrocknet konsumiert werden. Unterirdische Fruchtkörper bezeichnet man als »Trüffel« und sind auch als Sklerotien bekannt. Bei einer oralen Einnahme kann die Schwellendosis schon bei 2,5 mg Psilocybin liegen. Eine mittlere Dosis liegt zwischen 10–25 mg Psilocybin. Höhere Dosierungen werden auch als »Heroic Dose« bezeichnet. Der Psilocybingehalt in Pilzen liegt oft zwischen 0,5–2 %, kann sich jedoch in verschiedenen Pilzen je nach Art, Substrat, Alter, Lagerung etc. stark unterscheiden. Außerdem gibt es weitere Alkaloide (z. B. Psilocin), die additiv wirken können.
Mischkonsumwarnung	Der Mischkonsum mit Lithium oder Tramadol kann ein Risiko für Krampfanfälle erhöhen.
Sonstiges	Psilocybin erfährt gerade ein Comeback in der klinischen Forschung, insbesondere als Werkzeug in der Psychotherapie. Psilocybinhaltige Pilze sind auf der ganzen Welt natürlich vertreten und wachsen auch in Deutschland.

Einige Arten, die auf Holzresten wachsen, stehen mit einer seltenen, vorrübergehenden Lähmung in Verbindung, der sog. »Wood-Lover Paralysis«. Eine Arbeitshypothese legt das Vorhandensein von positiv geladenen Nebenalkaloiden nahe, die Muskelkontraktionen an der motorischen Endplatte hemmen. Allerdings ist hier weitere Forschung vonnöten.

Synthetische Cannabinoide

Synonyme, wichtige Formulierungen	Spice, C-Liquid, Ballerliquid, Görke, Kräutermischungen, »Synthetic Cannabinoids«, SCRAs, Noids
Wirkklasse	Cannabinoide
Erwünschte Wirkung	Entspannung, Zufriedenheitsgefühl, Unternehmungslust, Euphorie, Intensivierung von optischen/akustischen/taktilen Reizen, Sedierung etc.
	Merke: Bei synthetischen Cannabinoiden handelt es sich um eine Stoffgruppe. Die Wirkung kann dementsprechend unterschiedlich ausfallen. Konsumierenden ist es in der Regel unmöglich nachzuvollziehen, welches synthetisches Cannabinoid sie konsumieren.
Unerwünschte Wirkung	Herzrasen, (starke) Mundtrockenheit, Atemprobleme, Schwindel, Kreislaufprobleme, Bluthochdruck, Übelkeit, Erbrechen, Krampfanfälle, Kopfschmerzen, Verwirrtheit, Amnesie, Angst, Paranoia, Panikattacken, Halluzinationen, Psychosen, Bewusstlosigkeit, Krampfanfälle etc.
	Achtung: Durch den Konsum von synthetischen Cannabinoiden kam es bereits zu Todesfällen.
Abhängigkeit und andere Langzeitnebenwirkung	Synthetische Cannabinoide bewirken eine schnelle Toleranzbildung mit starken Entzugserscheinungen. Vor allem der Konsum durch E-Zigaretten scheint das Abhängigkeitspotenzial zu erhöhen, da es so möglich ist, unauffällig zu konsumieren. Darüber hinaus kann die Substanz durch den Konsum in E-Zigaretten als harmloser wahrgenommen werden. Es sind keine Studien zu Langzeitnebenwirkungen bekannt. Es wird vermutet, dass es zu irreversiblen kognitiven Beeinträchtigungen und Gedächtnisproblemen kommen kann.
Nachweisbarkeit	Synthetische Cannabinoide können bei Verdacht durch spezielle Labortests nachgewiesen werden. Hier können synthetische Cannabinoide bei gelegentlichem Konsum bis zu 72 Std. lang und bei Dauerkonsum einige Wochen lang nachgewiesen werden. Inzwischen gibt es auch verschiedene Schnelltests, diese können jedoch nicht die komplette Substanzgruppe abbilden.
Typische Streckmittel	Synthetische Cannabinoide sind in der Regel ein Streckmittel für Cannabis. Dabei werden Cannabisblüten oder Haschisch mit synthetischen Cannabinoiden besprüht. Diese Verunreinigung ist durch das bloße Auge nicht erkennbar! Seit E-Liquids mit synthetischen Cannabinoiden auf dem Markt sind, gibt es immer wieder Gerüchte, den Liquids sei Ketamin, Crack oder Heroin beigemischt. Dies hat sich in den Drug-Checking-Ergebnissen nie bestätigt! Es ist zu mutmaßen, dass solche Gerüchte aufgrund von Unwissenheit bezüglich der Potenz von einigen synthetischen Cannabinoiden entstehen.

10 Substanzsteckbriefe

Wirkdauer	Die Wirkung kann beim ersten Konsum mehrere Stunden lang anhalten. Aufgrund der Toleranzbildung kann sich diese bei anhaltendem Konsum deutlich verkürzen. Die Wirkung tritt beim Rauchen nach wenigen Sekunden ein und steigert sich laut Konsumberichten nach ca. 1–2 Std. zu einem Plateau. Genaue Angaben sind aufgrund der Unterschiede der verschiedenen synthetischen Cannabinoide nicht möglich.
Darreichung und Dosierung	Synthetische Cannabinoide können sowohl als Kräutermischungen (Spice) oder in Form von E-Liquid (Django, C-Liquid etc.) verkauft werden. Kräutermischungen werden geraucht (z. B. Bong oder Joint) und E-Liquids in der E-Zigarette gedampft. Aufgrund der stark variierenden Potenz können keine Aussagen über die Dosierung gemacht werden, da man in der Regel nicht weiß, welches synthetische Cannabinoid in der Darreichung verarbeitet ist. Als zentrale Safer-Use-Regel gilt hier, sich mit sehr geringen Dosen vorsichtig heranzutasten.
Mischkonsumwarnung	Auch über mögliche Mischkonsumreaktionen ist bei synthetischen Cannabinoiden nur wenig bekannt, er sollte aufgrund der begrenzten Erkenntnisse und hohen Potenz mancher synthetische Cannabinoide grundlegend vermieden werden. Man kann davon ausgehen, dass Stimulanzien (Kokain, Amphetamin etc.) das Risiko für Angst und Panikattacken erhöht.
Sonstiges	Bei synthetischen Cannabinoiden handelt es sich um eine Substanzgruppe, zu der viele verschiedene chemische Zusammensetzungen zählen. Somit ist es schwer, die Wirkung und das Risikoprofil abzuschätzen, da die Wirkung teilweise vergleichbar mit Cannabis ist, teilweise jedoch auch ein Vielfaches potenter mit teils psychedelischer Komponente. Im Gegensatz zu THC kann es sich bei den synthetischen Cannabinoiden auch um Vollagonisten am CB1-Rezeptor handeln, womit die für Cannabis sonst geltende geringe Toxizität nicht übertragbar ist.

Teil 3: Substanzen

 # Synthetische Cathinone

Synonyme, wichtige Formulierungen	Badesalze, z. B. Mephedron (4-MMC), 3-MMC, Flakka (α-PVP), Methylon, MDPV, Hexedron
Wirkklasse	Upper
Erwünschte Wirkung	Die meisten Cathinone haben eine stimulierende Wirkung in Form von Wachheit, erhöhter Energie, geistiger Klarheit, sexueller Stimulation etc. Mephedron (3-MMC und 4-MMC) haben zusätzlich noch eine leichte empathogene Wirkung. In Tripberichten wird dies jedoch vor allem 4-MMC zugesprochen. Auch wenn Methylon zu den Cathinonen zählt, ist die Hauptwirkung eher empathogen. Das bedeutet, dass man mit Wirkungen wie Förderung der Kommunikation, Gefühl der Verbundenheit, Euphorie etc. rechnen kann. MDPV und Hexedron steigern zusätzlich, ähnlich wie Kokain, häufig das Selbstbewusstsein.
Unerwünschte Wirkung	Appetitlosigkeit, Unruhe, Schwindel, Kopfschmerzen, Übelkeit, Zittern, Zähneknirschen, erweiterte Pupillen, Augenzucken, erhöhter Herzschlag, Schwitzen, Bluthochdruck, Herzflimmern, Kreislaufprobleme, Verwirrung, Gereiztheit, Angst, Hypervigilanz, Paranoia, Halluzinationen, psychotische Episoden etc.
Abhängigkeit und andere Langzeitnebenwirkung	Der regelmäßige Konsum kann zu einer psychischen Abhängigkeit führen. Wie bei anderen Stimulanzien können einige Cathinone in den Alltag integriert werden, um so vor allem anfangs leistungssteigernde Effekte zu erzielen. Dies kann eine Abhängigkeitsentwicklung fördern. Bei Absetzen kann es zu Entzugserscheinungen kommen wie extremer Müdigkeit, Schlafproblemen, Depressionen etc. Bei langfristigem Konsum kann es zur Schädigung der Leber und Nieren kommen, außerdem können sich bei hohen Dosierungen psychotische Episoden entwickeln, die auch länger anhalten können.
Nachweisbarkeit	Cathinone sind im Urin sowie im Blut nachweisbar. Es kann zudem zu Kreuzreaktionen in Schnelltests kommen, sodass synthetische Cathinone in herkömmlichen Schnelltests zu positiven Ergebnissen führen können. In Schnelltests können Cathinone im Urin bis zu 3 Tage nachgewiesen werden, im Blut ca. 1 Tag lang.
Typische Streckmittel	Drug-Checking-Ergebnisse zeigten gelegentlich, dass andere Research Chemicals als Mephedron verkauft werden z. B. 3-CMC, 2-MMC, 4-FMC, Dimethylpentylon. In als Methylon verkauften Pillen wurde schon Meskalin und 5-MeO-DiPT nachgewiesen.
Wirkdauer	Mephedron: Bei oralem Konsum kann die Wirkung bis zu 6 Std. lang anhalten, die Wirkung tritt dabei nach etwa 30–60 Min. ein. Bei nasalem Konsum setzt die Wirkung nach ca. 10–20 Min. ein und kann bis zu 4,5 Std. andauern.

	Methylon: Bei oralem Konsum setzt die Wirkung nach ca. 30–45 Min. ein und kann bis zu 5 Std. anhalten. Die Plateauphase beträgt bis zu 90 Min. MDPV: Bei oralem Konsum setzt die Wirkung nach ca. 15–30 Min. ein und hält bis zu 7 Std. an. Dabei kommt es zu einer ca. 30–180 Min. langen Plateauphase. Nasal setzt die Wirkung nach 5–20 Min. ein und kann bis zu 3,5 Std. anhalten mit einer bis zu zweistündigen Plateauphase. α-PVP: Geraucht setzt die Wirkung fast sofort ein, hat einen Peak von 3–6 Min. und kann bis zu 60 Min. anhalten. Oral setzt die Wirkung innerhalb von ca. 20 Min. ein und kann bis zu 6 Std. anhalten und nasal setzt die Wirkung innerhalb von 30 Min. ein und kann bis zu 5 Std. anhalten. Hexedron: Bei oralem Konsum setzt die Wirkung nach ca. 15–30 Min. ein und kann bis zu 4 Std. anhalten.
Darreichung und Dosierung	Cathinone kommen als Pulver, Tabletten und Kristalle vor. Mittlere Dosen nach Substanzen: • Mephedron: 100–200 mg (oral), 45–80 mg (nasal) • Methylon: 100–250 mg (oral) • MDPV: 5–10 mg (oral und nasal) • α-PVP: 5–15 mg (geraucht und nasal), 10–25 mg (oral) • Hexedron: 70–100 mg (oral)
Mischkonsumwarnung	Der Mischkonsum mit anderen Stimulanzien kann die unerwünschten Wirkungen noch deutlich verstärken. Der Konsum gemeinsam mit MAO-Hemmern oder Serotonin-Wiederaufnahmehemmern (z. B. Antidepressiva) kann das Risiko eines Serotoninsyndroms deutlich erhöhen. Die Kombination mit Downern und Opioiden kann zu Überdosierungen führen, da die Wirkung erst beim Nachlassen der stimulierenden Wirkung auffällt.
Sonstiges	Früher waren Cathinone vor allem unter dem Begriff »Badesalze« bekannt, da sie unter diesem Begriff vertrieben wurden und teilweise so aussahen. Im Gegensatz zu den natürlichen Cathinonen der Kathpflanze (siehe Kath) haben synthetische Cathinone keinen natürlichen Ursprung.

Tilidin

Synonyme, wichtige Formulierungen	Valoron® (Handelsname)
Wirkklasse	Opioide
Erwünschte Wirkung	Schmerzlinderung, Reduktion von schmerzbedingter Unruhe, emotionale Entspannung, Sedierung, euphorische Stimmung etc.
Unerwünschte Wirkung	Übelkeit, Erbrechen, Juckreiz, Schwitzen, Blutdrucksenkung, Pupillenverengung, Schwindel, Verdauungsstörung, Durchfall, Verwirrtheit, Verminderung des Reaktionsvermögens, Halluzination etc.
Abhängigkeit und andere Langzeitnebenwirkung	Tilidin ist in Deutschland als Retardtablette mit Naloxon formuliert. Dies verringert das Risiko einer Überdosierung sowie einer Abhängigkeitsentwicklung, da der Wirkstoff nur sehr langsam abgegeben wird. Allerdings können durch das Zerstoßen der Tablette die Retardfunktion aufgehoben und somit ein schnelleres Anfluten provoziert werden. Die emotional dämpfende Wirkung macht die Substanz nutzbar zur alltäglichen Emotionsregulation. Tilidin weist eine Toleranzbildung mit unangenehmen Entzugserscheinungen auf (Unruhe, Depression, Angstzuständen, Frieren, Schwitzen, Erbrechen, Durchfall etc.). **Merke:** Eine körperliche Abhängigkeit kann auch durch die Einnahme aufgrund einer Verschreibung durch Ärzt:innen entstehen (z. B. bei Schmerzen). In Studien zeichnet sich eine geringere psychische Abhängigkeitsentwicklung ab, wenn die Medikamente nach sinnvoller Verschreibung eingenommen wurden.
Nachweisbarkeit	Tilidin ist im Blut ca. 12 Std. lang und im Urin bis zu 3 Tage lang nachweisbar.
Typische Streckmittel	Es sind keine typischen Streckmittel bekannt.
Wirkdauer	Die Wirkung tritt nach ca. 10–15 Min. ein. Die Wirkdauer beträgt ca. 4–6 Std. mit einer Plateauphase von bis zu 2 Std.
Darreichung und Dosierung	Tilidin gibt es sowohl als Tropfen als auch Tabletten. In Deutschland sind nur retardierte Tabletten in Verbindung mit Naloxon erhältlich. Die Schwellendosis bei oralem Konsum beträgt ca. 25 mg, eine mittlere Dosis zwischen 50–100 mg.
Mischkonsumwarnung	Der Mischkonsum mit dämpfenden Substanzen wie Alkohol, Benzodiazepinen, GHB und anderen Opioiden sollte vermieden werden, da dies das Risiko einer Atemdepression erhöht. Vor allem der Konsum von Substanzen, die das Risiko von Erbrechen und Bewusstlosigkeit steigern können (wie Lachgas, Ketamin), sorgt für eine erhöhte Erstickungsgefahr! Der Mischkonsum mit Tramadol kann das Krampfanfallrisiko erhöhen.

	Der gleichzeitige Gebrauch von DXM kann das Risiko einer Depression des Zentralnervensystems sowie kardiale und respiratorische Probleme und Überdosierungen erhöhen, da er die Toleranz gegenüber Opioiden reduziert. Der Mischkonsum mit Stimulanzien belastet zusätzlich das Herz-Kreislauf-System.
Sonstiges	In der Formulierung von Tilidin ist Naloxon beigefügt. Dies macht eine Überdosierung von Tilidin unmöglich, da Naloxon die Wirkung aufhebt. Als retardierte Tablette zählt Tilidin nicht als Betäubungsmittel! Tilidin zählt zu den schwach wirksamen Opioiden der WHO-Stufe 2.

Tramadol

Synonyme, wichtige Formulierungen	Tramal® (Handelsname)
Wirkklasse	Opioide
Erwünschte Wirkung	Schmerzlinderung, stimulierender, bisweilen empathogener Effekt, Reduktion von schmerzbedingter Unruhe, emotionale Entspannung, leichte Euphorie, Sedierung etc.
	Merke: Tramadol hat neben seiner schmerzstillenden Wirkung einen leichten Effekt auf die Wiederaufnahme von Serotonin und Noradrenalin. Dies bewirkt Stimmungsaufhellung, Reduktion von Angstzuständen, hat aber auch eine effektivere schmerzstillende Wirkung.
Unerwünschte Wirkung	Übelkeit, Erbrechen, Juckreiz, Schwitzen, Erschöpfung, Blutdrucksenkung, Pupillenverengung, Kopfschmerzen, Mundtrockenheit, erhöhtes Risiko für Serotoninsyndrom und Krampfanfälle etc.
Abhängigkeit und andere Langzeitnebenwirkung	Tramadol zählt im medizinischen Kontext als ein Opioid mit einem geringeren Abhängigkeitspotenzial als andere Opioide. Dies begründet sich daraus, dass aufgrund des dualen Wirkmechanismus in Form der Bindung an Opioidrezeptoren und Beeinflussung von Serotonin und Noradrenalin nur geringere Dosen gebraucht werden. Auch kommt bei Tramadol die euphorische Wirkung nicht zu stark zum Tragen. Ein Risiko in der psychischen Abhängigkeitsentwicklung entsteht jedoch durchaus durch seine subtile Wirkung auf das emotionale Erleben. Vor allem Tropfen haben einen schnellen Wirkeintritt und können somit eine Abhängigkeitsentwicklung beeinflussen. Genau wie bei anderen Opioiden kann es bei Tramadol zu einer Toleranzbildung kommen, die im Entzug Opioid-typische Entzugserscheinungen (siehe Tilidin) aufweisen.
Nachweisbarkeit	Tramadol scheint in der Regel nicht durch die herkömmlichen Opioid-Tests nachweisbar zu sein. Hierfür benötigt es einen zusätzlichen Test oder anderweitige Analytik. Tramadol ist im Urin bis zu 3 Tage lang nachweisbar.
Typische Streckmittel	Es sind keine typischen Streckmittel bekannt.
Wirkdauer	Die Wirkung tritt bei oralem Konsum von Tabletten nach ca. 15–60 Min. ein. Die Wirkdauer beträgt bis zu 7 Std., Nachwirkungen können jedoch noch einige Stunden länger anhalten. Beim Konsum von Tropfen flutet die Wirkung deutlich schneller an.
Darreichung und Dosierung	Tramadol gibt es als Tabletten, Tropfen, Zäpfchen und Injektionslösung. Die Schwellendosis bei oralem Konsum beträgt ca. 25 mg, eine mittlere Dosis etwa 100–250 mg.

Mischkonsumwarnung	Der Mischkonsum mit dämpfenden Substanzen wie Alkohol, Benzodiazepinen, GHB und anderen Opioiden sollte vermieden werden, da dies das Risiko einer Atemdepression erhöht. Vor allem der Konsum von Substanzen, die das Risiko von Erbrechen und Bewusstlosigkeit steigern können (wie Lachgas, Ketamin), sorgt für eine erhöhte Erstickungsgefahr! Der gleichzeitige Gebrauch von DXM kann das Risiko einer Depression des Zentralnervensystems sowie kardialer und respiratorischer Probleme und Überdosierungen erhöhen, da er die Toleranz gegenüber Opioiden reduziert. Bei Tramadol ist außerdem das Risiko durch Mischkonsum mit verschiedenen Antidepressiva, MAO-Hemmern und Kokain, MDMA und Amphetamin zu beachten! Hier kann es zu einem Serotoninsyndrom kommen.
Sonstiges	Tramadol zählt zu den schwach wirksamen Opioiden der WHO-Stufe 2 und gehört zu den weltweit am häufigsten eingesetzten Opioiden. Es scheint, dass Tramadol ein geringeres Risiko einer Atemdepression hat als andere Opioide.

Z-Drugs

Synonyme, wichtige Formulierungen	Ambien®, Bikalm®, Optidorm®, Imovane® (alles Handelsnamen), Zaleplon, Zolpidem, Zopiclon
Wirkklasse	Downer
Erwünschte Wirkung	Dämpfen von Emotionen, Auflösung von Angstgefühlen, leichte Muskelentspannung, Sedierung, Erleichterung des Einschlafens etc., in hohen Dosen auch dissoziatives Halluzinogen.
Unerwünschte Wirkung	Metallischer Geschmack im Mund, verminderte Aufmerksamkeit, Kopfschmerzen, Magenbeschwerden, Schwindel, Übelkeit, Erbrechen, Rückenschmerzen, Infektion des Respirationstrakts, verstärkte Schlaflosigkeit, Albträume, Reizbarkeit, Aggressivität, Verlangsamung der Gedanken, Amnesie, Wahnvorstellung, Halluzinationen etc.
Abhängigkeit und andere Langzeitnebenwirkung	Z-Drugs haben einen zügigen Toleranzaufbau von wenigen Wochen bei täglichem Nutzen mit daraus folgenden physischen (z. B. Kopfschmerzen, Übelkeit, Herzrasen, Zittern, Schwitzen, Krampfanfälle) und psychischen (Schlafstörung, Angst, innere Unruhe, Reizbarkeit, Depression, Konzentrationsstörung, intensive Träume etc.) Entzugserscheinungen. Außerdem besteht eine Kreuztoleranz mit Benzodiazepinen. Durch eine unauffällige Nutzung als »Einschlafmittel« oder »Emotionale Unterstützung« kann sich darüber hinaus auch ein psychisches Abhängigkeitspotenzial entwickeln.
Nachweisbarkeit	Die Nachweisbarkeit unterscheidet sich je nach Medikament. Aufgrund seiner kurzen Halbwertszeit ist Zaleplon oft weniger als 1 Tag lang in Blut und Urin nachweisbar. Zolpidem ist im Urin bis zu 2 Tage lang und im Blut bis zu 20 Std. nachweisbar. Zopiclon ist in Urin und in Blut bis zu 3 Tage lang nachweisbar.
Typische Streckmittel	Da der Bezug von Z-Drugs maßgeblich im offiziellen Rahmen geschieht (Verschreibung und Bezug aus der Apotheke), sind keine Verunreinigung und Streckmittel durch den Verkauf über den Schwarzmarkt bekannt.
Wirkdauer	Je nach Z-Drug ist die Wirkdauer unterschiedlich. Zaleplon hat eine Wirkdauer von ca. 2 Std., Zolpidem von ca. 6 Std. und Zopiclon von bis zu 10 Std.
Darreichung und Dosierung	Z-Drugs werden in der Regel als Tabletten angeboten. In seltenen Fällen können sie auch in flüssiger Form verfügbar gemacht werden, z.B., wenn Personen Probleme bei Schlucken von Tabletten haben. Im Rahmen einer Medikation variiert die Dosierung je nach Z-Drugs bei Menschen unter 65 Jahren wie folgt: • Zaleplon: 10 mg • Zolpidem: 10–20 mg

	• Zopiclon: 7,5–10 mg (unter 70 Jahren); bei älteren Menschen ist die Dosierung geringer und paradoxe Wirkungen sind häufiger.
Mischkonsumwarnung	Der Mischkonsum mit psychoaktiven Substanzen, die auf das GABAerge System wirken (Alkohol, Benzodiazepine etc.), aber auch mit Opioiden kann die Wirkung und das Risiko für gefährliche Nebenwirkungen deutlich steigern.
Sonstiges	Die Gruppe der Z-Drugs unterscheidet sich in ihrer Wirkung nur gering von den Benzodiazepinen. Die muskelrelaxierende und entkrampfende Wirkung ist allerdings geringer ausgeprägt. Es besteht trotzdem eine Verletzungsgefahr aufgrund von Gangunsicherheit. Die 5K-Regel (klare Indikation, kleinste notwendige Dosis, kurze Anwendung [max. 4 Wochen], kein schlagartiges Absetzen, Kontraindikationen beachten) ist zu berücksichtigen. Ein zuvor postuliertes, geringeres Abhängigkeitspotenzial scheint nicht wirklich vorzuliegen.

Teil 4: Verzeichnisse

Literaturverzeichnis

Adams, B. M. (o. J.). *Cannabis in Competition. This is what it's like to become a judge for the High Times Cannabis Cup People's Choice Edition.* Abgerufen am 3. April 2024 von https://hightimes.com/culture/cannabis-in-competition/

American Psychiatric Association (Ed.) (2013). *Diagnostic and Statistical Manual of Mental Disorders* (Fifth Edition). DSM-5. American Psychiatric Association. https://doi.org/10.1176/appi.books.9780890425596

Andrade, C. (2015). Sustained-Release, Extended-Release, and Other Time-Release Formulations in Neuropsychiatry [Clinical and Practical Psychopharmacology]. *The Journal of Clinical Psychiatry*, 76(08), e995–e999. https://doi.org/10.4088/JCP.15f10219

Antonovsky, A. (1997). *Salutogenese: Zur Entmystifizierung der Gesundheit* (N. Schulte, Übers.). DGVT-Verlag.

Anyone's Child. (o. J.). *Anne-Marie (UK).* Abgerufen am 21. Januar 2023 von https://anyoneschild.org/anne-marie/

Arnaud, N. & Thomasius, R. (2019). *Substanzmissbrauch und Abhängigkeit bei Kindern und Jugendlichen.* Verlag W. Kohlhammer.

Aust, M. (2024). *Lachgas: Wie man Jugendliche schützen kann* [ZDFheute]. https://www.zdf.de/nachrichten/politik/deutschland/lachgas-wirkung-droge-jugendschutz-wuppertal-100.html

Austin, G. A. (1979). *Perspectives on the History of Psychoactive Substance Use.* National Institute on Drug Abuse. Abgerufen am 04. August 2024 von https://books.google.com.tr/books?id=UQE3rikfXSgC

Auwärter, V. & Kempf, J. (2019). Substanzmonitoring in Drogenkonsumräumen sowie offenen Szenen in Nürnberg und München. *Deutscher Suchtkongress 2019, Suchttherapie*, 20 (S 01). https://doi.org/10.1055/s-0039-1696086

Aydin, N. & Fritsch, K. (2015). Stigma und Stigmatisierung von psychischen Krankheiten. *Psychotherapeut*, 60(3), 245–257. https://doi.org/10.1007/s00278-015-0024-9

Baranger, D. A. A., Paul, S. E., Colbert, S. M. C., Karcher, N. R., Johnson, E. C., Hatoum, A. S. & Bogdan, R. (2022). Association of Mental Health Burden With Prenatal Cannabis Exposure From Childhood to Early Adolescence: Longitudinal Findings From the Adolescent Brain Cognitive Development (ABCD) Study. *JAMA Pediatrics*, 176(12), 1261–1265. https://doi.org/10.1001/jamapediatrics.2022.3191

Barsch, G. (2018). Drogenmündigkeit: Von der Suchtprävention zur Drogenerziehung. In M. Heyden, H. Jungaberle & T. Majić (Hrsg.), *Handbuch Psychoaktive Substanzen* (S. 69–82). Springer.

Baumann, M. H., Glennon, R. A. & Wiley, J. L. (Hrsg.) (2017). *Neuropharmacology of New Psychoactive Substances (NPS): The Science Behind the Headlines* (Bd. 32). Springer International Publishing. https://doi.org/10.1007/978-3-319-52444-3

Beyer, J., Ehlers, D. & Maurer, H. H. (2006). Abuse of Nutmeg (Myristica fragrans Houtt.): Studies on the Metabolism and the Toxicologic Detection of its Ingredients Elemicin, Myristicin, and Safrole in Rat and Human Urine Using Gas Chromatography/Mass Spectrometry: *Therapeutic Drug Monitoring*, 28(4), 568–575. https://doi.org/10.1097/00007691-200608000-00013

Bischof, G., Funke, W. & Müller-Mohnssen, M. (2022). Störung durch Substanzkonsum in der ICD 11. *Psychotherapeuten journal*, 21, 134–137.

Brubacher, J. R., Chan, H., Erdelyi, S., Zed, P. J., Staples, J. A. & Etminan, M. (2021). Medications and risk of motor vehicle collision responsibility in British Columbia, Canada: A population-based case-control study. *The Lancet. Public Health, 6*(6), 374–385. https://doi.org/10.1016/S2468-2667(21)00027-X

Bundesdrogenbeauftragter (2023). *Drug-Checking im Bundestag beschlossen.* https://www.bundesdrogenbeauftragte.de/presse/detail/drug-checking-im-bundestag-beschlossen/

Bundeskriminalamt (o. J.). *Betäubungsmittel.* Abgerufen am 1. Dezember 2022 von https://www.bka.de/DE/UnsereAufgaben/Ermittlungsunterstuetzung/Kriminaltechnik/Materialanalytik/Betaeubungsmittel/betaeubungsmittel_node.html

Bundespsychotherapeutenkammer (2019). *Leitlinien Info Alkoholstörungen.* https://api.bptk.de/uploads/bptk_Leitlinien_Info_Alkoholstoerungen_6fcaec63f8.pdf

Carton, L., Icick, R., Weibel, S., Dematteis, M., Kammerer, E., Batisse, A. & Rolland, B. (2022). What is the potential for abuse of lisdexamfetamine in adults? A preclinical and clinical literature review and expert opinion. *Expert Review of Clinical Pharmacology, 15*(8), 921–925. https://doi.org/10.1080/17512433.2022.2112950

Castelpietra, G., Knudsen, A. K. S., Agardh, E. E., Armocida, B., Beghi, M., Iburg, K. M., Logroscino, G., Ma, R., Starace, F., Steel, N., Addolorato, G., Andrei, C. L., Andrei, T., Ayuso-Mateos, J. L., Banach, M., Bärnighausen, T. W., Barone-Adesi, F., Bhagavathula, A. S., Carvalho, F., … Monasta, L. (2022). The burden of mental disorders, substance use disorders and self-harm among young people in Europe, 1990–2019: Findings from the Global Burden of Disease Study 2019. *The Lancet Regional Health – Europe, 16,* 100341. https://doi.org/10.1016/j.lanepe.2022.100341

Caudevilla, F., Carbon, X. & Ventura, M. (2019). Wie Drug-Checking-Projekte und das Internet das Monitoring des Drogenkonsums verändert haben. In K. Tögel-Lins, B. Werse & H. Stöver (Hrsg.), *Checking Drug-Checking. Potentiale für Prävention, Beratung, Harm Reduction und Monitoring* (S. 191–207). Fachhochschulverlag Frankfurt a. M. Der Verlag für angewandte Wissenschaft.

Chavkin, C., Sud, S., Jin, W., Stewart, J., Zjawiony, J. K., Siebert, D. J., Toth, B. A., Hufeisen, S. J. & Roth, B. L. (2004). Salvinorin A, an active component of the hallucinogenic sage salvia divinorum is a highly efficacious kappa-opioid receptor agonist: structural and functional considerations. *Journal of Pharmacology and Experimental Therapeutics 308*(3), 1197–1203.

Cormier, Z. (2015). No link found between psychedelics and psychosis. *Nature.* https://www.nature.com/articles/nature.2015.16968.pdf

Couchman, L., Frinculescu, A., Sobreira, C., Shine, T., Ramsey, J., Hecht, M., Kipper, K., Holt, D. & Johnston, A. (2019). Variability in content and dissolution profiles of MDMA tablets collected in the UK between 2001 and 2018 – A potential risk to users? *Drug Testing and Analysis, 11*(8), 1172–1182. https://doi.org/10.1002/dta.2605

Degenhardt, L., Bharat, C., Bruno, R., Glantz, M. D., Sampson, N. A., Lago, L., Aguilar-Gaxiola, S., Alonso, J., Andrade, L. H., Bunting, B., Caldas-de-Almeida, J. M., Cia, A. H., Gureje, O., Karam, E. G., Khalaf, M., McGrath, J. J., Moskalewicz, J., Lee, S., Mneimneh, Z., … on behalf of the WHO World Mental Health Survey Collaborators (2019). Concordance between the diagnostic guidelines for alcohol and cannabis use disorders in the draft ICD-11 and other classification systems: Analysis of data from the WHO's World Mental Health Surveys. *Addiction, 114*(3), 534–552. https://doi.org/10.1111/add.14482

Deutsche Apothekenzeitung (2018). *Nasales Naloxon als Take-Home für Laien. Modellprojekt bei Opioid-Missbrauch.* https://www.deutsche-apotheker-zeitung.de/news/artikel/2018/06/21/nasales-naloxon-als-take-home-fuer-laien

Deutsche Hauptstelle für Suchtfragen (2020). *Cannabis. Basisinformation.* Hamm.

Deutscher Bundestag (2019). *Zur Verkehrstüchtigkeit unter Einfluss von Cannabis – Grenzwerte und Messverfahren in Deutschland und den Niederlanden.* https://www.bundestag.de/resource/blob/637902/597d53f5cf611ccbe0a0d1bd3197a624/WD-7-040-19-pdf-data.pdf

Deutsches Ärzteblatt (2022). *Jährlich rund 127.000 Todesfälle infolge des Rauchens.* Abgerufen am 13. Februar 2025 von https://www.aerzteblatt.de/news/jaehrlich-rund-127000-todesfaelle-infolge-des-rauchens-9408b025-34c3-4732-a76a-135b5bf71a85

Dolder, P. C., Schmid, Y., Steuer, A. E., Kraemer, T., Rentsch, K. M., Hammann, F. & Liechti, M. E. (2017). Pharmacokinetics and Pharmacodynamics of Lysergic Acid Diethylamide in Healthy Subjects. *Clinical Pharmacokinetics, 56*(10), 1219–1230. https://doi.org/10.1007/s40262-017-0513-9

Döring, N. (2022). Alkohol in den Sozialen Medien: Zwischen Glorifizierung und Prävention. *SuchtMagazin, 48*(4 & 5), 20–24.

Duster, T. (1971). *The legislation of morality: Law, drugs and moral judgement*. Free Press; Collier-Macmillan.

Dyck, G. J. B., Maayah, Z. H., Eurich, D. T. & Dyck, J. R. B. (2022). Understanding the Potential Benefits of Cannabidiol for Patients With Schizophrenia: A Narrative Review. *Schizophrenia Bulletin Open, 3*(1), sgab053. https://doi.org/10.1093/schizbullopen/sgab053

Eichenbrenner, I. (2017). Das psychiatrische Hilfesystem. In J. Bischkopf, D. Deimel, C. Walther & R.-B. Zimmermann (Hrsg.), *Soziale Arbeit in der Psychiatrie* (Neuausgabe, S. 116–138). Psychiatrie Verlag.

Elk, M. & Yaden, D. B. (2022). Pharmacological, neural, and psychological mechanisms underlying psychedelics: A critical review. *Neuroscience and Biobehavioral Reviews, 140*, 104793. https://doi.org/10.1016/j.neubiorev.2022.104793

EMCDDA (2017). *Germany, Country Drug Report 2017*. Publications Office of the European Union.

EMCDDA (2019). *Drug-related deaths and mortality in Europe. Update from the EMCDDA expert net-work*. Publications Office of the European Union.

EMCDDA (2022a). *Recreational use of nitrous oxide: A growing concern for Europe*. Publications Office of the European Union. https://www.emcdda.europa.eu/publications/rapid-communication/recreational-use-nitrous-oxide-growing-concern-europe_en

EMCDDA (2022b). *Report on the risk assessment of a new psychoactive substance: Methyl 3,3-dimethyl-2-{[1-(pent-4-en-1-yl)-1H-indazole-3-carbonyl]amino}butanoate (MDMB-4en-PINACA) in accordance with Article 5c of Regulation (EC) No 1920/2006 (as amended)*. https://www.emcda.europa.eu/publications/risk-assessments/mdmb-4en-pinaca_en

Engel, G. L. (1977). The Need for a New Medical Model: A Challenge for Biomedicine. *Science, 196*(4286), 129–136. https://doi.org/10.1126/science.847460

European Kratom Association (o. J.). *A brief overview of Kratom (Mitragyna speciosa Korth.)*. Abgerufen am 1. Juni 2024 von https://eka.eu/about-kratom/

eve&rave Schweiz (2024). *Das Substanzhandbuch. Ein Projekt von eve&rave Schweiz*. Abgerufen am 16. Februar 2025 von https://www.eve-rave.ch/wp-content/uploads/2024/11/Das-Substanzhandbuch-v1.1.pdf

Felitti, V. J. (2002). The Relation Between Adverse Childhood Experiences and Adult Health: Turning Gold into Lead. *The Permanente Journal, 6*(1), 44–47. https://doi.org/10.7812/tpp/02.994

Feuerlein, W. (1969). Sucht und Süchtigkeit. *Münchener Medizinische Wochenzeitschrift, 111*(50), 2593–2600.

Feustel, R. (2018). Doppelte Kulturgeschichte des Rauschs. Ein Trick der Vernunft. In M. Heyden, H. Jungaberle & T. Majić (Hrsg.), *Handbuch Psychoaktive Substanzen (Springer Reference Psychologie)* (S. 11–22). Springer.

Flynn, H. A. & Chermack, S. T. (2008). Prenatal Alcohol Use: The Role of Lifetime Problems With Alcohol, Drugs, Depression, and Violence. *Journal of Studies on Alcohol and Drugs, 69*(4), 500–509, https://doi.org/10.15288/jsad.2008.69.500

Freyberger, H. J. & Dilling, H. (2019). *Taschenführer zur ICD-10-Klassifikation psychischer Störungen: Mit Glossar und diagnostischen Kriterien sowie Referenztabellen ICD-10 vs. ICD-9 und ICD-10 vs. DSM-IV-TR* (9., aktualisierte Auflage unter Berücksichtigung der Änderungen gemäss ICD-10-GM (German Modification) 2019). Hogrefe.

Frischknecht, U., Ellwanger, L. & Sträter, B. (2021). Stigmatisierung im Kontext der Sucht. In M. Wolff, W. Looser & G. Cvetanovska-Pllashniku (Hrsg.), *Multiprofessionelle Behandlung von Suchterkrankungen. Praxishandbuch für Pflege- und Gesundheitsberufe* (S. 255–284).

Gardner, E. A., McGrath, S. A., Dowling, D. & Bai, D. (2022). The Opioid Crisis: Prevalence and Markets of Opioids. *Forensic Science Review, 34*(1), 43–70.

Gemeinsamer Bundesausschuss (2011). *Ambulante Psychotherapie bei Suchterkrankungen künftig ausnahmsweise auch ohne Abstinenz möglich*. https://www.g-ba.de/presse/pressemitteilungen-meldungen/392/

Goldberger, B. A., Lee, D. & Wilkins, D. G. (2019). Analytical and Forensic Toxicology. In: C. D. Klaassen (Ed.), *Casarett & Doull's Toxicology: The Basic Science of Poisons* (9th edition, pp. 1511 ff.). McGraw-Hill Education.

Goffman, E. (1986). *Stigma: Notes on the management of spoiled identity*. Simon & Schuster.

Gutwinski, S. & Heinz, A. (2022). Veränderungen in der ICD-11: Störungen durch Substanzgebrauch und Verhaltenssüchte. *Psychiatrische Praxis [Changes in ICD-11: Disorders Due to Substance Use or Addictive Behaviours]*, 49(3), 156–163. https://doi.org/10.1055/a-1548-6256

Haden, M., Emerson, B. & Tupper, K. W. (2016). A Public-Health-Based Vision for the Management and Regulation of Psychedelics. *Journal of Psychoactive Drugs*, 48(4), 243–252. https://doi.org/10.1080/02791072.2016.1202459

Halbsguth, U., Rentsch, K. M., Eich-Höchli, D., Diterich, I. & Fattinger, K. (2008). Oral diacetylmorphine (heroin) yields greater morphine bioavailability than oral morphine: Bioavailability related to dosage and prior opioid exposure. *British Journal of Clinical Pharmacology*, 66(6), 781–791. https://doi.org/10.1111/j.1365-2125.2008.03286.x

Hammarlund, R. A., Crapanzano, K. A., Luce, L., Mulligan, L. A. & Ward, K. M. (2018). Review of the effects of self-stigma and perceived social stigma on the treatment-seeking decisions of individuals with drug- and alcohol-use disorders. *Substance Abuse and Rehabilitation*, 9, 115–136. https://doi.org/10.2147/SAR.S183256

Hasin, D. S., O'Brien, C. P., Auriacombe, M., Borges, G., Bucholz, K., Budney, A., Compton, W. M., Crowley, T., Ling, W., Petry, N. M., Schuckit, M. & Grant, B. F. (2013). DSM-5 Criteria for Substance Use Disorders: Recommendations and Rationale. *American Journal of Psychiatry*, 170(8), 834–851. https://doi.org/10.1176/appi.ajp.2013.12060782

Hausmann, F. (2019). *Koks am Kiosk?*. Schmetterling Verlag.

Henneberger, A. K., Mushonga, D. R. & Preston, A. M. (2021). Peer Influence and Adolescent Substance Use: A Systematic Review of Dynamic Social Network Research. *Adolescent Research Review*, 6(1), 57–73. https://doi.org/10.1007/s40894-019-00130-0

Hoffman, P. L., Rabe, C. S., Grant, K. A., Valverius, P., Hudspith, M. & Tabakoff, B. (1990). Ethanol and the NMDA receptor. *Alcohol*, 7(3), 229–231. https://doi.org/10.1016/0741-8329(90)90010-A

Hoffmann, A. (2019). Die ›Kokain-Welle‹ im Deutschland der 1920er-Jahre. In R. Feustel, H. Schmidt-Semisch & U. Bröckling (Hrsg.), *Handbuch Drogen in sozial- und kulturwissenschaftlicher Perspektive* (S. 57–70). Springer Fachmedien. https://doi.org/10.1007/978-3-658-22138-6_5

Hughes, C. E., Lancaster, K. & Spicer, B. (2011). How do Australian news media depict illicit drug issues? An analysis of print media reporting across and between illicit drugs, 2003–2008. *International Journal of Drug Policy*, 22(4), 285–291. https://doi.org/10.1016/j.drugpo.2011.05.008

Hüllinghorst, R. (2008). Vor 40 Jahren: Urteil des Bundessozialgerichtes »Trunksucht ist Krankheit im Sinne der RVO«. *SUCHT*, 54(2), 66–68. https://doi.org/10.1024/2008.02.01

Jasinski, D. R. (2000). An evaluation of the abuse potential of modafinil using methylphenidate as a reference. *Journal of Psychopharmacology*, 14(1), 53–60. https://doi.org/10.1177/026988110001400107

Jelen, L. A. & Stone, J. M. (2021). Ketamine for depression. *International Review of Psychiatry*, 33(3), 207–228. https://doi.org/10.1080/09540261.2020.1854194

Joossens, L., Feliu, A. & Fernandez, E. (2020). *The Tobacco Control Scale 2019 in Europe*. Smoke Free Partnership. Catalan Institute of Oncology. http://www.tobaccocontrolscale.org/TCS2019.pdf

Joossens, L., Olefir, L., Feliu, A. & Fernandez, E. (2022). *The Tobacco Control Scale 2021 in Europe*. Smoke Free Partnership. Catalan Institute of Oncology. http://www.tobaccocontrolscale.org/TCS2021

Jorgensen, C. & Wells, J. (2022). Is marijuana really a gateway drug? A nationally representative test of the marijuana gateway hypothesis using a propensity score matching design. *Journal of Experimental Criminology*, 18(3), 497–514. https://doi.org/10.1007/s11292-021-09464-z

Konrad, K., Firk, C. & Uhlhaas, P. J. (2013). Brain Development During Adolescence. *Deutsches Ärzteblatt international*. https://doi.org/10.3238/arztebl.2013.0425

Korhonen, T., Huizink, A. C., Dick, D. M., Pulkkinen, L., Rose, R. J. & Kaprio, J. (2008). Role of individual, peer and family factors in the use of cannabis and other illicit drugs: A longitudinal analysis among Finnish adolescent twins. *Drug and Alcohol Dependence*, 97(1–2), 33–43. https://doi.org/10.1016/j.drugalcdep.2008.03.015.

Korn, F., Hammerich, S. & Gries, A. (2021). Cannabinoidhyperemesis als Differenzialdiagnose von Übelkeit und Erbrechen in der Notaufnahme. *Der Anaesthesist*, 70(2), 158–160. https://doi.org/10.1007/s00101-020-00850-2

Kostrzewa, R. (2018). *Stigmatisierung und Selbststigmatisierung im Kontext von Suchterkrankung. Ein veränderbarer Teufelskreis?* https://www.konturen.de/fachbeitraege/stigmatisierung-und-selbststigmatisierung-im-kontext-von-suchterkrankungen/

Lago, L., Bruno, R. & Degenhardt, L. (2016). Concordance of ICD-11 and DSM-5 definitions of alcohol and cannabis use disorders: A population survey. *The Lancet Psychiatry*, 3(7), 673–684. https://doi.org/10.1016/S2215-0366(16)00088-2

Lessmann, R. (2017). *Internationale Drogenpolitik.* Springer Fachmedien. https://doi.org/10.1007/978-3-658-15937-5

Lewin, L. (1924). *Phantastica. Die betäubenden und erregenden Genussmittel. Für Ärzte und Nichtärzte.* Verlag von Georg Stilke.

Lewy, J. (2017). *Drugs in Germany and the United States, 1819–1945: The birth of two addictions.* Nomos.

Lindenmeyer, J. (2022). *Lieber schlau als blau: Entstehung und Behandlung von Alkohol- und Medikamentenabhängigkeit: mit E-Book inside und Arbeitsmaterial* (10., überarbeitete und erweiterte Auflage). Beltz.

Mach, H. & Scheerer, S. (2019). Vom »ehrbaren Kaufmann« zum »gewissenlosen Dealer«. In R. Feustel, H. Schmidt-Semisch & U. Bröckling (Hrsg.), *Handbuch Drogen in sozial- und kulturwissenschaftlicher Perspektive* (S. 455–475). Springer Fachmedien. https://doi.org/10.1007/978-3-658-22138-6_32

MAPS (2022). *Second MAPS-Sponsored Phase 3 Trial of MDMA-Assisted Therapy for PTSD Completed.* Abgerufen am 13. Februar 2025 von https://maps.org/2022/11/17/mapp2-second-maps-sponsored-phase-3-trial-of-mdma-assisted-therapy-for-ptsd-completed/

Martinotti, G., Santacroce, R., Pettorruso, M., Montemitro, C., Spano, M., Lorusso, M., Di Giannantonio, M. & Lerner, A. (2018). Hallucinogen Persisting Perception Disorder: Etiology, Clinical Features, and Therapeutic Perspectives. *Brain Sciences*, 8(3), 47. https://doi.org/10.3390/brainsci8030047

McKenna, D. J., Towers, G. H. N. & Abbott, F. (1984). Monoamine oxidase inhibitors in South American hallucinogenic plants: Tryptamine and β-carboline constituents of Ayahuasca. *Journal of Ethnopharmacology*, 10(2), 195–223. https://doi.org/10.1016/0378-8741(84)90003-5

Medrano, K. (2023). *A Harm Reduction Guide to Better Booty-Bumping Kits.* Abgerufen am 1. Februar 2025 von https://filtermag.org/booty-bumping-harm-reduction/

Meury, M. (2022). Alkohol in der Gesellschaft – Aktueller Stand und Trends. *SuchtMagazin*, 48(4 & 5), 4–11.

Michelot, D. & Melendez-Howell, L. M. (2003). Amanita muscaria: Chemistry, biology, toxicology, and ethnomycology. *Mycological Research*, 107(Pt 2), 131–146. https://doi.org/10.1017/s0953756203007305

Miller, R., Brown, T., Wrobel, J., Kosnett, M. J. & Brooks-Russell, A. (2022). Influence of cannabis use history on the impact of acute cannabis smoking on simulated driving performance during a distraction task. *Traffic Injury Prevention*, 23(sup1), S1–S7. https://doi.org/10.1080/15389588.2022.2072492

Musto, D. F. (1999). *The American disease: Origins of narcotic control* (3. Auflage). Oxford University Press.

Nemanich, A., Liebelt, E. & Sabbatini, A. K. (2021). Increased rates of diphenhydramine overdose, abuse, and misuse in the United States, 2005–2016. *Clinical Toxicology*, 59(11), 1002–1008. https://doi.org/10.1080/15563650.2021.1892716

Nolte, F. (2007). Sucht« – Zur Geschichte einer Idee. In B. Dollinger (Hrsg.), *Sozialwissenschaftliche Suchtforschung* (S. 47–58). VS Verl. für Sozialwiss.

Nutt, D. J., King, L. A. & Phillips, L. D. (2010). Drug harms in the UK: A multicriteria decision analysis. *The Lancet*, 376(9752), 1558–1565. https://doi.org/10.1016/S0140-6736(10)61462-6

Ohler, N. (2017). *Der totale Rausch. Drogen im Dritten Reich* (6. Auflage). Kiepenheuer & Witsch.
Ohler, N. (2019). Nationalsozialismus in Pillenform: Der Aufstieg des Stimulanzmittels Pervitin im »Drit-ten Reich«. Vom Einsatz des Medikaments als Element totaler Mobilmachung zum direkten Zugriff auf die Körper der Soldaten. In R. Feustel, H. Schmidt-Semisch & U. Bröckling (Hrsg.), *Handbuch Drogen in sozial- und kulturwissenschaftlicher Perspektive* (S. 71–79). Springer Fachmedien.
Park, J. N., Schneider, K. E., Fowler, D., Sherman, S. G., Mojtabai, R. & Nestadt, P. S. (2022). Polysubstance Overdose Deaths in the Fentanyl Era: A Latent Class Analysis. *Journal of Addiction Medicine*, 16(1), 49–55. https://doi.org/10.1097/ADM.0000000000000823
Petermann, F., Maercker, A., Lutz, W. & Stangier, U. (Hrsg.) (2018). *Klinische Psychologie – Grundlagen*. Hogrefe.
Ramli, F. F., Syed Hashim, S. A. & Mohd Effendy, N. (2021). Factors Associated with Low Bone Density in Opioid Substitution Therapy Patients: A Systematic Review. *International Journal of Medical Sciences*, 18(2), 575–581. https://doi.org/10.7150/ijms.52201
Rang, H. P., Ritter, J. & Flower, R. J. (2007). *Rang & Dale's Pharmacology* (6.). Churchill Livingstone Elsevier.
Rätsch, C. (2018). *Enzyklopädie der psychoaktiven Pflanzen. Botanik, Ethnopharmakologie und Anwendung* (14. Auflage). AT Verlag.
Reiff, C. M., Richman, E. E., Nemeroff, C. B., Carpenter, L. L., Widge, A. S. & Rodriguez, C. I. (2020). Psychedelics and Psychedelic-Assisted Psychotherapy. *The American Journal of Psychiatry*, 177(5), 391–410. https://doi.org/10.1176/appi.ajp.2019.19010035
Reinarman, C. (2007). Die soziale Konstruktion von Drogenpaniken. In B. Dollinger (Hrsg.), *Sozialwissenschaftliche Suchtforschung* (S. 94–111). VS Verlag für Sozialwissenschaften.
Ridder, M. de (2000). *Heroin: Vom Arzneimittel zur Droge*. Campus.
Roshan, P. R., De Man, E. F., Kim, J., Görgen, K., Tschorn, M., Rapp, M. A., Banaschewski, T., Bokde, A. L., Desrivieres, S., Flor, H., Grigis, A., Garavan, H., Gowland, P. A., Brühl, R., Martinot, J.-L., Martinot, M.-L. P., Artiges, E., Nees, F., Papadopoulos Orfanos, D., … IMAGEN consortium (2022). Structural differences in adolescent brains can predict alcohol misuse. *eLife*, 11, e77545. https://doi.org/10.7554/eLife.77545
Rumbarger, J. J. (1989). *Profits, power, and prohibition: Alcohol reform and the industrializing of America, 1800–1930*. State Univ. of New York Press.
Rüsch, N., Berger, M., Finzen, A. & Angermeyer, M. C. (2004). Das Stigma psychischer Erkrankungen. Ursachen, Formen und therapeutische Konsequenzen. In M. Berger (Hrsg.), *Psychische Erkrankungen – Klinik und Therapie, elektronisches Zusatzkapitel Stigma* (S. 807–812). Urban & Fischer Verlag/Elsevier GmbH.
Schaller, K., Kahnert, S., Garcia-Verdugo, R., Treede, I., Graen, L. & Ouédraogo, N. (2022). *Alkoholatlas Deutschland 2022*. Pabst Science Publishers.
Schep, L. J., Slaughter, R. J. & Beasley, D. M. G. (2010). The clinical toxicology of metamfetamine. *Clinical Toxicology (Philadelphia, Pa)*, 48(7), 675–694. https://doi.org/10.3109/15563650.2010.516752
Schildower Kreis (2021). *Stellungnahme als Sachverständiger zur Anhörung am 24.02.2021*. https://www.bundestag.de/resource/blob/823812/e8cc1c1a13d627b079a1bfd2ede749c5/19-15-459-E-Schildower-Kreis-data.pdf
Schmidt-Semisch, H. (2014). Überlegungen zu einer salutogenetisch orientierten Perspektive auf Drogenkonsum. In B. Schmidt (Hrsg.), *Akzeptierende Gesundheitsförderung. Unterstützung zwischen Einmischung und Vernachlässigung (Grundlagentexte Gesundheitswissenschaften)* (S. 207–220). Beltz.
Schmittner, J., Schroeder, J. R., Epstein, D. H. & Preston, K. L. (2005). Menstrual cycle length during methadone maintenance. *Addiction*, 100(6), 829–836. https://doi.org/10.1111/j.1360-0443.2005.01091.x
Schomerus, G., Bauch, A., Elger, B., Evans-Lacko, S., Frischknecht, U. & Klingemann, H. (2017). Das Stigma von Suchterkrankungen verstehen und überwinden. *SUCHT*, 63(5), 253–259. https://doi.org/10.1024/0939-5911/a000501
Schomerus, G., Lucht, M., Holzinger, A., Matschinger, H., Carta, M. G. & Angermeyer, M. C. (2011). The Stigma of Alcohol Dependence Compared with Other Mental Disorders: A

Review of Population Studies. *Alcohol and Alcoholism*, 46(2), 105–112. https://doi.org/10.1093/alcalc/agq089

Schomerus, G. & Rumpf, H.-J. (2017). Das Stigma von Suchterkrankungen muss überwunden werden. *SUCHT*, 63(5), 251–252. https://doi.org/10.1024/0939-5911/a000500

Scott, J. C. (2023). Impact of Adolescent Cannabis Use on Neurocognitive and Brain Development. *Child and Adolescent Psychiatric Clinics of North America*, 32(1), 21–42. https://doi.org/10.1016/j.chc.2022.06.002

Seitz, H. K. & Stickel, F. (2010). Acetaldehyde as an underestimated risk factor for cancer development: Role of genetics in ethanol metabolism. *Genes & Nutrition*, 5(2), 121–128. https://doi.org/10.1007/s12263-009-0154-1

Snider, D. (o. J.). *Category: Derek Snider's drug venn diagram*. Abgerufen am 9. Juni 2024 von https://commons.wikimedia.org/wiki/Category:Derek_Snider's_drug_venn_diagram

Sobell, L. C. (2007). The Phenomenon of Self-Change: Overview and Key Issues. In H. Klingemann & L. C. Sobell (Hrsg.), *Promoting Self-Change from Addictive Behaviors. Practical Implications for Policy, Prevention and Treatment* (2. Auflage, S. 1–30). Springer New York.

Steinmetz, F. P. & Kohek, M. (2022). Farmability and pharmability: Transforming the drug market to a health-and human rights-centred approach from self-cultivation to safe supply of controlled sub-stances. *Drug Science, Policy and Law*, 8, 205032452210977. https://doi.org/10.1177/20503245221097797

Stöver, H. (2021). Harm Reduction: Aktueller Stand und Ausblick. In M. Wolff, W. Looser, G. Cvetanovska-Pllashniku & D. Czycholl (Hrsg.), *Multiprofessionelle Behandlung von Suchterkrankungen: Praxishandbuch für Pflege- und Gesundheitsberufe* (S. 193–208). Hogrefe.

Stump, A. L., Mayo, T. & Blum, A. (2006). Management of grapefruit-drug interactions. *American Family Physician*, 74(4), 605–608.

Szigeti, B., Kartner, L., Blemings, A., Rosas, F., Feilding, A., Nutt, D. J., Carhart-Harris, R. L. & Erritzoe, D. (2021). Self-blinding citizen science to explore psychedelic microdosing. *eLife*, 10, e62878. https://doi.org/10.7554/eLife.62878

Terner, J. M. & De Wit, H. (2006). Menstrual cycle phase and responses to drugs of abuse in humans. *Drug and Alcohol Dependence*, 84(1), 1–13. https://doi.org/10.1016/j.drugalcdep.2005.12.007

The ESPAD Group (2020). *ESPAD report 2019. Results from the European school survey project on alcohol and other drugs*. Publications Office of the European Union.

Transform Drug Policy Foundation (2022). *Cannabis Regulieren – Ein Praxisleitfaden. Kurzfassung*.

Trucco, E. M. (2020). A review of psychosocial factors linked to adolescent substance use. *Pharmacology Biochemistry and Behavior*, 196, 172969. https://doi.org/10.1016/j.pbb.2020.172969

Ullrich, J. (2018). Die Behandlung von Suchterkrankungen in Deutschland. In M. Heyden, H. Jungaberle & T. Majić (Hrsg.), *Handbuch Psychoaktive Substanzen (Springer Reference Psychologie)* (S. 455–462). Springer.

Ullrich-Kleinmanns, J., Jungaberle, H., Weinhold, J. & Verres, R. (2008). Muster und Verlauf des Konsums psychoaktiver Substanzen im Jugendalter – Die Bedeutung von Kohärenzsinn und Risikowahrnehmung. *Suchttherapie*, 9(1), 12–21. https://doi.org/10.1055/s-2008-1046795

Van Honk, J., Schutter, D. J., Bos, P. A., Kruijt, A.-W., Lentjes, E. G. & Baron-Cohen, S. (2011). Testosterone administration impairs cognitive empathy in women depending on second-to-fourth digit ratio. *Proceedings of the National Academy of Sciences*, 108(8), 3448–3452. https://doi.org/10.1073/pnas.1011891108

Verweij, K. J. H., Zietsch, B. P., Lynskey, M. T., Medland, S. E., Neale, M. C., Martin, N. G., Boomsma, D. I. & Vink, J. M. (2010). Genetic and environmental influences on cannabis use initiation and problematic use: A meta-analysis of twin studies. *Addiction*, 105(3), 417–430. https://doi.org/10.1111/j.1360-0443.2009.02831.x

Volpi-Abadie, J., Kaye, A. M. & Kaye, A. D. (2013). Serotonin Syndrome. *The Ochsner Journal*, 13(4), 533–540.

Wall, T. L., Peterson, C. M., Peterson, K. P., Johnson, M. L., Thomasson, H. R. & Cole, M. (1997). Alcohol metabolism in Asian-American men with genetic polymorphisms of aldehyde dehydrogenase. *Annals of Internal Medicine*, *127*(5), 376–379. https://doi.org/10.7326/0003-4819-127-5-199709010-00007

Weinhauer, K. (2019). Drogen, Staat und Gesellschaft in der Bundesrepublik Deutschland, in Großbritannien und den USA zwischen den 1960er- und 1990er-Jahren. In R. Feustel, H. Schmidt-Semisch & U. Bröckling (Hrsg.), *Handbuch Drogen in sozial- und kulturwissenschaftlicher Perspektive* (S. 417–432). Springer Fachmedien. https://doi.org/10.1007/978-3-658-22138-6_30

Weisman, O., Zagoory-Sharon, O. & Feldman, R. (2012). Intranasal oxytocin administration is reflected in human saliva. *Psychoneuroendocrinology*, *37*(9), 1582–1586. https://doi.org/10.1016/j.psyneuen.2012.02.014

Wilson, J. D., Vo, H., Matson, P., Adger, H., Barnett, G. & Fishman, M. (2017). Trait Mindfulness and Progression to Injection Use in Youth With Opioid Addiction. *Substance Use & Misuse*, *52*(11), 1486–1493. https://doi.org/10.1080/10826084.2017.1289225

Wilson, N., Kariisa, M., Seth, P., Smith, H. & Davis, N. L. (2020). Drug and Opioid-Involved Overdose Deaths – United States, 2017–2018. *MMWR. Morbidity and Mortality Weekly Report*, *69*(11), 290–297. https://doi.org/10.15585/mmwr.mm6911a4

World Health Organisation (o. J. a). *ICD 11 for Mortality and Morbidity Statistics*. Abgerufen am 22. Mai 2024 von https://icd.who.int/browse11/l-m/en#/http%3a%2f%2fid.who.int%2ficd%2fentity%2f1580466198

World Health Organization (o. J. b). *Global Information System on Alcohol and Helath (GISAH). Levels of Consumption. Alcohol, recorded per capita (15+) consumption (in litres of pure alcohol)*. Abgerufen am 11. Mai 2023 von https://www.who.int/data/gho/data/indicators/indicator-details/GHO/alcohol-recorded-per-capita-(15-)-consumption-(in-litres-of-pure-alcohol)

Ystrom, E., Kendler, K. S. & Reichborn-Kjennerud, T. (2014). Early age of alcohol initiation is not the cause of alcohol use disorders in adulthood, but is a major indicator of genetic risk. A population-based twin study. *Addiction*, *109*(11), 1824–1832. https://doi.org/10.1111/add.12620

Glossar

Additivität/additiver Effekt
Ein Zustand, in dem die kombinierte Wirkung von zwei oder mehr Substanzen die Summe ihrer Einzeleffekte ist.

Affinität (Rezeptor)
Die Stärke der Bindung zwischen einem Molekül (wie einem Neurotransmitter oder Wirkstoff) und einem Rezeptor.

Alkaloide
Natürliche Stickstoffverbindungen, die oft in Pflanzen vorkommen und pharmakologisch wirksam sein können, wie z. B. Nikotin oder Morphin.

Anticholinerg
Eine Substanz, die die Wirkung von Acetylcholin (einem Neurotransmitter) hemmt, oft mit Wirkungen wie Gedächtnisstörungen, Verwirrung oder trockenen Schleimhäuten.

Antikörper
Proteine, die vom Immunsystem produziert werden, um fremde Substanzen wie Bakterien oder Viren zu erkennen und zu neutralisieren. Extrahierte Antikörper finden oft Anwendung in der Diagnostik.

Base
In der Chemie eine Substanz, die Wasserstoffionen (H+) aufnehmen kann (im Gegensatz zu Säuren, die H+ abgeben). Viele psychoaktive Wirkstoffe sind Basen, die allerdings oft als Salz mit Hilfe einer Säure (z. B. Hydrochlorid) neutralisiert/stabilisiert werden.

Betäubungsmittel (Btm)
Substanzen mit betäubender und schmerzstillender Wirkung. In Deutschland ist Betäubungsmittel auch ein juristischer Begriff, welcher Stoffe im Betäubungsmittelgesetz (BtMG) beschreibt, unabhängig von deren Wirkung.

Botenstoff
Eine Substanz, die Signale zwischen Zellen im Körper vermittelt, wie Hormone oder Neurotransmitter.

Bukkale Verabreichung
Eine Verabreichungsform, bei der ein Medikament/Droge über die Schleimhaut im Mund aufgenommen wird (siehe auch sublinguale Verabreichung).

Chromatografie
Ein Verfahren zur Trennung chemischer Substanzen, das häufig in der Drogenanalyse verwendet wird.

Derivat
Eine chemische Verbindung, die aus einer anderen Verbindung abgeleitet wurde, oft durch Modifikation bestimmter Gruppen innerhalb der Molekülstruktur.

Dosis
Die Menge einer Substanz, die eingenommen wird, um eine bestimmte Wirkung zu erzielen.

Drug-Checking
Die Analyse von Drogen durch Labore, um Konsumierenden Informationen über deren Inhalt und Reinheit zu geben, meist in Verbindung mit sozialarbeiterischen Interventionen wie Beratungsgesprächen (auch integriertes Drug-Checking genannt).

Enzym
Ein Protein, das chemische Reaktionen im menschlichen Körper katalysiert. Ein Beispiel ist die Alkoholdehydrogenase, welche Ethanol zu Acetaldehyd umwandelt.

Ethnobotanik
Die Wissenschaft, die sich mit der Beziehung zwischen Menschen und Pflanzen beschäftigt, insbesondere mit deren Nutzung in traditionellen Heilmethoden.

Halbsynthetisch
Substanzen, die aus natürlichen Stoffen synthetisiert werden, meist nur leicht chemisch verändert.

Harm-Reduction (Schadensminimierung)
Strategien, um die schädlichen Auswirkungen des Drogenkonsums zu minimieren, ohne den Konsum komplett zu verbieten.

Hochviskos
Eine Flüssigkeit, die eine hohe Viskosität aufweist, d. h., sie ist dickflüssig und fließt nur langsam.

Intramuskuläre Verabreichung
Eine Verabreichungsform, bei der eine Substanz in Lösung in einen Muskel injiziert wird.

Intravenöse Verabreichung
Eine Verabreichungsform, bei der eine Substanz in Lösung direkt in eine Vene injiziert wird.

Kardiotoxizität
Akute Störung oder Schädigung des Herzens durch Substanzen, bspw. Herzrhythmusstörungen durch Medikamente.

Kaskade (auch Signalkaskade)
Eine Reihe von aufeinanderfolgenden, biochemischen Reaktionen, die bspw. nach der Aktivierung eines Rezeptors ausgelöst werden und Reaktionen wie die Freisetzung von Botenstoffen beinhalten.

Legal Highs
Psychoaktive Substanzen, die legal bzw. in einer rechtlichen Grauzone gehandelt werden. Die Begriffe Research Chemicals (RCs) und neue psychoaktive Stoffe (NPS) werden häufig synonym verwendet. Neue psychoaktive Substanzen können aber auch als eng umfasster, juristischer Begriff im Kontext des Neue-psychoaktive-Stoffe-Gesetzes (NpSG) verstanden werden.

MAO-Hemmer
Monoaminoxidase-Hemmer sind Substanzen, die den enzymatischen Abbau von Neurotransmittern wie Serotonin oder Dopamin verlangsamen.

Metabolische Aktivierung
Der Prozess, bei dem eine Substanz durch den Stoffwechsel (Metabolismus) in eine biologisch aktivere Substanz umgewandelt wird (siehe auch Pro-Drug).

Metabolit
Ein Stoffwechselprodukt, das entsteht, wenn der Körper eine Substanz abbaut.

Microdosing
Die Einnahme sehr kleiner Mengen einer psychoaktiven Substanz, oft mit dem Ziel, positive Effekte ohne psychoaktive Wirkung zu erzielen.

Molekulare Ebene
Bezieht sich auf die Untersuchung von biologischen Prozessen auf der Ebene von Molekülen wie Proteinen, Nukleinsäuren und Lipiden.

Neuroplastizität
Die Fähigkeit des Gehirns, seine Struktur und Funktionalität zu verändern, bspw. als Reaktion auf Traumata.

Neurotoxizität
Schädigung des zentralen oder peripheren Nervensystems durch chemische Substanzen.

Neurotransmitter
Chemische Botenstoffe, die Signale zwischen Nervenzellen (Neuronen) im Gehirn und dem restlichen Nervensystem übertragen.

Orale Verabreichung
Eine Verabreichungsform, bei der ein Medikament/eine Droge geschluckt und über den Verdauungstrakt aufgenommen wird.

Peripheres Nervensystem
Alle Nerven außerhalb des zentralen Nervensystems, die für die Steuerung der Körperfunktionen und die Übermittlung von Sinnesinformationen verantwortlich sind.

Placebo-Effekt
Eine Verbesserung des Zustands einer Person allein aufgrund ihrer Erwartungshaltung, obgleich eine pharmazeutische Behandlung keine pharmakologische Wirkung besitzt.

Polypharmakologie
Die Wirkung einer Substanz auf mehrere biologische Zielstrukturen, bspw. unterschiedliche Rezeptoren.

Polytoxisch
Bezieht sich auf die Schädlichkeit, die von einem Mischkonsum unterschiedlicher Substanzen ausgeht.

Potenz (Pharmakologie)
Die Stärke oder Wirksamkeit eines Medikaments oder einer Droge bezogen auf die Menge, die erforderlich ist, um eine bestimmte Wirkung zu erzielen.

Pro-Drug
Eine Substanz, die erst durch den Stoffwechsel in ihre aktive Form umgewandelt wird (siehe metabolische Aktivierung).

Reagenzien
Chemische Substanzen, die mit anderen Substanzen reagieren, bspw. bei Synthesen. In der Drogenanalytik meint man damit Substanzen, die in Labortests zur Erkennung anderer Substanzen verwendet werden (sog. Nachweisreagenzien).

Rektale Verabreichung
Eine Verabreichungsform, bei der eine Substanz über das Rektum aufgenommen wird. In der Drogen-Szene auch »Boofing« genannt.

Retardierte Tabletten
Arzneimittel, die den Wirkstoff langsam und kontinuierlich freisetzen, um eine längere Wirkung bzw. einen stetigen Wirkstoffspiegel zu erzielen.

Rezeptoren
Proteine auf der Zelloberfläche oder im Zellinneren, die spezifische Moleküle binden und so eine zelluläre Antwort auslösen.

Safer-Use
Strategien und Praktiken, um den Gebrauch von Drogen so sicher wie möglich zu gestalten, indem Risiken minimiert werden (siehe Harm-Reduction).

Set und Setting
Die mentale Verfassung (Set) und die Umgebung (Setting), die die Wirkung von psychoaktiven Substanzen stark beeinflussen können.

Stimulanz
Eine Substanz, die das zentrale Nervensystem anregt und so Wachheit, Energie und Aufmerksamkeit erhöht.

Subanästhetisch
Eine Dosis oder Wirkung einer Substanz, die unterhalb der Schwelle für eine vollständige Betäubung liegt, aber dennoch eine psychoaktive Wirkung hat, z. B. Ketamin als Rauschmittel.

Subkutane Verabreichung
Eine Verabreichungsform, bei der eine Substanz in einer Lösung unter die Haut injiziert wird.

Sublinguale Verabreichung
Eine Verabreichungsform, bei der ein Medikament/Droge unter die Zunge gelegt und über die Mundschleimhaut aufgenommen wird (siehe auch bukkale Verabreichung).

Sympathikus
Ein Teil des autonomen Nervensystems, der »Kampf-oder-Flucht«-Reaktionen auslöst, wie erhöhte Herzfrequenz und Blutdruck. Gegenspieler ist der Parasympathikus.

Sympathomimetische Wirkstoffe
Substanzen, die die Effekte des Sympathikus imitieren, wie z. B. Stimulanzien.

Tripsitter
Eine Person, die während eines (meist psychedelischen) Rausches anwesend ist, um der berauschten Person beizustehen und bei Bedarf zu helfen oder Gefahren abzuwehren.

Vollsynthetisch
Chemisch hergestellte Substanzen, die nicht aus natürlich extrahierten Substanzen

stammen oder deren Endprodukt kaum chemische Ähnlichkeit zur Ausgangssubstanz besitzt.

Wiederaufnahmetransporter
Proteine, die Neurotransmitter (oder deren Metabolite) aus dem synaptischen Spalt zurück in die präsynaptische Nervenzelle transportieren und so die Signalübertragung reduzieren bzw. beenden.

Drogenverzeichnis

1

1cP-LSD 148
1D-LSD 148
1P-LSD 148
1S-LSD 148
1V-LSD 148

2

2C-B 80
25I-NBOMe 78

3

3-MMC 190

4

4-FA 82
4-Fluoramphetamin 82
4-MMC 190

5

5-MeO-DMT 84
5-Methoxy-N,N-Dimethyltryptamin 84

A

α-PVP 190
Acid 148
Adam 152
Adderall® 90
Alice 148
Alk 86
Alkohol 86
Alkylnitrit 182
Alprazolam 88
Alraune 166
Amanita muscaria 116
Ambien® 196
Amphe 90
Amphetamin 90
Amylnitrit 182
Angel Dust 176
Argyreia nervosa 122
Äther 92
Ayahuasca 94
Aztekensalbei 96

B

Badesalze 190
Baldrian 178
Ballerliquid 188
Bauerntabak 168
BDO 120
Benzedrin 90
Benzodiazepine 88, 106, 118
Bikalm® 196
Bilsenkraut 166
Blauer Lotus 178
Bromo 80
Bupensan® 98
Buprenorphin 98
Butan 100
Butandiol 120
Buttons 154
Buvidal® 98

C

C-Liquid 188
Cannabis 102
Carfentanyl 115
Catha edulis 134
Chandu 172
Changa 108
Channa 132
Charlie 142
China White 114
Codein 104
Concerta® 160
Crack 142

215

Crystal Meth 158
Cyclohexylnitrit 182

D

Desmetramadol 170
Dex 110
Dextromethorphan 110
Diacetylmorphin 124
Diamorphin 124
Diaphin® 124
Diazepam 106
Diethylether 92
Distickstoffmonoxid 146
DMT 108
Dope 102
Drop Dead 114
DXM 110

E

E-Liquid 168
Ecstasy 152
Elefantenwinde 122
Emma 152
Engelstrompete 166
Ephedra 112
Ephedrin 112
Erox 80
Ethanol 86
Ether 92
Eukodal 174
Eve 150

F

Fenibut 180
Fenta 114
Fentanyl 114
Feuerzeuggas 100
Fifa 82
Five 84
Flakka 190
Fliegenpilz 116
Fluoroamphetamin 82
Fluraz 118
Flurazepam 118
Fluris 118
Flux 82
Free-Base 142
Froschgift 130
Fusel 86

G

Gamma-Butyrolacton 120
Gamma-Hydroxybuttersäure 120
Ganja 102
GBL 120
GHB 120
Giftlattich 178
Görke 188
Gras 102
Guarana 140

H

H (englische Aussprache) 124
Hasch 102
Haschisch 102
Hawaiian Baby Woodrose 122
Hawaiianische Holzrose 122
Herbal Ecstasy 112
Hero 124
Heroin 124
Hexahydrocannabinol 126
Hexedron 190
HHC 126
Hoasca-Tee 94
Holzrose 122
Hopfen 178
Hustensaft 104, 110

I

Iboga 128
Imovane® 196
Isobutylnitrit 182
Isopropylnitrit 182

J

Jungle Juice 182

K

K (englische Aussprache) 138
K.-o.-Tropfen 120
Kaffee 140
Kambo 130
Kanna 132
Kath 134
Kautabak 168
Kava 136
Kava-Kava 136
Keta 138
Ketamin 138

Ketanest® 138
Knöpfe 154
Koffein 140
Koka 142
Kokain 142
Kokainhydrochlorid 142
Koks 142
Kola 140
Kougoed 132
Kratom 144
Kräutermischung 188

L

L-Polamidon® 156
Lachgas 146
Laudanum 172
Lavendel 178
Lean 104
Levo-Methasan® 156
Levomethadon 156
Liquid Ecstasy 120
LSD 148
Lyrica® 184

M

Ma-Huang 112
Magic Mushrooms 186
Marihuana 102
Mate 140
MBDB 150
MDA 150
MDE 150
MDEA 150
MDMA 152
MDPV 190
Medikinet® 160
Meerträubel 112
Mephedron 190
Mesembryanthemum tortuosum 132
Meskalin-Kakteen 154
Meta 156
Methadon 156
Methamphetamin 158
Methylon 190
Methylphenidat 160
Miraa 134
Mitragyna speciosa 144
MMDA 150
Molly 152
Mormonentee 112
Morphin 162
Morphium 162
Mulungu 178

Muskatnuss 164
Myristica fragrans 164

N

N-Bomb 78
n-Butan 100
N,N-Dimethyltryptamin 108
N2O 146
Nachtschattendrogen 166
NBOMe 78
Nexus 80
Nikotin 168
Nikotinbeutel 168
Noids 188

O

O-Desmethyltramadol 170
O-DSMT 170
Opium 172
Optidorm® 196
Oxycodon 174
OxyContin® 174
Oxys 174

P

PAL-303 82
Pappen 148
para-Fluoramphetamin 82
PCP 176
Pep 90
Pervitin 158
Peyote 154
PFA 82
Pferdebetäubungsmittel 138
Pflanzliche Beruhigungsmittel 178
Phencyclidin 176
Phenibut 180
Phenigamma 180
PhGABA 180
Pink Cocaine 80
Piper methysticum 136
Poppers 182
Poppy Tea 172
Pot 102
Pregabalin 184
Pro-Drugs 148
Psilocybin-Pilze 186
Psilos 186
Purple Drank 104

R

Rapé 168
Rauchopium 172
Raumerfrischer 182
Rauschpfeffer 136
Ritalin® 160
Robo 110

S

Sahnekapseln 146
Salvia 96
Salvia divinorum 96
San Pedro 154
Sapo 130
Sceletium tortuosum 132
Schlafbeere 178
Schlafmohn 172
Schnaps 86
Schnee 142
Schnelles 90
Schnupftabak 168
Schore 124
SCRAs 188
Sizzurp 104
Ska-Maria-Pastora 96
Smiles 78
Snus 168
Speck 90
Speed 90
Spice 188
Stechapfel 166
Stein 142
Suboxone® 98
Subutex® 98
Synthetic Cannabinoids 188
Synthetische Cannabinoide 188
Synthetische Cathinone 190
Synthetisches Heroin 114

T

Tabernanthe iboga 128
Tee 140

Tilidin 192
Tina 158
Tollkirsche 166
Tramadol 194
Tramal® 194
Trip 148
Trüffel 186
Tuci 80
Tucibi 80

V

Valium® 106
Valoron® 192

W

Wahrsagesalbei 96
Weed 102
Wein 86
Whisky 86
Wiesn 102

X

Xanax® 88
Xanny 88
XTC 152
Xyrem 120

Y

Yagé 94

Z

Z-Drugs 196
Zaleplon 196
Zauberpilze 186
Zaubersalbei 96
Zigaretten 168
Zolpidem 196
Zopiclon 196